北大社 "十三五"职业教育规划教材

高职高专财经商贸类专业 "互联网+" 创新规划教材

市场调查与统计

（第2版）

陈惠源◎主　编

钱　萱　史学锋◎副主编

内 容 简 介

　　本书编写以市场调查岗位的工作任务和职业能力分析为依据，以市场调查程序性的工作任务为线索。全书共7个项目，用一个具有启发性的任务贯穿全书，对市场调查的各个流程环节进行详细介绍，包括调查主题确定、调查方案和问卷设计、资料收集和分析处理、市场前景分析和预测、调查报告撰写等方面。在调查与统计工具的选择上，本书以Excel为基本工具，简洁易懂，方便实用，而且每个项目的能力训练模块已经被教学实践反复验证，极具可操作性。

　　本书可作为高职高专市场营销、工商管理等专业的教材，也可作为社会上从事市场调查、统计业务的相关工作人员的参考用书。

图书在版编目(CIP)数据

　　市场调查与统计/陈惠源主编. —2版. —北京：北京大学出版社，2017.3
　　（高职高专财经商贸类专业"互联网+"创新规划教材）
　　ISBN 978-7-301-28116-1

　　Ⅰ. ①市… Ⅱ. ①陈… Ⅲ. ①市场调查—抽样调查统计—高等职业教育—教材 Ⅳ. ①F713.52

中国版本图书馆CIP数据核字（2017）第032968号

书　　　　名	市场调查与统计（第2版）
著作责任者	陈惠源　主编
策 划 编 辑	蔡华兵
责 任 编 辑	蔡华兵
数 字 编 辑	陈颖颖
标 准 书 号	ISBN 978-7-301-28116-1
出 版 发 行	北京大学出版社
地　　　　址	北京市海淀区成府路205号　100871
网　　　　址	http://www.pup.cn　新浪微博：@北京大学出版社
电 子 信 箱	pup_6@163.com
电　　　　话	邮购部 010-62752015　发行部 010-62750672　编辑部 010-62750667
印 　刷　 者	北京虎彩文化传播有限公司
经 　销　 者	新华书店
	787毫米×1092毫米　16开本　12.5印张　292千字
	2013年8月第1版
	2017年3月第2版　2022年1月第4次印刷
定　　　　价	38.00元

未经许可，不得以任何方式复制或抄袭本书之部分或全部内容。
版权所有，侵权必究
举报电话：010-62752024　电子信箱：fd@pup.pku.edu.cn
图书如有印装质量问题，请与出版部联系，电话：010-62756370

前　言

面对激烈的市场竞争，企业的生存与发展将在很大程度上取决于能否及时、准确、全面地获取市场信息，并通过分析市场信息预测和把握市场发展趋势。因此，市场调查及数据统计分析的能力越来越受各个行业的重视。市场调查与统计课程也日益受到教育部门的重视，成为高职高专市场营销、工商管理类等专业的必修课程。为此，编者在参阅国内外大量资料和最新研究成果的基础上，结合高职高专学生作为应用型人才的特征及自身多年的教学经验编写了本书。

本书第 1 版于 2013 年 8 月出版以来，多次印刷。本书是在第 1 版的基础上修订而成，主要对书中部分细节内容进行了修改，还对全书体例进行梳理。本次修订将融入"互联网+"元素，一些名词术语、知识要点可通过手机、平板电脑等扫描书中二维码的形式在线阅读。

本书紧紧围绕高职高专教育技术应用型人才的培养目标，基于岗位的工作过程分解工作任务，最终选定编写项目。本书的主要特点体现在以下几个方面：

（1）定位创新。本书直接定位于任务驱动的项目任务式教学理论辅助教学，注重实践的指导性作用。由于高职高专学生理论知识掌握能力相对较弱，动手能力较强，所以本书突出以案例和技能为主线，强调知识技能的易学易用，特地采用通俗浅显的表述方式，用模块化教学单元来实现，确保学生能够扎实掌握基本理念和技能。

（2）体例创新。本书设置了能力目标及对应的工作任务，同时与能力训练相对应，注重能力的提升。本书的理论部分按照"够用、实用"原则，以完成操作任务所需的知识为基础，强调知识与工作任务的内在联系，理论与实际的紧密联系。学生通过相关训练，不仅能知其然，而且还能知其所以然，有利于加深对相关理论知识的理解，巩固所学的操作技能，从而更好地完成课业。在统计环节，理论部分加入了 Excel 软件应用，实用性强。

（3）内容精选。本书根据"学生适用、知识够用"的要求，将市场调查与统计两类知识综合进行甄选，根据工作任务分析出的市场调查与统计对技能的要求，选取了 7 个基本项目，在内容选择上做了很大的改进，针对性强并起到了对课业式教学的辅助作用。

（4）校企结合，共同编写。本书在编写过程中，邀请行业、企业人士参与大纲和内容的评定，使得书中的知识能与企业应用充分结合起来，从而使学生获得更加实用的知识，体现了应用型教材的特征。

本书由杭州万向职业技术学院的陈惠源担任主编，杭州万向职业技术学院的钱萱和浙江省发展规划研究院的史学锋担任副主编。全书由陈惠源设计框架，拟定编写提纲，负责定稿。编写具体分工为：陈惠源编写项目 1、项目 5 和项目 6；钱萱编写项目 3、项目 4 和项目 7；史学锋编写项目 2。浙江省管理咨询协会的任国伟为本书的编写提供了很多素材和意见，另外，在本书编写过程中还参考了许多专家、老师编写的教材，在此对他们一并表示感谢！

在修订过程中，编者对本书内容进行了多次修改，但由于水平有限，书中不足之处仍难避免，恳请广大读者批评指正，提出宝贵意见，以便进一步修改和完善。

编　者

2016年9月

【资源索引】

目　　录

项目 1　确立市场调查主题 1
任务 1.1　认识市场调查 3
任务 1.2　了解市场调查的类型、程序和内容 7
任务 1.3　识别调查需求，选定调查目标 17
任务 1.4　理清调查范围，确定调查对象 18
任务 1.5　确定调查问题，拟定调查主题 19
技能训练 19
思考与练习 20

项目 2　设计调查方案 22
任务 2.1　了解市场调查方案设计的概念 23
任务 2.2　掌握市场调查方案的内容 24
任务 2.3　掌握市场调查方案的设计方法 27
技能训练 31
思考与练习 32

项目 3　设计调查问卷 36
任务 3.1　问卷设计准备 37
任务 3.2　设计问句类型及答案 48
任务 3.3　设计调查问卷 55
任务 3.4　掌握态度测量技术 60
技能训练 66
思考与练习 67

项目 4　收集资料 70
任务 4.1　了解市场调查资料来源 71
任务 4.2　学习文案调查法 74
任务 4.3　学习访问调查法 78
任务 4.4　学习观察法与实验调查法 89
任务 4.5　学习网络调查法 96
技能训练 99
思考与练习 100

项目 5　整理与分析市场调查资料 101
任务 5.1　了解市场调查资料整理的相关知识 103

任务 5.2　整理市场调查资料 ……………………………………………………………… 104
　　任务 5.3　绘制统计图表 …………………………………………………………………… 115
　　任务 5.4　分析市场调查资料 ……………………………………………………………… 121
　　任务 5.5　市场调查分析 Excel 应用 ……………………………………………………… 128
　　技能训练 …………………………………………………………………………………… 137
　　思考与练习 ………………………………………………………………………………… 138

项目 6　分析、预测市场发展趋势 ……………………………………………………… 139
　　任务 6.1　学习定性预测法 ………………………………………………………………… 140
　　任务 6.2　时间序列预测分析 ……………………………………………………………… 146
　　任务 6.3　回归分析 ………………………………………………………………………… 155
　　任务 6.4　市场调查预测 Excel 应用 ……………………………………………………… 159
　　技能训练 …………………………………………………………………………………… 167
　　思考与练习 ………………………………………………………………………………… 168

项目 7　撰写市场调查报告 ………………………………………………………………… 169
　　任务 7.1　构思市场调查报告的框架 ……………………………………………………… 170
　　任务 7.2　进行市场调查报告撰写 ………………………………………………………… 173
　　任务 7.3　沟通市场调查结果 ……………………………………………………………… 180
　　技能训练 …………………………………………………………………………………… 186
　　思考与练习 ………………………………………………………………………………… 187

参考文献 ………………………………………………………………………………………… 193

项目 1

确立市场调查主题

在浙江某年的"两会"中,"两会"代表委员提出了很多有关民生的提案、议案,如养老、教育、公共交通等。假设你很想利用自己所学,为解决上述民生问题做贡献,于是想到通过调查来达成心愿。基于调查能力和调查经费的限制,经志同道合的组员的讨论,大家最终确立代驾问题作为调查项目,同时剖析调查目标为代驾行业立法的必要性。因此,此次讨论确立了调查主题:关于杭州市是否需要为代驾行业立法的调查。

【拓展资料】

【学习目标】

知 识 目 标	技 能 目 标
明确市场调查的意义。 了解调查的程序。 掌握确立市场调查主题和剖析调查目标的方法。	能选定调查目标，根据目标确立市场调查主题，并理清调查范围来确定调查对象

【项目任务】

各小组讨论后选定调查项目，剖析调查目标并确立调查主题。
（1）任务步骤：选定兴趣项目→剖析调查目标→确立调查主题。
（2）完成要点：考虑调查时间与课程时间的吻合性、调查的难易程度及调查经费的可承受能力。

【导入案例】

男人长胡子，因而要刮胡子；女人不长胡子，自然也就不必刮胡子。然而，美国的吉列公司却把"刮胡刀"推销给女人，居然大获成功。

吉列公司的产品因使男人刮胡子变得方便、舒适、安全而大受欢迎。进入 20 世纪 70 年代，吉列公司的销售额已达 20 亿美元，成为世界著名的跨国公司。然而吉列公司的领导者并不以此满足，而是想方设法继续拓展市场，争取更多用户。早在 1974 年，吉列公司就提出了面向妇女的专用"刮毛刀"。

这一决策看似荒谬，却建立在坚实可靠的市场调查的基础之上。

吉列公司先用一年的时间进行了周密的市场调查，发现在美国 30 岁以上的妇女中，有 65%的人为保持美好形象，要定期刮除腿毛和腋毛。这些妇女之中，除使用电动刮胡刀和脱毛剂之外，主要靠购买各种男用刮胡刀来满足此项需要，一年在这方面的花费高达 7 500 万美元。相比之下，美国妇女一年花在眉笔和眼影上的钱仅 6 300 万美元。毫无疑问，这是一个极有潜力的市场。

根据市场调查结果，吉列公司精心设计了新产品，它的刀头部分和男用刮胡刀并无两样，采用一次性使用的双层刀片，但是刀架则选用了色彩鲜艳的塑料，并将握柄改为弧形以利于妇女使用，握柄上还印压了一朵雏菊图案。这样一来，新产品立即显示了女性的特点。

为了使雏菊刮毛刀迅速占领市场，吉列公司还拟订几种不同的"定位观念"到消费者之中征求意见。这些定位观念包括突出刮毛刀的"双刀刮毛"；突出其创造性的"完全适合女性需求"；强调价格的"不到 50 美分"；表明产品使用安全的"不伤玉腿"等。

最后，吉列公司根据多数妇女的意见，选择了"不伤玉腿"作为推销时的重点，刊登广告进行专向宣传。结果，雏菊刮毛刀一炮打响，迅速畅销全球。

这个案例说明，市场调查是经营决策的前提，只有充分认识市场，了解市场需求，对市场做出科学的分析判断，决策才具有针对性，从而拓展市场，使企业兴旺发达。

思考：
什么是市场调查？它有什么意义？

【理论知识】

"没有调查，就没有发言权"。调查是开展工作的前提。市场调查是企业营销的起点，是企业赢得市场必不可少的重要营销工具,是企业营销成败的关键。不进行市场调查,企业将寸步难行。要想在瞬息万变的市场环境和激烈的市场竞争中求得生存和发展,企业必须充分认识市场,了解市场,在把握市场运行规律和作用机制的基础上,广泛搜集市场信息,深入开展市场调查,对市场的发展动向做出准确预测,从而为企业正确制定经营目标和发展战略奠定坚实的基础。

任务 1.1 认识市场调查

【拓展案例】

1.1.1 市场调查的含义

市场调查有狭义与广义两种含义,分别如下所述:

(1)狭义的市场调查是从市场营销的角度定义市场调查,认为市场调查就是对消费者进行调查研究,是以科学的方法和手段收集消费者对产品购买及其使用的数据、意见、动机等有关资料,通过分析研究,以识别、定义市场机会和可能出现的问题,制定和优化市场营销组合策略,并评估其效果。

(2)广义的市场调查是从整个市场的角度定义市场调查,认为市场调查是运用科学的方法和手段收集产品从生产者转移到消费者手中的一切与市场活动有关的数据和资料,并进行分析研究的过程。广义的市场调查将调查范围从消费和流通领域扩展到生产领域,包括产前调查、产中调查、产后调查和售后调查。根据美国市场营销协会的解释,广义的市场调查不仅包括消费者调查,还包括市场分析、销售分析、广告研究、营销环境研究等多方面的调查研究。广义的市场调查框架如图1.1所示。

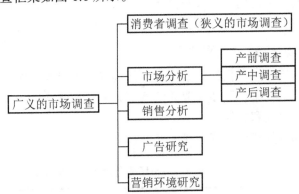

图1.1 广义的市场调查框架

因此,市场调查是一种有目的的活动,是一个系统的过程,是对信息的判断、搜集、整理和分析。本书对市场调查概念做以下界定:市场调查是运用科学的调查方式与方法,对特定时空范围内的市场调查对象的各种信息进行系统的搜集、整理和分析的过程。

1.1.2 市场调查的特征

1. 市场调查具有目的性

市场调查总是在一定目的的前提下来研究特定的市场问题,具有明显的目的性或针对性。

2. 市场调查具有系统性

市场调查要对生产经营活动的市场状况进行整体的系统性的市场研究，包括事前阶段、事中阶段和事后阶段都需要进行市场调查研究。它是一个包括调查设计、搜集资料、整理资料、分析资料和发布与运用资料在内的一个完整的过程。

3. 市场调查具有社会性

市场调查的对象主要是消费者和用户，市场调查的内容和应用范围涉及社会经济生活的各个领域，市场调查活动本身是面向社会的一种社会实践活动。

4. 市场调查内容具有广泛性

市场调查的内容涉及企业生产经营活动的各个方面和各种要素，既可以用于测量较为简单的调查项目，也可用于测量较为复杂的问题。

5. 市场调查方法具有多样性

市场调查的组织方式多样，搜集资料的具体方法也是多样的。同样的调查课题，有多种调查方法可供选择，因而调查研究的方案设计也是多样的。

6. 市场调查具有约束性

市场调查通常要受调查经费、调查时间、空间范围、信息项目等因素的约束。市场调查只能按客户的要求和约束条件"量体裁衣"，应使调查方案设计尽可能满足客户的信息要求和经费预算。

7. 市场调查具有科学性

市场调查中搜集、整理和分析资料的方法，都是在一定的科学原理指导下形成的，并被实践证明是行之有效的，具有科学性和可行性。

8. 市场调查具有局限性

由于影响市场变化的因素众多，并具有不确定性，加之市场调查受时空范围和调查经费的约束，致使获取的信息不完全。与其他工作一样，市场调查也不可避免地会有误差和疏忽。

市场调查的特征及其表现见表 1-1。

表 1-1 市场调查的特征及其表现

特　　征	表　　现
目的性	为制定战略规划、政策或策略、经营管理决策提供信息支持
系统性	市场调查是一个系统，包括前期准备、中期实施、后期结果处理；影响市场调查的因素也是一个系统，诸多因素互联构成一个整体
社会性	市场调查是面向社会的调研活动，涉及社会经济生活的各个领域
广泛性	市场调查的内容涉及经营活动的各个方面和各种要素
多样性	市场调查的方法、抽样的组织形式具有多样性
约束性	市场调查受调查经费、调查时间和空间范围等因素的约束
科学性	通过大量观察可以消除偶然性，揭示研究现象的必然性
局限性	影响市场的因素具有不确定性和多样性，调查误差不可避免

1.1.3 市场调查的功能

1. 认识功能

通过市场调查能够掌握市场环境、供求情况和企业市场营销状态、特征及其变化的原因，能够消除人们对市场认识的未知度、不定度和模糊度。

2. 信息功能

市场调查的目的在于准确、及时、全面、系统地搜集各种市场信息，为宏观市场调控和企业市场预测决策提供依据。市场调查所获得的市场信息是市场预测决策的先决条件和基础。

1.1.4 市场调查的作用

《孙子·谋攻篇》有曰："知己知彼，百战不殆。"什么叫"知己知彼"？从市场营销的角度看，就是要了解自己、了解客户、了解对手、了解营销环境变化。企业只有在获得大量可靠的市场信息的基础上，才能真正做到"知己知彼，百战不殆"，才能在激烈的市场竞争中占据有利地位。市场调查如同企业的"雷达"或"眼睛"，其作用可以通过图1.2来理解。

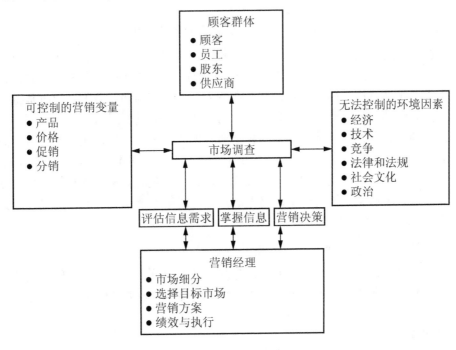

图 1.2 市场调查的作用

1. 市场调查是企业进行决策的客观依据

企业进行经营决策，首先要了解内部和外部的环境信息，而要掌握信息，就必须进行市场调查。决策者要针对某些问题进行决策，通常需要了解和考虑多方面的情况和问题，例如，哪些市场仍旧存在着未满足的需求，哪些市场已经饱和；消费者喜欢什么样的产品；产品在某个市场上的销售预计可达到什么样的数量；怎样才能扩大产品的销路，增加销售数量；如何确定产品的价格；应该使用什么方法促进产品销售……如此种种问题，只有通过实际市场调查之后才能得到具体答案。

新产品失败的原因

无数事实表明，尽管很多企业产品的前期研发费用很高，但与后期生产阶段和上市阶段的花费相比，仍是"小巫见大巫"。如果企业在产品前期的调研创意上出现问题，往往会陷进"一步错，步步错"的泥沼里。一份国外的研究资料透露，从调研创意到设计和样品制作，再到正式生产和营销，粗略地估计每一个阶段的花销都将是前一个阶段的10倍。

调研创意阶段	1
原型（样品）开发阶段	10
生产准备阶段	100
上市和营销阶段	1 000

新产品失败的原因主要在于目标用户界定不清；产品定位模糊；与竞争产品没有明显差异；上市时机过早或过晚；产品设计或性能差；公司资源不能支持；等等。

2. 市场调查能够促进经营管理的改善，提高企业的竞争力

企业生产或经营的好坏，最终要取决于经营管理者的管理水平。企业要重视市场调查，就要不断搜集和获取新的信息，才能熟知生产和管理技术发展的最新动态，找出自身的差距，从而向更先进的水平靠拢，提高企业的核心竞争力。通过市场调查，可以及时掌握与企业相关领域新产品和新技术的发展状况，为企业采用新技术和先进的经营管理经验提供条件。在激烈竞争的市场中，最终能够站稳脚跟的将是那些生产低投入、低损耗、高产值、高质量产品的企业。如果企业的经营管理水平高，能够有效调动现有资源并合理调配、进行最佳组合，就可以达到降低成本、减少损耗的目的。现代经营管理注重的是科学化和理性化的管理，是建立在拥有大量数据和文字资料的基础之上的。管理决策不能单凭经验，而要以对大量资料进行分析后的结果为依据，做出科学的判断。

3. 市场调查是企业实现生产目的的重要环节

企业生产的目的是满足消费者的需求，为此，要了解消费者的需求以便按照消费者的需求进行生产，尤其现在消费者的需求不断变化，这就要求企业要及时进行市场调查。

【案例阅读 1-1】

就在朝鲜战争爆发前8天，美国民间咨询机构兰德公司通过秘密渠道告知美国对华政策研究室，他们投入了大量人力和资金研究了一个课题："如果美国出兵朝鲜，中国的态度将会怎样？"而且第一个研究成果已经出来了，虽然结论只有一句话，却索价500万美元。

当时美国对华政策研究室认为这家公司是疯了，他们一笑置之。但是几年后，当美军在朝鲜战场上被中朝联军打得丢盔卸甲、狼狈不堪时，美国国会开始辩论"出兵朝鲜是否真有必要"的问题，在野党为了在国会上辩论言之有理，急忙用280万美元的价格买下了该咨询公司这份已经过时的研究成果。研究的结论只有一句话："中国将出兵朝鲜。"但是，在这句结论后附有长达600页的分析报告，详尽地分析了当时中国的国情，以充分的证据表明中国不会坐视朝鲜的危机而不救，必将出兵并置美军于进退两难的境地。并且这家咨询公司断定：一旦中国出兵，美国将以不光彩的姿态主动退出这场战争。

从朝鲜战场回来的麦克阿瑟将军得知这个研究结果之后，感慨道："我们最大的失策是怀疑咨询公司的价值，舍不得为一条科学的结论付出不到一架战斗机的代价，结果是我们在朝鲜战场上付出了830亿美元和数万名士兵的生命。"

事后，美国政府花了200万美元，买回了那份过时的报告。

任务1.2　了解市场调查的类型、程序和内容

市场调查是一项复杂、细致的工作，涉及面广，对象不稳定。为了使整个调查工作有节奏、高效率地进行，进而取得良好的预期效果，必须加强组织工作，合理安排调查步骤。市场调查类型不同，调查方法、调查对象、内容也不同。进行市场调查之前要确定调查类型。

1.2.1　市场调查的类型

市场调查按照不同的标准，可划分为多种类型，而不同类型的市场调查具有不同的特点和要求。研究市场调查的分类，有利于根据不同类型的市场调查的特点，明确调查的具体内容，制订相应的市场调查方案。

1. 按目的分类

（1）探索性市场调查，是指当市场情况不十分明了时，为了发现问题，找出问题的症结，明确进一步深入调查的具体内容和重点而进行的非正式的调查。探索性市场调查目的在于发现想法和洞察问题，常常用于调查方案设计的事前阶段；采用小样本观察，不一定强调样本的代表性；数据的分析主要是定性的，调查的结果一般只是试探性的、暂时的，以帮助调查者认识和理解所面对的问题，为进一步的正式的调查研究开路。例如，某公司的市场份额下降了，该公司无法——查知原因，就可用探索性市场调查来发掘问题：是经济衰退的影响，是广告支出的减少，是销售代理效率低，还是消费者的习惯改变了，等等。

（2）描述性市场调查，是指对需要调查的客观现象的有关方面进行的正式调查。它要解决的问题是说明"是什么"，而不是"为什么"。描述性市场调查具有6个要素（即"5W1H"），包括为何调查（Why），向谁调查（Who），从调查对象中获取什么信息（What），获取调查对象何时的信息（When），在何地获取调查对象的信息（Where），以什么方式、方法获取信息（How）。描述性市场调查的目的在于描述总体的特征和问题，有事先制定好的结构性问卷或调查表，既要搜集原始资料，又要搜集次级资料；定量研究与定性研究相结合，以定量研究为主；调查结果是结论性的、正式的。例如，某商店了解到该店67%的顾客主要是年龄在18～44岁的妇女，并经常带着家人、朋友一起来购物。这种描述性调查提供了重要的信息，使该商店特别重视直接向妇女开展促销活动。

（3）因果性市场调查，又称相关性市场调查，是指为了探测有关现象或市场变量之间的因果关系而进行的市场调查。它所回答的问题是"为什么"，其目的在于找出事物变化的原因和现象间的相互关系，找出影响事物变化的关键因素。

（4）预测性市场调查，是指为了预测市场供求变化趋势或企业生产经营前景而进行的具有推断性的调查。它所回答的问题是"未来市场前景如何"，其目的在于掌握未来市场的发展趋势，为经营管理决策和市场营销决策提供依据。

2. 按组织形式分类

按照组织形式，市场调查可分为以下3类：

（1）专项调查，是指受某个客户的委托针对某些问题进行一次性的调研，即从给定的总体中一次性地抽取样本进行调研，并且只从样本中获取一次性信息。专项调查可以是定量的，也可以是定性的。

（2）连续性调查，是指对一个（或几个）固定的样本进行定期的、反复的调研。样本中的被调研对象（人或单位）一般不随调研时间的变化而变化。例如，消费者固定样组（Panel）或其他固定样组调研、连续的跟踪研究和品牌测量（Continuous Tracking and Brand Measures）、零售细查研究（Retail Scanning）、连续的媒介研究（Continuous Media Research）等，都属于连续性调查。

（3）搭车调查，是指多个客户共同利用一个样本进行调研，就像多人一起搭乘一辆出租车那样。这种调查根据各个客户搭车调查问题的个数和类型来决定客户的费用。一般有搭车调查业务的调研公司每年实施搭车调查的时间和价格都是固定的，如每月实施一次或每周实施一次等。由于搭车调查的实施一般都是定期的，所以经常将搭车调查归入连续性调查类。但是要注意的是，搭车调查每次所用的样本不一定是固定的。

3. 按访问对象分类

（1）消费者调查。在消费者调查中，调查对象是购买、使用商品的消费者，或者是有可能购买、使用商品的潜在消费者。当然这里的消费者和购买者都应从广义的意义上去理解。例如，在媒体研究、广告研究中，听众、观众、读者（统称受众）就是使用媒体的消费者。

（2）非消费者调查。非消费者调查指的是调查对象为消费者以外的其他对象的调查，包括企业的职员或雇员、政府或企业的领导者、舆论导向者如新闻记者等；还可能包括诸如零售店、百货商店、工厂、银行等单位。

4. 按调查登记时间的连续性分类

（1）一次性调查，又称临时性调查，是指为了研究某一特殊问题而进行的一次性的市场调查。

（2）定期性调查，是指对市场情况或业务经营情况每隔一定时期所进行的调查。

（3）经常性调查，是指在选定调查的课题和内容之后，组织长时间的不间断的调查，以搜集具有时间序列化的信息资料。

5. 按调查项目分类

（1）单项目市场调查，即专项市场调查，通常只涉及一个目标、一种产品、一个项目的市场研究。

（2）多项目市场调查，即综合性调查，包括多目标、多商品、多项目调查。

6. 按市场范围分类

（1）宏观市场调查，是指以一定地区范围内的市场为对象，对市场总体情况进行的调查。

（2）微观市场调查，又称市场营销调查，是指从企业生产经营的角度出发对市场进行的调查。

1.2.2 市场调查的程序

市场调查的主题不同，其具体的调查过程和作业程序不可能完全一致，一般包括以下几个阶段。

1. 确定调查主题

市场调查的第一步也是最重要的一步是确定调查问题。做好这一步需要了解调研问题的背景，主要包括客户为什么要做市场调查；企业以往的经营情况、销售量、市场占有率、利润、在同行中的优势和劣势的主观估计等；企业对市场前景的主观预测；客户要做的决策及要实现的目标是什么；对现有消费者的基本情况及消费行为的主观了解；客户财力及准备投入的调查费用；相关的法律环境和经济环境。

2. 确立调查方案

市场调查的第二个阶段是要制订一个搜集资料的计划。市场调查是一项复杂的、严肃的、技术性较强的工作，一项全国性的市场调查往往要组织成千上万人参加，为了在调查过程中统一认识、统一内容、统一方法、统一步调，圆满完成调查任务，就必须事先制订一个科学、严密、可行的工作计划和组织措施，以使所有参加调查工作的人员都依此执行。在设计一个调查计划时，要求做出决定的有调查的内容、调查的方法、调查问卷、抽样方案、人员安排、经费安排等。调查方案是调查研究的指导方针和行动的纲领及依据。

3. 正式调查、搜集数据

经过培训的调查人员，按照事先确定的调查时间，在确定的调查地点对调查对象按照已经确定的调查方法进行调查，从而搜集资料。这是整个调查活动中最繁忙的阶段。能否搜集到必要的资料，是市场调查能否取得成功的最根本条件。同时，资料的搜集也是一项艰苦的基础工作，不仅要求调查人员有埋头苦干、吃苦耐劳的精神和实事求是的态度，而且需要掌握搜集资料的方法和技巧。

4. 调查资料整理

对调查资料进行审校与校订、分组与汇总、制表等。应按照综合化、系统化、层次化的要求，对调查获得的信息资源进行加工整理和开发。具体包括以下工作：接收和清点资料；检查和校订资料；编码；录入数据；查错；处理缺失数据；统计预处理。

5. 分析研究

运用统计分析方法对大量数据和资料进行系统的分析与综合，借以揭示调查对象的情况与问题，掌握事物发展变化的特征与规律，找出影响市场变化的各种因素，提出切实可行的解决问题的对策。其主要通过制表、作图等方式进行分析。

6. 编写调查报告

调查报告是对某项工作、某个事件、某个问题，经过深入细致的调查后，将调查中搜集到的材料加以系统整理，分析研究，以书面形式向组织和领导汇报调查情况的一种文书。其主要内容包括说明研究的目的，它的理论基础是什么，要解决什么问题，有什么意义。调查报告的主要部分是资料分析，要把资料分析的步骤、所用的公式或图表等一一列出。最后针对资料的分析，说明存在的问题并提出相应的对策和建议。

市场调查的过程是指从调查策划到调查结束的全过程及其作业程序，其一般流程如图 1.3 所示。

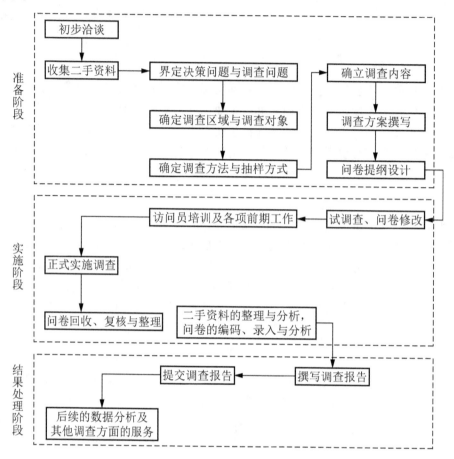

图 1.3 市场调查的一般流程

1.2.3 市场调查的内容

市场调查通常包括两大内容：一是不可控因素调查，主要包括营销环境调查、消费者调查、竞争对手调查；二是可控因素调查，即围绕营销组合活动展开的调查，主要包括产品调查、价格调查、销售渠道调查、促销调查、组织内环境的调查等。下面对常见的调查内容进行详细介绍。

1. 营销环境调查

市场调查对营销环境的关注，主要集中在政治法律环境、经济环境、社会文化环境、科学技术环境和自然地理环境 5 个方面，即所谓 G-PEST 分析。G-PEST 分析的内容包括地理的（Geographical）、政治的（Political）、经济的（Economica）、社会文化的（Social and Cultural）和科技的（Technological）。

【案例阅读 1-2】

据北京交通大学的一项研究发现，在北京奥运会期间，单是奥运村的固体废物量已近 900t，比赛场馆产生的废弃物更可达 1 000t，加上大量游客蜂拥而至，废弃物物流需求不仅庞大，对技术要求也高，将会带来近 11 亿元人民币的商机。中远太平洋有限公司敏锐地注意到了这个机会，专门设立了项目组，跟踪北京奥运会的物流信息，并进行研究后提出相应的服务计划。

1）政治法律环境调查

政治法律环境调查主要指政府的经济政策。在我国，由于各地区生产力水平、经济发展程度的不同，政府对各地区的经济政策也不同。有些地区的经济政策宽松些，有的严格些。另外，政府会对某些行业采取倾斜政策，对不同的行业采取不同的优惠、扶持或限制政策。这些都会对企业的经营活动产生影响。

2）经济环境调查

经济环境主要指当地的经济发展水平，它主要影响市场容量和市场需求结构。经济发展水平增长快，就业人口就会相应增加，而失业率低，企业用工率高及经济形势的宽松，必然引起消费需求的增加和消费结构的改变；反之，需求量就会减少。经济环境可以从生产和消费两个方面进行调查：

（1）生产方面调查的内容主要包括能源和资源状况、交通运输条件、经济增长速度及趋势、产业结构、国民生产总值、通货膨胀率、失业率，以及农业、轻工业、重工业比例关系等。

（2）消费方面调查主要是了解某一国家（或地区）的国民收入、消费水平、消费结构、物价水平、物价指数等。

3）社会文化环境调查

社会文化环境调查内容主要包括教育程度和文化水平、民族分布、宗教信仰、风俗习惯、思维方式和审美观等。

在构成社会文化的诸多因素中，知识水平影响着人的需求构成及对产品的评判能力。知识水平高的国家或地区，科技先进、性能复杂的产品会有很好的销路；而性能简单、易于操作、价格便宜的产品则在知识水平低的国家或地区会有很好的销路。

在社会文化因素上，还有一个不容忽视的方面，即宗教信仰及传统的风俗习惯。市场营销活动应尊重当地的宗教信仰；否则，会引起当地人的反感，导致营销活动的失败。

知识链接

做市场需要了解不同地区的习俗

例如，在销往中东地区的各种用品中不能含有酒精，这是因为该地区绝大多数的居民信奉伊斯兰教，严禁饮酒；又如，有些地区消费者喜欢标有"进口"或"合资"字样的商品，而另一些地区消费者的情况却可能相反。这种情况一方面与民族感情有关，另一方面也与各国、各民族的思想意识有关，而这些都要通过市场调查去掌握。

【拓展资料】

4）科学技术环境调查

科学技术是第一生产力。企业应及时了解新技术、新材料、新产品、新能源的状况，以及国内外产品技术质量检验指标和技术标准等。这些都是科学技术环境调查的主要内容。

5）自然地理环境调查

各个国家和地区由于地理位置不同，气候和其他自然环境会影响消费者的饮食习惯、衣着、住房及住房设施。同样的产品在不同气候条件下，会有截然相反的需求状况。另外，科技发展水平和发展趋势、本企业所涉及的技术领域的发展情况、专业渗透程度、销售等方面也会有很大差别。地理环境决定了地区之间资源分布状态、消费习惯、结构及消费方式的不同。因而，产品在不同的地理环境下适用程度和需求程度会有很大差别，由此引起销售量、销售结构及销售方式的不同。例如，我国的藤制家具在南方十分畅销，但在北方销路则不畅，受到冷落，其主要原因是北方气候干燥，这种家具到北方后往往发生断裂，影响了产品的声誉和销路。由此可见，自然地理环境也是市场调查不可忽视的一个重要内容。

2. 消费者调查

营销人员经常会思考消费者的需求总量有多大，细分市场的需求有多大，他们有着什么样的特征等诸如此类的问题。

1）消费需求量（市场容量）调查

消费需求量的大小制约着企业生产、经营的规模。没有需求，企业就无法进行生产；消费需求量变化，生产与经营的规模也会随之变化。因此，消费需求量调查对于企业而言十分重要。消费需求量的大小主要取决于货币收入、人口数量、消费结构、消费者心理需求、购买行为等因素。

2）消费者购买动机调查

所谓购买动机，就是为满足一定的需要，而引起人们购买行为的愿望和意念。人们的购买动机常常是由那些最紧迫的需要决定的，但购买动机又是可以运用一些手段诱发的。消费者购买动机调查的目的主要是弄清购买动机产生的各种原因，以便采取相应的诱发措施。

3）消费者购买行为调查

消费者购买行为是消费者购买动机在实际购买过程中的具体表现。消费者购买行为调查，就是对消费者购买模式和习惯的调查，即通常所讲的"5W1H"调查，了解消费者在何时购买（When）、何处购买（Where）、买什么（What）、为什么买（Why）、由谁购买（Who）和如何购买（How）等情况。

【案例阅读 1-3】

某公司产品为中高档儿童服饰，目标消费者为3~14岁儿童，调查实施地点为北京。在问卷的设计上，需要结合产品和地域的特点，灵活设计。问卷应包括以下内容：调查对象（实际决策购买者）的年龄、收入状况、学历、职业等个人资料；买过哪些童装、在哪里买、由谁买、有哪些影响因素、选择购买的主要原因等资料；消费者对童装价格的承受情况、期望价格、包装、促销等因素的喜好程度。对某些问题还可以进一步展开，以便了解到更加全面、完整、细致的信息。

（1）消费者何时购买的调查。消费者在购物时间上存在着一定的习惯和规律。某些商品销售随着自然气候和商业气候的不同，具有明显的季节性。如在春节、劳动节、中秋节、国庆节等节日期间，消费者购买商品的数量要比以往增加很多。应按照季节的要求，适时、适量地供应商品，才能满足市场需求。此外，对于商业企业来说，掌握一定时间内的客流规律，有助于合理分配劳动力，提高商业人员的劳动效率，把握住商品销售的黄金时间。例如，某商场在对一周内的客流进行实测调查后发现，一周中客流量最多的是周日，最少的是周一；而在一天内，客流最高峰为职工上下班时间，即11时和17时；其他时间客流人数也均有一定的分布规律。据此，商场对人员和货物都做出了合理安排，做到忙时多上岗、闲时少上岗，让售货员能在营业高峰到来时，以最充沛和饱满的精神面貌迎接顾客，从而取得了较好的经济效益和社会效益。

（2）消费者在何处购买的调查。这种调查一般分为两种：一是调查消费者在什么地方决定购买；二是调查消费者在什么地方实际购买。对于多数商品，消费者在购买前已在家中做出决定，如购买商品房、购买电器等，这类商品信息可通过电视、广播、报纸、杂志等媒体所做的广告和其他渠道获得。而对于一般日用品、食品和服装等，具体购买哪种商品，通常是在购买现场，受商品陈列、包装和导购人员介绍而临时做出决定的，具有一定的随意性。目前，我国一些城市已出现通过电视商场和网络商店购买的方式，使得决定购买和实际购买行为在家中便可完成。此外，为了合理地设置商业和服务业网点，还可对消费者常去哪些购物场所进行调查。某调查机构在为某商场所做的市场营销环境调查中了解到：有59%的居民选择距家最近的商店，有10%的居民选择距工作地点最近的商店，有7%的居民选择上下班沿途经过的商店；有18%的居民选择有名气的大型、综合、专营商店；有6%的居民则对购物场所不加选择，即随意性购物。

（3）谁负责家庭购买的调查。对于这个问题的调查具体可包括3个方面：一是在家庭中由谁做出购买决定；二是谁去购买；三是和谁一起去购买。有关调查结果显示：对于日用品、服装、食品等商品，大多由女方做出购买决定，同时也主要由女方实际购买；对于耐用消费品，男方做出购买决定的较多，当然在许多情况下也要同女方商定，最后由男方独自或与女方一同去购买；对于儿童用品，常由孩子提出购买要求，由父母决定，与孩子一同前往商店购买。此外，通过调查还发现，男方独自购买、女方独自购买或男女双方一同购买对最后实际成交有一定影响。

上述3个方面的调查能为企业经营提供许多有价值的信息，如了解到光临某商场或某柜台的大多为年轻女性，就可着意营造一种能够吸引她们前来购物的气氛，并注意经销商品的颜色和包装等；如果以男性为主，则可增加特色商品或系列商品的陈列和销售。

（4）消费者如何购买的调查。不同的消费者具有不同的购物爱好和习惯。例如，从商品价格和商品品牌的关系上看，有些消费者注重品牌，对价格要求不多，他们愿意支付较多的钱购买自己所喜爱品牌的商品；而有些消费者则注意价格，他们购买较便宜的商品，而对品牌并不在乎或要求不高。

3．竞争对手调查

面对异常激烈的市场竞争，企业仅仅了解消费者的需求是不够的，还必须了解自己的竞争对手。在"发现并满足消费者需求"的市场营销观念已经被企业广泛接受的今天，不研究竞争者的战略和策略而要取得竞争优势是不可能的。从某种意义上说，了解竞争者也是现代企业头等重要的事情，是企业选择营销战略和策略的先决条件。其调查的内容主要包括以下几个方面：

（1）有没有直接或间接的竞争对手。如果有，是哪些。
（2）竞争对手的所在地和经营范围。
（3）竞争对手的生产经营规模和资金状况。
（4）竞争对手生产经营商品的品种、质量、价格、服务方式及在消费者中的声誉和形象。
（5）竞争对手的技术水平和新产品开发经营情况。
（6）竞争对手的销售渠道。
（7）竞争对手的宣传手段和广告策略。
（8）现有竞争程度（市场占有率、市场覆盖面等）、范围和方式。
（9）潜在竞争对手状况。

通过调查，可将本企业的现有条件与竞争对手进行对比，为企业制定有效的竞争策略提供依据。

4．产品调查

营销人员经常会思考是否推出新产品，现有产品和服务的质量怎么样，采用什么样的包装比较合适，产品品牌形象如何，产品处于生命周期的哪个阶段等。

（1）产品实体调查。产品实体调查包括产品的规格、颜色、图案、味道、式样、原料、功能等方面的调查。例如，某企业在对淋浴器市场进行调查中了解到，淋浴器的安全性是消费者购买时考虑的最重要因素，因此，该企业将提高产品质量作为整个工作的中心环节来抓，很快使产品质量达到国内一流水平，并在广告中加以强调，使该企业商品盛销不衰。又如，在国际市场上，各国对颜色有各种厌好。在法国和德国，人们一见到墨绿色就会联想起纳粹，因而许多人厌恶墨绿色；利比亚、埃及等国家将绿色视为高贵色；在我国，红色则象征着欢快、喜庆。可见，企业只有在对此了解的基础上，投其所好，避其所恶，才能使商品为消费者所接受。

（2）产品包装调查。产品包装调查包括销售包装和运输包装调查。销售包装调查主要是调查包装的外观设计、容量、包装材料等是否能被消费者接受和喜爱，他们为什么会喜爱，他们希望通过产品的包装获得哪些产品信息；竞争产品的包装有什么特点，消费者的评价如何等内容。对于运输包装应该了解，包装是否方便运输、储存、拆封，能否适应不同的运输方式和气候条件等。我国许多出口商品质量过硬，但往往由于式样、工艺、装潢未采用国际标准，或未用条形码标价等原因，而在国际市场上以远低于具有同样内在质量和使用价值的外国商品价格出售，造成了严重的经济损失。

（3）品牌形象调查。品牌，就是产品的商业名称，通常由品牌名称和专门设计的包括文字、标记、符号、图案和颜色在内的品牌标志构成。品牌形象就是品牌在消费者心目中的印象和地位，是产品质量、性能、特色的综合体现，是区别竞争产品、吸引消费者重复购买、培养消费者忠诚的主要依据。因此，进行产品品牌形象的调查，对于企业进一步传播、巩固和调整品牌形象，强化产品的竞争力，具有极其重要的作用。

（4）产品生命周期调查。产品都有其市场寿命，即产品生命周期，它包括引入期、增长期、成熟期和衰退期4个阶段。企业要明确自己的产品处于生命周期的哪一阶段，采取相应的调查。

5. 价格调查

营销人员经常会思考什么样的价格是消费者可以接受的合理价格，消费者更喜欢哪种折扣方式，不同地区怎样体现价格差异等。

（1）产品需求性质与价格弹性调查。需求是制约产品价格的最重要的因素。需求的性质和强度决定产品需求的价格弹性，即市场需求量对于产品价格变动的反应程度。不同性质的产品，价格弹性不同，如生活必需品弹性小、非必需品弹性大等。产品本身的质量、特色、知名度，以及竞争产品和替代产品的多少和效用的强弱等，也会影响价格弹性。因此，企业需要了解产品的需求性质、价格弹性的大小。

（2）消费者价值感受调查。主要以需求为导向进行定价而不是仅仅依据成本定价是许多企业采用的定价策略。实施这一策略的关键就是要准确地把握目标消费者对本企业产品价值在心理上的感受和认同程度，包括对现有价格的接受程度、可以接受的价格水平等。这种接受和认同程度的调查，也应同产品需求的强度、时间、地点、消费心理等因素结合起来进行，将调查项目进一步地细化。

（3）竞争产品的价格调查。竞争产品的价格水平是企业定价时不得不面对的一个重要因素，对采取以竞争为导向进行定价的企业来说，就格外重要。这种调查主要了解消费者对竞争产品价格的认同程度和意见；也可以搜集竞争者产品的价目表或者买回竞争产品研究产品价值和价格之间的关系等。

（4）成本调查。产品成本是盈亏的临界点，也是企业定价的最低经济界限，是影响定价的重要因素。充分地了解产品的生产成本、销售成本、财务成本、管理成本也是价格调查的主要内容。生产成本调查包括固定成本、变动成本、边际成本、规模成本、经验成本等具体项目。销售成本调查包括储运成本、流通成本、促销成本等具体项目。

除了上述4个方面的内容之外，价格调查还有不少项目，如国家的价格法规和政策、国内外经济形势和金融形势、汇率和利率的高低等，可以根据实际需要决定。

6. 渠道调查

营销人员经常会思考企业的供应商或者分销商将怎样看待他们的产品，他们的服务质量怎么样等。

（1）渠道类型调查。分销渠道的类型多种多样，并且不断有新型的分销渠道出现。对于企业的产品销售来说，不同类型渠道网络各有利弊，企业必须通过调查各种渠道与消费者的联系状况、成本和效益、企业对渠道的控制能力和渠道对产品的适应性等方面的情况，做出分销渠道设计决策。这方面的调查还包括对企业现有渠道的调查，如是否能满足产品销售的需要，是否畅通；消费者是否感到方便、满意；分销渠道的各环节产品库存是否合理，有无积压、脱销现象等。

（2）渠道成员调查。对于选择间接渠道来分销产品的企业，需要从成千上万的各个层面的中间商中挑选一些较为理想的中间商来作为自己分销渠道的成员，他们是否合适，极大地影响着企业产品分销系统运作的有效性和管理的经济性。渠道成员选择不当，即使渠道系统设计得再完美，也不会给企业带来效益，反而会严重损害企业的利益。

企业在选择或调整渠道成员时，要调查研究各层面中间商的企业信誉、企业形象、经营稳定性、顾客类型、所在地的社会经济环境，以及中间商实体的分配能力、服务能力、销售能力、管理水平、营销技术、市场控制能力、信息搜集能力、产品知识和专业经验、协作意向等。

（3）渠道管理情况调查。企业在组建分销渠道系统之后，为了保证该系统的运行能达到营销目标，企业必须对其实行控制和管理，及时了解中间商的经营活动，如销售、服务、付款、促销、利润等，针对具体情况进行奖励或帮助。对出现的问题及时进行沟通和处理。

通过上述调查，有助于企业评价和选择渠道商，开辟合理的、效益最佳的销售渠道。

【案例阅读1-4】

某木业公司主要生产贴面板、地板等装饰材料，其对经销商的调研就应该包括经销商对贴面板行业及几个大型贴面板厂家的认识，对该木业公司的产品、企业、销售政策、营销策略等各个方面的看法、意见和建议，经销商的覆盖区域、销售网络的建议，主要竞争对手的各项情况等。

7．促销调查

营销人员经常会思考公司新推出的广告效果怎么样，面临众多媒体应该选择哪家，如何激励销售人员，需要企业采取哪些公关活动等。

（1）广告调查。广告是最常见的一种促进产品销售方式。为了实现与目标消费者有效的沟通，企业需要收集的信息很广泛。就广告活动本身来说，调查主要包括广告信息（诉求点）调查、广告媒体调查、广告效果调查。

（2）营销人员调查。营销人员调查是为了了解他们的基本素质、推销能力、推销技术和推销成效，以及销售的组织和管理的利弊得失，以便进一步合理地确定推销的组织结构，实施人员的奖励和培训。其调查主要包括营销人员销售观念调查、营销人员销售技能调查、营销人员培训效果调查、营销人员薪酬调查。

（3）公关调查。公关调查能够优化企业的内外营销环境，塑造良好的企业形象，从而促进企业产品销售，增强企业产品的市场竞争力。其调查主要包括企业当前营销状况调查、社会营销环境调查、公众舆论调查、企业形象调查、企业公关活动条件调查、公关活动效果调查等。

【案例阅读1-5】

某项目对零售商进行调研，需要了解以下情况：店铺销售同类产品的主要品牌、品种及销售份额；各品牌的进货渠道、方式、价格；各品牌的广告和促销情况；消费者的构成情况（性别、年龄、收入、学历、职业）、消费者购买行为的决策和影响因素，以及消费者对广告和促销活动的认知情况与购买情况。

8．组织内环境调查

组织内环境调查是从组织内部着手，了解自身的可以掌控的资源和能力，真正做到"知己知彼，百战不殆"。可着重调查以下6个方面：

（1）企业现有商品生产或商品流转的规模、速度、结构状况如何？能否满足消费要求？

（2）企业现有的经营设施、设备条件如何？其技术水平和设备现代化程度在同行业中处于什么样的地位？是否适应商品生产和流转的发展？

（3）企业是否需要进行投资扩建或者更新改建？

（4）企业资金状况如何？自有资金、借贷资金和股份资金的总量、构成及分配使用状况如何？企业经营的安全性、稳定性如何？

（5）企业的现实赢利状况如何？综合效益怎么样？

（6）企业现有职工的数量、构成、思想文化素质、业务水平如何？是否适应生产、经营业务不断发展的需要等。

 任务1.3 识别调查需求，选定调查目标

市场调查与预测工作的第一步就是识别调查需求。企业的决策者为了解决问题或为了提出一个长远规划，必须有一定的信息作为决策的基础，以减少决策的不确定性，降低风险。因此，相关人员需要挖掘相关的调查需求。但是一般情况下，企业仅能对市场调查项目提供一个大致框架和笼统的数据要求，这样的调查需求过大，操作性不强，而以此为据制订调查计划是不科学的，可能会导致得非所需，做大量的无用功，甚至丧失决策时机。

因此，在制定正式的调研方案之前，一般都有一个准备阶段，主要任务就是根据调查需求，明确调查目的和确定调查目标。

1.3.1 明确调查目的

明确调查目的就是根据企业的信息需求对调查活动提出任务，也就是把企业的决策问题转化为市场调查的问题。

人们在一般情况下总是以为对于所需问题有清楚的了解，而困难在于决策者与研究者的沟通上，但是实际并非如此，很多情况下决策者是带着并不十分清楚的问题去寻求帮助的。这时的首要任务就是帮决策者搞清决策问题，进而确定研究目标。

一般情况下，企业的问题主要涉及以下两个方面。

1. 企业的未来发展方向和战略规划

企业的未来发展方向和战略规划主要是指企业创立之前对市场的定位、产品的规划，必须考察宏观和微观市场环境及其发展趋势，行业的竞争情况和发展趋势，产品的需求量、发展潜力等，或者原有企业开发新产品时面临的类似问题。

2. 企业在生产经营中出现困难或需要制定营销策略

企业在生产经营中出现困难或制定市场营销策略时，需要调查营销策略执行中存在的问题、市场竞争的情况、消费者购买行为等。这时需要针对存在的问题及产生这些问题的原因进行市场调查，如销售额下降、市场占有率下降、产品积压、资金周转困难等，以便找到原因，提出解决办法。如果问题比较模糊，就有必要进行一个全面性的初步探索，找到主要原因，进一步选择市场调查所要解决的主要问题。

市场调查与预测工作是根据研究目的进行的，而不是根据企业的决策问题进行的。研究目的越明确，市场调查工作范围的界定就越准确，这样不仅能有效地降低调查费用，还能提高所搜集信息的适用性，减少误差。而如果不明确调查目的，将会影响整个调查进程的有效性和经济性。

1.3.2 确定调查目标

调查目标主要是指在市场调查活动中必须解决的具体问题，这是促进市场调查与预测工作成功的第二个关键步骤。

调查目标明确，可以使市场调查工作有具体的活动范围，提高调查活动的收益和效率。而如果目标不明确，则有可能导致必要的项目没有进行调查，而在不需要进行调查的项目上做大量无用功，造成时间、财力上的浪费。

调查目标的确定必须慎重。在确定目标之前，应该对企业面临的问题进行了解和分析，必要时还要进行初步的市场调研，以明确调查目的和目标。

市场调查工作的目标必须明确而具体，具有可实施性：第一，在企业面临的所有问题中，要明确其中的主要问题、最迫切需要解决的问题、内在的原因都是什么；第二，要明确而具体地说明调查人员需要搜集的资料是什么，有什么具体要求，甚至需要明确不需要搜集的资料有哪些。

任务 1.4 理清调查范围，确定调查对象

确定调查范围和对象的过程就是确定由谁来提供资料和具体数据的过程。要根据不同的调查目的确定不同的调查范围和对象，然后采取相应的抽样法和测量方法。例如，对某地市区月饼消费情况的调查，其调查对象就是该地区不同性别、年龄、收入水平的消费者。在选择调查对象的时候，应在注意经济性原则的基础上保证代表性，确保调查对象能反映总体的基本情况。

1.4.1 理清调查范围

（1）明确调查的地理范围。调查的地区应与企业的产品销售范围相一致或近似，当在某一城市做市场调查时，调查范围应尽量包括整个城市；当在全国范围内做市场调查时，由于调查样本数量有限，调查范围不可能遍及全国的每一个目标市场或每一个城市，一般可根据目标市场的人口分布、收入、文化程度等因素，选择若干城市，或者在少数城市划定几个小范围调查区域，这样可相对缩小调查范围，减少实地访问工作量，提高调查工作效率，减少费用。

（2）明确调查对象的范围，也就是按照调查对象的特征划定范围。这主要是为了解决向谁调查和由谁具体提供资料的问题。调查对象是根据市场调查工作的目的而确定的被调查者的总体，它由某些性质上相同的样本单位组成。

1.4.2 确定调查对象

明确调查范围之后就可以确定调查对象了，确定调查对象也可以称为定义总体。调查总体的确定，并不像想象的那么容易。例如，要通过市场调查的方式了解购物中心消费者的惠顾与购买行为，那么该如何确定调查对象呢？

实际上，要准确地界定一个总体，必须包括 4 个要素，即抽样元素、抽样单位、抽样范围和抽样时间。例如，在一个企业关于其产品社会集团购买量的调查中，调查总体可以定义

为"在过去 3 年中,在中国境内,所有购买过我们产品的机关、部队、学校、企业和事业单位"。在这个总体的定义中,就包含以下 4 个要素:

(1)抽样元素——所有购买过我们产品的机关、部队、学校、企业和事业单位。
(2)抽样单位——同上。
(3)抽样范围——全国。
(4)抽样时间——过去 3 年中。

缺少这 4 个要素中的任何一个,抽样总体的界定就是不清楚的。

在以消费者为调查对象时,要注意到有时某一产品的购买者和使用者不一致,如对婴儿食品的调查,其调查对象应为孩子的母亲。此外,还应注意到一些产品的消费对象是某一特定消费群体或侧重于某一消费群体,这时调查对象应注意选择产品的主要消费群体,如对于化妆品,其调查对象主要选择女性;对于酒类产品,其调查对象主要为男性。

正确地界定总体是抽样程序的第一步,它关系到所得信息是否可靠和信息量大小的问题。确定调查对象之后,就可以进行样本选择了。按照对象范围的特征,运用科学的方法选择样本,可以提高调查工作的准确性和经济性。有关抽样的问题将在后面的章节中介绍。

任务 1.5 确定调查问题,拟定调查主题

一旦调查的目标明确了,调查的对象和范围也就明确了,那么这个调查问题就确定了。调查问题是调查研究所关注的领域,如农民工研究、青少年犯罪问题研究等,其主题应具有较强的理论与现实意义。调查问题的范围一般比较宽泛,要根据目标、对象和范围,从此问题中再选择一个研究主题。拟定调查主题时要注意以下几点:

(1)主题涵盖的范围要能与调查范围和对象相适应。在拟定主题时,主题的描述要与调查的范围和对象相适应,不应过分扩大。在拟定主题时,很容易习惯性地冠以"中国""我国""我省"等字样,容易造成主题范围的扩大,反而不利于调查的组织及目的的达成。因此,往往在主题中冠以一定的范围词,这种范围词就依赖于调查范围和调查对象的确定。把已经确定的调查范围和调查对象作为定语放在主题中。

(2)主题要能涵盖所有的调查目标。调查主题不能只描述调查目标的一个方面,要能将所有的调查目标都包含进去,否则容易在调查项目确定时出现短缺的现象。

(3)调查问题是具体的,它的范围比较小,容易把握和操作。例如,在农民工研究中就包括农民工的工资待遇问题、农民工的法律援助问题、农民工的社会保障问题、农民工的教育问题等。

拟定调查主题后,即可针对调查主题设计调查计划,实施调查。

技 能 训 练

【课业目标】

完成本课业,学生应能够识别调查需求,根据需求,选定调查目标;能够根据选定的调查目标,理清调查范围,确定调查对象并拟定调查主题。

【课业方式】

通过观察、信息收集、兴趣寻找等方式,识别调查需求;根据识别的调查需求,确立调查目标,理清调查范围,确定调查对象,并拟定调查主题。

【课业内容及步骤】

(1) 通过各种方式,识别调查需求。

(2) 根据识别的需求,确立调查目标。

(3) 根据识别的需求及选定调查目标,理清调查范围,确立调查对象。

(4) 根据已经确定的目标、范围、对象,拟定调查主题。

【课业评价】

项目 \ 评分标准	优秀(10分)	良好(8分)	合格(6分)	不合格(4分以下)	个人得分
选定调查目标,拟定调查主题	(1)识别出调查需求; (2)根据识别的需求能很好地选定目标,理清调查范围,确定调查对象; (3)拟定了较好的调查主题; (4)该主题通过小组讨论,成为了小组选题	(1)识别出调查需求; (2)根据识别的需求能很好地选定目标,理清调查范围,确定调查对象; (3)拟定了较好的调查主题; (4)该主题没有成为小组选题	(1)识别出调查需求; (2)根据识别的需求能选定目标,理清调查范围,确定调查对象,但有缺陷; (3)拟定了一个调查主题,但有缺陷; (4)该主题没有成为小组选题	(1)识别出调查需求; (2)没有很好地选定目标、理清调查范围、确定调查对象; (3)没有拟定调查主题; (4)该主题没有成为小组选题	

思考与练习

1. 简答题

(1) 举例说明市场调查可以解决企业的营销问题。

(2) 怎样理解市场调查的概念和特征?

(3) 简述确定市场调查目标的流程。

(4) 简述探测性调查、描述性调查、因果性调查、预测性调查的特点和应用。

2. 案例分析题

某市人大常委会责成地方交通局(以下简称交通局)采取措施方便老年居民(以下简称老年人)使用公共交通。因为交通局并没有关于老年人需求及其出行习惯的最新信息,于是向调研机构求助,要求帮助搜集新数据。

下面这段文字是交通局对问题的最初陈述:"为更方便城市老年人对公共交通的使用,交通局正考虑改善目前的服务。可能采取的措施包括购置特殊类型的公共汽车,对现有的公共汽车进行改装,增加新线路,可能的话还将考虑对车费实行优惠。在做出这些耗资巨大的决定与改变前,交通局需要有关老年人对交通需求的信息，以便根据预算情况最大限度地满足老年人的需求。"

在涉及"采取措施方便老年人使用公共交通"这一决策时，交通局将决策目标阐释为需要调整现有的服务来"方便城市老年人对公共交通的使用"，但是什么样的调研问题才能帮助交通局达成决策目标呢？

交通局需要了解老年人对公共交通的需求，以及这些需求是否和如何得到满足，这就是明确了该项目的信息需求，即调查目的。

对于调查设计来说，明确了调查问题确实意味着设计工作迈出了一大步，但是还不够，调查目标必须得到系统陈述。调研设计者首先要确切地了解谁是数据的主要使用者；调查数据主要用在什么地方。

根据交通局的内部分工，这项事关全局的工作具体由交通规划部门来承担。具体来说，交通局的规划人员主要把信息用于购置特殊类型的公共汽车、改装现有的公共汽车、增加新线路、对车费实行优惠。

另外，调查设计者还要确定操作性定义，包括：其一，客户对谁或对什么感兴趣？在这里，客户仅对老年人的公共交通需求及使用感兴趣。要求对"老年人""公共交通"和"使用"等都要有确切定义。其二，所关心的调查单元在哪里？客户对什么地域感兴趣？仅对在大都市运行公共汽车的市区范围感兴趣，或者是对被现有公共汽车网络所覆盖的地域感兴趣？也许他们最后的决定需调查居住于整个都市范围内的所有老年人。其三，什么是调查的标准时期？在交通局的陈述中指的是现在的需求，这就意味着要了解老年人最近时期（如星期、月等）内乘公共汽车的情况。需要了解他们在多个或不同时期的情况吗？

在明确了调查问题并对调研目标作过系统陈述后，调查机构在一个相对较粗的水平上列出了调查的内容框架。

对于老年人，客户也许希望确定他们不同的特征：年龄；性别；是否残疾；家庭收入；地理位置；住所类型（养老院、公寓、独立住宅）；家庭构成（与谁共同生活）。

为了确定交通需求，客户也许需要以下的信息：上星期出行次数；出行频率（每天次数，区分每星期中的工作日及周末）；使用的交通工具；乘坐公共汽车遇到的问题；在本地旅行的次数。

要得到出行特征的信息，还应该了解以下信息：出行目的；出行的起点与目的地；出行途中受到的限制；需要的帮助；因为缺少交通工具而取消出行的次数。

为了确定需求在目前是否得到满足，还应该了解交通模式方面的问题：可用性（他们是否拥有自己的轿车、自行车等）；公共汽车的使用；乘公共汽车的花费；服务在哪些方面可以改善；什么可以促使老年人使用（或更经常使用）公共汽车。

讨论：

（1）如何确定市场调查的调查问题和调查目标？

（2）交通局确定的依据是否合理？为什么？

（3）试确定调查问题和目标，理清调查范围，确定调查对象，并拟订一个合适的调查主题。

项目 2
设计调查方案

在杭州市是否需要为代驾行业立法的调查中,应撰写一份调查方案。首先,需要明确调查目标为代驾是否有必要立法,从而客观地选定调查对象分别为广大民众、代驾公司及代驾司机等相关利益方;然后,讨论并商定调查计划和调查预算等;最后,根据调查方案的构成,组员进行具体分工。

【学习目标】

知 识 目 标	技 能 目 标
掌握调查方案的概念,了解调查方案的作用。设计调查方案的基本结构。根据调查主题设计调查方案	具有把握调查主题、运用技巧来设计具有可行性的市场调查方案的能力

【项目任务】

明确调研意图,确定市场调查目标,按市场调查方案的内容和结构要求策划市场调查方案。
(1)任务步骤:明确调查目标→选定调查对象→商定调查内容、计划和预算等→分工撰写。
(2)完成要点:基于主题和调查目标,合理确定调查内容、计划和预算,注意前后的一致性及计划的可实施性。

【导入案例】

某银行欲了解其所在地住宅储蓄及购房抵押贷款业务的市场需求与潜力,为该银行在这两项业务上推出新产品提供客观可靠的依据,为此需要进行一次性调查。为满足调查针对性强、花钱少、时效性高的要求,该调查从开始就制定了一份周密的市场调查方案,内容包括明确调查要解决的问题,通过调查要取得的资料,取得这些资料的用途;确定调查对象和调查单位;确定调查项目的数量;确定调查方法、资料整理和分析方法;确定调查时间和工作期限;确定调查经费预算;确定提交报告的方式等。由于调查方案设计较完备,所以保证了整个调查结果的质量和时间进度。

思考:
(1)什么是调查方案?
(2)调查方案包括哪些内容?
(3)如果请你来设计本案例调查方案,你会怎么做?

【理论知识】

任务2.1 了解市场调查方案设计的概念

古语云:"凡事预则立,不预则废。"意思是说,无论做什么,事先有准备,成功的可能性就大;反之,则可能失败。由此可见,在市场调查工作开始之前做必要的准备工作,是决定市场调查能否成功的重要因素。市场调查方案就是在市场调查运行之前,根据调查研究的目的,有的放矢地对调查工作的各个方面和全过程进行考虑和计划,制定相应的实施方案和合理的工作程序。它包括确定调查项目、调查内容、调查时间、调查方式、调查方法、经费预算、人员组织等。周密且有效的市场调查方案是市场调查工作高质量完成的保证。

市场调查的规模和范围大小不一,但都需要调查策划人员将相互关联的各个方面和各个阶段考虑进市场调查策划方案。调查工作的各个方面主要是指调查所要涉及的各个组成项目。

例如，调查消费者对市场上销售的染发产品的市场认知情况，就应该将市场上经抽样的染发产品的品牌、质量、价格、服务、信誉、目标消费者等各个方面进行全面的考虑。市场调查方案就是把已经确定的市场调查问题转化为具体的调查内容，并通过调查指标的方式表现出来，进而对调查指标做出明确的定义方案。这里所说的调查问题的定义与调查指标的定义不同。调查问题的定义是概念性的，上面提到的消费者对市场上销售的染发产品的认知就是一个调查问题。调查指标则是操作性的定义，在调查中反映调查问题，如品牌、质量、价格、服务、信誉、目标消费者等反映消费者对该类产品的认知。市场调查方案所指的全过程，是调查工作所要经历的所有步骤，包括资料搜集、记录、整理和分析。每一个步骤都必须进行周密的考虑和安排，减少误差，提高市场调查的质量。例如，在分析阶段，研究相同的问题可以采用不同的研究方法，但针对特定的调查要有针对性地选取相应的研究方法。因为不同的研究方法有差异性，将导致调查结果的改变。因此，要求市场调查的方案设计人员具有一定的经验和相关知识，能有准备地制定方案，从而保质保量地完成市场调查。

任务2.2　掌握市场调查方案的内容

　　市场调查方案设计是对整个市场调查过程的设计。也就是说，市场调查方案设计包括将要进行的市场调查的各个方面和过程。调查方案是否科学、可行和有效，关系到调查工作的成败。市场调查方案就是具体市场调查工作实施的指导，所以方案中要尽可能地包括所有具体操作的细节。市场调查方案的主要内容包括确定调查目的、调查对象和单位、调查内容和调查表、调查方式和方法、预算、抽样方式等。

【拓展案例】

1. 确定调查目的

　　调查目的是指特定的调查所要解决的问题，即为何要调查、要了解和解决什么问题，调查结果有什么用处。确定市场调查目的是市场调查方案设计首先需要确定的内容。如果不能明确目的，调查者就不知道在调查中要收集什么资料来解决什么问题。调查方案的最主要依据是调查的目的，调查方案的每项内容都要符合调查的目的，调查目的和任务明确，才能确定调查的对象、内容和方法，才能保证市场调查具有针对性。如果没有调查目的，整个调查工作也就失去了其存在的意义和努力方向，确定调查的目的是调查方案设计的首要问题和关键步骤。

【案例阅读 2-1】

　　某公司是我国饮料市场五巨头之一，以前很少做广告宣传，但几年后公司年度广告投入量达到800万元，主要用于投放于电视广告片、各种方式的售点广告、印刷品广告及少量的灯箱广告等。为了有针对性地开展2013年度的产品宣传推介工作，促进产品品牌形象的传播和产品销售量的进一步提高，以便在激烈竞争的保健品市场中立于不败之地，该公司拟进行一次广告效果调查，以供决策层参考。其调查目的就是分析现有的各种广告媒介的宣传效果，了解现行广告作品的知晓度和顾客认同度，了解重点销售区域华南和华东地区市场的消费特征和消费习惯，为某品牌口服液年度广告作业计划提供客观的事实依据，并据此提供相应的建设性意见。

2. 确定调查对象和调查单位

在明确了市场调查的目的，深入理解了调查的需求后，调查人员接下来的工作就是确定调查对象和调查单位，以明确向谁调查和由谁来提供资料的问题。调查对象是根据调查目的和任务确定的一定时空范围内的所要调查的总体，它是由客观存在的具有某一共同性质的许多个体单位所组成的整体。调查单位就是调查总体中的各个个体单位，它是调查项目的承担者或信息源。确定调查对象和调查单位应注意以下几个问题：

（1）必须严格规定调查对象的含义和范围。例如，城市个体经营户的经营情况调查，必须明确规定个体经营户的性质、行业范围和空间范围。

（2）调查单位的确定应根据调查的目的和对象而定。例如，在调查城市个体经营户的经营情况时，调查对象是所有的个体经营户，调查单位是每一个个体经营户。

（3）调查单位与填报单位的区别。调查单位是构成调查对象的每一个单位，它是进行登记的标志的承担者；报告单位也叫填报单位，它是提交调查资料的单位，一般是基层企事业组织。调查单位和填报单位有时一致，如对工业企业普查；有时不一致，如对企业设备进行调查。

（4）调查单位的确定取决于调查方式的约束。

调查对象和调查单位要根据调查的目的及人口、社会特征、心理特征、生活方式、个性、动机、知识、行为、态度、观念等，来确定哪些人是合适的被调查人选。

【案例阅读 2-2】

在案例阅读 2-1 中，对某品牌口服液广告效果调查中的调查对象描述为：调查拟在华南、华东两个重点市场开展，调查的范围深入到上述地区的中心城市和有代表的市县；调查对象将锁定为 30 岁以上的中老年消费群体。

3. 确定调查项目和设计调查表

1）调查项目

调查项目是将要向调查单位调查的内容。调查项目的确定取决于调查的目的和任务，以及调查对象的特点与数据资料搜集的可能性。为此，应注意以下几点：

（1）调查项目的确定既要满足调查目的和任务的要求，又要能够取得数据，包括在哪里取得数据和如何取得数据，凡是不能取得数据的调查项目应舍去。

（2）调查项目应包括调查对象的基本特征项目，调查课题的主体项目（回答是什么）、调查课题的相关项目（回答为什么）。

（3）调查项目的表达必须明确，调查项目的答案选项必须有确定的形式，如数值式、文字式等，便于调查数据的处理和汇总。

（4）调查项目之间应尽可能相互关联，使取得的资料能够互相对应，具有一定的逻辑关系，便于了解调查现象发展变化的结果、原因，检查答案的准确性。

（5）调查项目的含义必须明确、肯定，必要时可附加调查项目或指标解释及其填写要求。

2）设计调查表或问卷

调查项目确定之后，就可以设计调查表或者问卷，作为搜集市场调查资料的工具。调查表或问卷既可作为书面调查的记载工具，也可作为口头询问的提纲。调查表是用纵横交叉的表格按一定顺序排列调查项目的形式；问卷是根据调查项目设计的对被调查者进行调查、询问、填答的测试试卷，是市场调查搜集资料的常用工具。

4. 确定调查时间和调查期限

调查时间是指调查资料的所属时间，即应搜集调查对象何时的数据。确定调查时间是为了保证数据的统一性，否则，数据无法分类和汇总，导致市场调查失效。调查时期现象（收入、支出、产量、产值、销售额、利润额等流量指标）时，应确定数据或指标项目的起止时间；调查时点现象（期末人口、存货、设备、资产、负债等存量指标）时，应明确规定统一的标准时点（期初、期末或其他时点）。

调查期限是指整个调查工作所占用的时间，即一项调查工作从调查策划到调查结束的时间长度。一般来说，应根据调查课题的难易程度、工作量的大小、时效性要求合理确定调查期限，并制订调查进度安排表。

5. 确定调查方式和方法

调查方式和方法的选择至关重要，如果采用的方式和方法不合适就会直接影响调查结果的质量。另外，调查方式和方法的选择必然受到调查时间和经费预算的限制，在具体的工作中甚至起到决定性的作用。

市场调查方式是指市场调查的组织形式，通常有市场普查、重点市场调查、典型市场调查、抽样市场调查、非概率抽样调查等。调查方式的选择应根据调查的目的和任务、调查对象的特点、调查费用的多少、调查的精度要求做出。

市场调查方法的确定应考虑调查资料搜集的难易程度、调查对象的特点、数据取得的源头、数据的质量要求等。若调查项目涉及面大、内容较多，则应选择多种调查方法获取数据和资料。既要获取现成的资料，又要获取原始资料。例如，商场顾客流量和购物调查，通常采用系统抽样调查的组织方式，即按日历顺序等距抽取若干营业日调查顾客流量和购物情况，而搜集资料的方法主要有顾客流量的人工计数或仪器记数、问卷测试、现场观察、顾客访问、焦点座谈等。

6. 确定资料整理和分析方案

1）确定资料整理的方案

资料整理是对调查资料进行加工整理、系统开发的过程，其目的在于为市场分析研究提供系统化、条理化的综合资料。为此，应确定资料整理的方案，对资料的审核、订正、编码、分类、汇总、陈示等做出具体的安排。大型的市场调查还应对计算机自动汇总软件开发或购买做出安排。

2）确定分析研究的方案

市场调查资料的分析研究是对调查数据进行深度加工的过程，其目的在于从数据导向结论，从结论导向对策研究。为此，应制定分析研究的初步方案，对分析的原则、内容、方法、要求、调查报告的编写、成果的发布等做出安排。

7. 确定调查项目的费用与预算

调查的费用会因调查项目的不同而不同，在制订预算时，应包括带有明细的调查工作项目费用计划，如劳务费、礼品费、交通费、通信费、印刷费、设备费、专家咨询费及不可预见费等。在调查的前期、中期和后期，预算分配的权重应有所区别，一般情况下开始和结束阶段的费用相对较少，费用大部分花在信息收集阶段。要注意考虑各个不同项目的费用支出情况，避免出现由于预算不充分或者分配上出现问题而导致调查半途而废。

8. 其他内容

在调查方案中任何一项内容都是不可忽视的，即使是一个细节问题的忽略也可能导致市场调查工作的失败。确定调查时间、安排调查进度、培训调查人员等，在进行实地调查的过程中会影响调查工作的进度，导致效率低下。调查工作的所有步骤环环相扣，要尽量使调查步骤都在控制范围之内，只有这样，才能使调查工作有序进行。尤其是规模比较大的调查项目，一旦某一环节出现了问题，将可能导致工作停滞，甚至失败。

市场调查方案设计必须结合调查目的、要求及实际情况，通过反复的论证才能确定。市场调查方案是具有可行性的行动指导纲领。

任务 2.3　掌握市场调查方案的设计方法

市场调查方案作为市场调查进入实战阶段的计划书，具有两个方面的作用：一是用来提供给雇主或调查委托方审议检查之用，也可以作为双方执行协议的一部分；二是用作市场调查人员的工作指导和计划。不同市场调查方案格式有所区别，但一般格式均包括前言部分、调查的目的和意义、调查的内容和具体项目、调查的对象、调查的方式方法、资料整理和分析方法、调查工作的时间进度安排、经费预算、调查结果的表达形式等。

1. 前言部分

前言部分也就是方案的开头部分，应该简明扼要地介绍整个调研课题出台的背景原因。

【案例阅读 2-3】

轿车经销商 A 在 C 市从事轿车代理经销多年，有一定的经营实力，商誉较好，知名度较高。但近两年，C 市又新成立了几家轿车经销商，这对经销商 A 的经营造成了一定的冲击，轿车销售量有所下降。为了应对市场竞争，经销商 A 急需了解 C 市居民私家车的市场普及率和市场需求潜力，了解居民对轿车的购买欲望、动机和行为，了解现有私家车用户有关轿车使用方面的各种信息，以便调整公司的市场营销策略。为此，经销商 A 要求市场调查部门组织一次以 C 市居民轿车需求与用户反馈为主题的市场调查。

2. 调查的目的和意义

根据项目的背景，应比较详细地介绍调查项目的目的和目标，并具体提出主要的理论假设，阐明该项目的调查结果能给企业带来的决策价值、经济效益、社会效益，以及在理论上的重大价值。

【案例阅读 2-4】

案例阅读 2-3 的调查目的和任务：目的在于获取居民轿车需求与现有用户使用等方面的各种信息，为公司调整、完善市场营销策略提供信息支持；任务在于准确、系统地搜集该市私家车市场普及率、市场需求潜力、购买动机与行为、用户使用状况等方面的信息。

注意： 编写市场调研方案首先要明确的就是调查目的。如果遇到对市场调查还不熟悉的客户，指出的问题未经考虑，范围广泛，这就需要研究人员针对企业本身和企业想要了解的问题进行调查、访问，熟悉企业背景，讨论企业的生产、销售情况，明确企业调查的目的和内容。

3. 调查的内容和具体项目

调查的主要内容和具体项目依据所要解决的调查问题和目的所必需的信息资料来确定。

【案例阅读 2-5】

案例阅读 2-3 的调查内容和具体项目如下：

（1）被调查家庭的基本情况。项目包括户主的年龄、性别、文化程度、职业，以及家庭人口、就业人口、人均年收入、住房面积、停车位等。

（2）居民家庭是否拥有私车。如果有，则私车的类型、品牌、价位、购入时间等。

（3）用户车况与使用测评。主要包括节能性能、加速性能、制动性能、外观造型、平稳性、故障率、零件供应、售后服务等项目的满意度测评。

（4）私车市场需求情况调查。包括第一次购车或重新购车的购买意愿、何时购买、购买何种品牌、价位、购买目的、选择因素、轿车信息获取等方面的测评。

（5）经销店商圈研究。包括本经销店顾客的地理分布、职业分布、收入阶层分布、文化程度分布、行业分布及商圈构成要素等项目。

（6）竞争对手调查。包括竞争对手的数量、经营情况和经营策略等。

调查项目的选择要尽量做到"精"而"准"。具体来说，"精"就是调查项目所涉及的资料能满足调查分析的需要，不存在对调查主题没有意义的多余项目；"准"就是要求调查项目反映的内容要与调查主题有密切的相关性，能反映调查要了解问题的信息。

4. 市场调查对象和调查范围

确定调查对象和调查范围，主要是为了解决向谁调查和由谁来提供具体资料的问题。调查对象就是根据调查目的、任务确定调查的范围及所要调查的总体，它是由某些性质上相同的许多调查单位所组成的。

【案例阅读 2-6】

案例阅读 2-3 的调查对象和范围描述为：调查对象为该市的全部市区居民家庭，不包括市辖县的居民家庭；调查单位为每户居民家庭。

在一般情况下,调查对象的选择是根据消费品的种类及其分销渠道来确定的。也就是说,产品由生产者到消费者手中都经过了哪些环节,那么消费品的调查对象也就是哪几种人。

耐用消费品的分销渠道一般较短,其调查对象主要为经销商或最终消费者;一般消费品,如自行车,价格一般在几百元,它的分销渠道较大,因此,调查对象主要为消费者、经销商;而一些价格低廉、形态较小的日用消费品,由于消费者一般是使用时购买,以方便为宜,故它的零售商较多,分销渠道长,调查对象也就增加了零售商这个环节。

注意:必须严格规定调查对象的含义和范围,以免造成调查登记时由于含义和范围不清而发生错误。

5. 调查所采用的方式和方法

调查方法的说明主要是详细说明选择什么方法去收集资料,具体的操作步骤是什么。如采取抽样调查方式,那么必须说明抽样方案的步骤、所取样本的大小和要达到的精度指标。

【案例阅读 2-7】

案例阅读 2-3 的调查方法和调查方式描述如下:
(1) 调查方法。
① 居民私家车需求与用户调查采用调查员上门访问(问卷测试)。
② 竞争对手调查采用现场暗访调查及用户测评等获取相关信息。
③ 居民私车的社会拥有量和普及率通过走访统计局、交通大队了解。
④ 居民的消费收支情况及社会经济发展状况通过统计年鉴来了解。
⑤ 利用本经销店的用户信息库进行分类统计和信息开发。
⑥ 召开一次用户焦点座谈会。
(2) 调查方式。
① 居民私车需求与用户调查采用抽样调查方式,样本量为 1 000 户。
② 本经销店商圈研究采用本经销店建立的用户信息库做全面的调研分析。

6. 资料整理和分析的方法

明确资料分析的方法和分析结果表达的形式等。

【案例阅读 2-8】

案例阅读 2-3 的调查资料整理和分析方法描述如下:
(1) 资料整理。
① 用户数据的整理方案。包括编制用户特征分布数列,私车类型品种分布数列,价位、购入时间分布数列,私车使用满意度测评数列等。
② 需求数据的整理方案。包括编制需求者特征、购买欲望、购买动机、购买行为、购买时间、购买选择、信息获取等分布数列。
③ 编制经销商商圈层次划分数列、客户的分类统计数列等。
④ 对定性资料进行分类归档。
⑤ 对居民私车市场普及率的统计,以及潜在的市场需求量和市场占有率测定。

（2）资料分析

① 进行用户分布及满意度分析。重点揭示用户的特征，为调整营销目标提供信息支持；用户满意与否的分析是为改进营销工作提供依据的，也作为选择供货商的依据。

② 需求潜力、需求特征、需求分布、需求决定因素研究。这是为市场营销策略的制定、调整和完善提供信息支持的，应重点揭示向谁营销、营销什么、怎样营销的问题。

③ 本经销店竞争优势与劣势研究、提高市场竞争力的策略研究。

④ 编写市场调查报告。重点揭示调研所得的启示，并提出相应的对策建议。

7. 调研时间进度安排

在实际调查活动中，根据调查范围的大小，时间有长有短，但一般为一个月左右。其基本原则如下：

（1）保证调查的准确、真实性，不走马观花。

（2）尽早完成调查活动，保证时效性，同时也要节省费用。

注意：计划应该设计得有一定的弹性和余地，以应付可能的意外事件之影响。

【案例阅读 2-9】

案例阅读 2-3 的市场调查进度表的一般格式见表 2-1。

表 2-1　市场调查计划进度表

工作与活动内容	时间/天	主要负责人及成员	备　注
调查方案设计	5		
二手资料收集	3		
实地调查	20		
资料整理和分析	20		
撰写调查报告初稿	7		
调查报告修改	3		
调查报告提交	1		

8. 经费预算开支情况

调查费用根据调查工作的种类、范围不同而不同，当然，即使同一种类，也会因质量要求差异而不同，不能一概而论。但经费预算基本上遵循一定原则，根据若干市场调查案例可以总结一般的经费预算比例，即策划费（20%）、访问费（40%）、统计费（30%）、报告费（10%）。若接受委托代理的市场调查，则需加上全部经费的 20%～30%的服务费，作为税款、营业开支及代理公司应得的利润。

【案例阅读 2-10】

案例阅读 2-3 的调查费用预算见表 2-2。

表 2-2　市场调查预算表

费用支出项目	数量	单价/元	金额/元	备注
方案设计策划费	1份	20 000	20 000	
抽样设计实施费			2 000	
问卷设计费	1份	1 000	1 000	
问卷印刷装订费	4 400份	4	1 760	
调查员劳务费	220人	100	22 000	
……				
总计				

在调查费用问题上应避免两种情况：一是调查时间的拖延，这样必然造成费用开支的加大；二是不必要的调查费用。

9．市场调查结果的表达形式

确定市场调查结果的表达形式，如最终报告是书面报告还是口头报告，是否有阶段性报告等。

【案例阅读 2-11】

案例阅读 2-3 的调研结果和形式表达为：本次调查的成果形式为调研书面报告，具体内容将包括前言、摘要、研究目的、研究方法、调查结果、结论和建议、附录 7 个部分。注意，交给客户两份书面材料。

一份完整的市场调查方案应涉及上述所有方面的内容，不能有遗漏，否则就不是完整的方案。不过，具体格式并不是唯一的，中间内容也可以适当合并或进一步细分。总而言之，应根据具体的案例背景加以灵活处理。应该特别指出的是，市场调查方案设计的书面表达是非常重要的一项工作。一般来说，方案的起草与撰写应由项目的负责人来完成。

技 能 训 练

【课业目标】

完成本课业，学生应能够确定市场调查主题；能够根据主题及掌握的有关知识，设计市场调查方案。

【课业方式】

通过对课业的分析，完成市场调查方案设计及编写。

【课业内容及步骤】

（1）根据所给范本设计自己所选主题的各项资料。

（2）撰写市场调查方案。

（3）要求上交格式完整的市场调查方案。

（4）要求分工明确。

【课业评价】

评分标准 项目	优秀（10分）	良好（8分）	合格（6分）	不合格 （4分以下）	个人 得分
市场设计方案	内容完整，设计合理，目标明确，格式符合要求，且明确负责一块内容并确实独立完成	内容完整，格式上稍有欠缺，设计基本合理，明确完成一块内容	内容完整，格式上稍有欠缺，设计基本合理，明确完成一块内容但是并非独立完成	内容不完整，格式没有经过排版，设计存在明显缺陷，或者没有明确任务	

思考与练习

1. 简答题

（1）什么是市场调查方案设计？

（2）市场调查方案包括哪些内容？

（3）简述调查目的在调查方案设计中的重要性。

2. 案例分析题

杭州下沙高教园区大学生交通出行方案调查

一、调查背景

杭州下沙高教园区位于杭州经济技术开发区北部，目前有14所高校，在校学生约20万人，是全省乃至华东地区最大的大学城。在校大学生每天都会面临出行方案和交通工具的选择问题。区内运作的公交线路已有13条，运营公共汽车83辆；小面的200多辆；区内出租车总数达到300辆；从下沙到杭州主城共开通公交线路13条，基本覆盖了杭州主城的繁华区块，并有500多辆大巴投入运营。吃穿住行是人生活最主要的部分，出行方式自然也就成了下沙大学生最为关注的问题之一。因此，对杭州下沙大学生交通出行方式进行调查并提出相应的优化可行性方案具有一定的社会实际意义。

二、调查目的

通过这次调查我们将全面了解下沙大学生的日常出行习惯和出行方式、大学生对下沙交通满意状况、工作日与节假日交通差异对大学生出行方式的影响、高教东西区大学生出行方式的差别，以及下沙公交车、小面的、出租车现存的状况及大学生的需求量，深入研究下沙地区交通状况的现状及存在的问题并提出相应的对策与方法，为进一步完善下沙交通系统提供建议。此外，我们还将经过全面调查分析在下沙高教园区设立公共自行车出租点的必要性，以及对已经开工建设的经过下沙的地铁的大学生期望度及其地铁的潜在乘客群。我们希望通过最后的调查分析报告帮助政府对下沙交通的决策提供参考，以便相关部门（如杭州市公交总公司）根据实际情况采取进一步措施，为下沙约20万名大学生提供更便捷舒适的交通环境；我们也将向报纸杂志投稿，通过媒体向大学生提出一些有效的建议，为大学生更方便地选择交通出行方式提供参考依据，从而进一步完善下沙高教园区的交通网络系统。

三、调查对象和调查单位

本次调查对象为杭州市下沙高教园区14所大专院校的所有在校大学生，调查单位为14所大专院校的每位在校大学生。

四、调查项目

1. 问卷调查的项目

（1）大学生出行基本情况调查，包括每月出行次数、出行主要方式、出行目的地、每月出行上的消费等。

（2）大学生选择公交车出行的基本情况调查，包括公交车的便利度调查、出行路线和时段选择调查、车费状况调查及存在的问题等。

（3）大学生选择小面的出行的基本情况调查，包括乘坐小面的出行原因调查、收费合理性调查及存在的不足等。

（4）大学生选择出租车出行的基本情况调查，包括乘坐出租车的出行原因调查、收费合理性调查及存在的缺陷等。

2. 现场采访的项目

（1）大学生对是否有必要在下沙设立公共自行车租赁点的看法。

（2）大学生对已经开工建设的地铁1号线下沙站的看法及态度。

五、调查期限

调查期限：2个月。

六、调查的组织实施计划

1. 前期准备

（1）设计调查问卷。

（2）拟定调查项目。

（3）确定调查方法。由于调查单位来自不同学校，而各个学校所处的区块对调查结果有一定程度的影响，所以拟采用多阶段调查方法，可以事先用网络调查掌握下沙高校学生总人数，以及各学校学生数及男女结构比例等数据。

（4）降低误差。

① 降低抽样误差。为提高抽样精度，每阶抽样在可能情况下，必须对抽样单元进行必要的分层。本次调查中通过在第一阶抽样中对学校样本单元按所处区块进行分层，以及在第二阶抽样中对寝室楼样本单元按男女性别进行分层来提高抽样调查的精度。

② 降低非抽样误差。在实际的调查过程中还会存在大量的非抽样误差，在方案设计部分主要考虑的是抽样框误差。由于总体中单元数（N）即下沙高校大学生的人数不准确，这时利用样本统计量对总体参数进行估计就可能产生估计偏倚。对此我们可以利用核查其他有关资料，掌握误差情况，对不完善的抽样框进行调整，也可以采用实行连接的方法来弥补抽样框中丢失单元所造成的影响。

（5）确定样本容量与设计抽样框。在正式抽样调查之前，可采用网络调查的方法进行试验性抽样调查，根据相关数据计算出最合适的抽样比例。

（6）组织相关人员学习。在正式调查之前组织相关人员学习抽样调查的基本知识并提醒调查人员在调查过程中应该注意的事项，有利于提高调查的精确度，并使调查活动有效地进行。

2. 具体实施

1）统计调查

（1）根据确定的各层抽样单位数印制调查问卷（多印5%），分别在各个学校按特定比例分发。调查时间为工作日的中午及傍晚时段和双休日全天，调查地点为各学校生活区寝室楼（分发问卷时要根据男女比例数分发，尽量在不同楼层、不同寝室分发）。在进入寝室楼前注意要向宿舍管理人员说明原因，不可强行进入。邀请调查对象填写问卷时举止得体，言行礼貌，不得强迫他人填写问卷或在被调查者填写问卷过程中故意实施引导和干扰。

（2）在调查时还可以采用采访法向被调查者提出有关问题，如有没有在下沙高教园区内设立公共自行车租赁点的必要和你对将要建成的地铁1号线下沙站点的看法和态度等，并加以记录（所得内容可以作为后期撰写报告的补充内容）。

2）统计整理

（1）问卷回收后，对问卷进行复查审核，确保每份要进行数据录入分析的调查问卷的真实有效。复核的比例为10%～20%。

（2）对问卷进行编号，将所得问卷资料输入Excel文件进行加工、汇总，将调查中用采访法记录的相关信息进行汇总整理。

3）统计分析

通过SPSS与SAS软件对经汇总的资料进行分析研究，采用各种分析方法，计算各种分析指标，用图形与数字相结合的方法来说明下沙地区交通状况的现状及存在的问题，如不同区块的下沙大学生选择出行方式的差异和不同出行方式的集中时段与价格区间浮动的研究，并结合采访所收集的建议想法等进行可行性分析，包括下沙公交价格的制订和线路的优化，以及对小面的和出租车的监管意见等。

3. 调查报告

根据调查结果，撰写调查研究报告及针对性的可行方案。主要内容包括以下几点：

（1）研究背景及目的意义。

（2）数据的获得和处理方法。

（3）抽样误差的处理。

（4）大学生出行基本情况分析。

（5）大学生公交车出行情况分析。

（6）大学生小面的出行情况分析。

（7）大学生出租车出行情况分析。

（8）大学生对地铁及设立公共自行车点的态度和意见。

（9）公交价格的制订和线路优化的可行性方案。

（10）小面的和出租车的监管措施。

（11）增加地铁站点和设立公共自行车租赁点的可行性分析。

4. 经费预算（表2-3）

表2-3　经费预算表

项　　目	金额/元	项　　目	金额/元
书籍购买费	80	策划费	20
网络资源查询费	20	报告费	20
交通费	50	其他费用	110
文印费	100	总计	400

5. 人员配备及时间安排（表2-4）

表2-4　人员配备及时间安排表

序　号	事　项	时　间	人　员
1	统计方案设计（含问卷设计）	5月1—20日	周××、冯××、蒋××
2	上网了解学生基本情况	5月1—7日	黄××
3	网络调查及抽样比例确定	5月10—17日	蒋××、王××
4	问卷分发和收回	5月25—31日	全体成员
5	统计资料整理	6月1—30日	黄××、王××
6	统计分析	7月1—30日	冯××、蒋××
7	撰写报告	8月1—30日	周××、冯××

七、调查方法

此次调查,我们采取问卷调查、现场采访和网络调查法相互结合,以问卷调查和现场采访为主,辅以网上调查的方式。

1. 问卷调查

问卷调查是了解下沙大学生交通出行状况的主要手段,拟定的具体实施步骤如下:

1)样本容量

本次问卷调查是以下沙约 20 万名大学生为调查对象,预计发放问卷 650 份。为了保证问卷的质量,预备调查前发放测试性问卷 50 份。

2)抽样方法

本次抽样调查采用多阶段抽样法,分为 3 个阶段。

各阶抽样单元定义如下:

第一阶抽样单元——高校

第二阶抽样单元——高校生活区内的寝室楼

第三阶抽样单元——寝室楼内的高校学生

(1)第一阶段根据各所处的区块对一阶抽样单元中的高校进行分层(表 2-5)。

表 2-5 抽样单元的高校分层

层 数	区 块	学 校
第 1 层	高教东区	浙江财经大学、杭州师范大学、浙江工商大学、浙江金融职业学院、浙江经贸职业技术学院、浙江经济职业技术学院
第 2 层	高沙区	杭州电子科技大学、浙江传媒学院、杭州职业技术学院
第 3 层	学源街中部	浙江理工大学、浙江警察学院、浙江育英职业技术学院
第 4 层	绕城高架附近	浙江水利水电学院、中国计量大学

在每小层内采用样本学校学生人数为辅助变量的 PPS 系统抽样方法抽取样本学校。其中,第 1 层中抽取 3 个;第 2 层中抽取 2 个;第 3 层中抽取 1 个;因为第 4 层内的学校总数等于 2,故该层内的所有学校都须调查。

(2)第二阶段抽取寝室楼。每个样本学校分为男生寝室楼及女生寝室楼两大层,在每个小层内均采用简单随机抽样或等距抽样抽取样本男生寝室楼或女生寝室楼。其中,在男生寝室层中抽取 3 幢;在女生寝室层中抽取 3 幢。

(3)第三阶段从所抽中的寝室楼中通过简单随机抽样法抽取所需样本单元。

2. 现场采访

采访法主要应用于了解大学生对各种出行方式的选择和看法,因为问卷是当面填写的,所以以 4 份为一组,在其中随机抽取一人进行采访,主要询问其平时出行的习惯,以及对在下沙高教园区设立公共自行车出租点和已经开工建设的地铁一号线下沙站的看法和态度,以作为后期撰写报告的补充依据。

3. 网络调查

网上调查主要是收集有关下沙高校的相关信息资料,这主要是对采访法的补充,使调查数据和资料更加精确和完整。

讨论:

试根据本项目知识对案例进行分析,着重分析方案的完整性和有效性。

项目 3

设计调查问卷

根据撰写的调查方案,首先,确定对调查对象(广大民众、代驾公司及代驾司机)分别撰写调查问卷及访谈计划。

然后,与组员讨论商定不同调查对象需要了解的内容:

(1)问卷调查的主要内容。第一,代驾的现状、民众对代驾的满意度;第二,代驾的立法依据;第三,收集相关的立法内容、代驾公司的准入门槛、收费标准;第四,应该怎样管理代驾行业,以及对代驾的未来有什么意见和建议。

(2)现场采访的重要内容。第一,代驾公司管理者、司机对代驾立法的看法及态度;第二,民众对代驾立法的看法意见及态度。

全体组员根据内容确定调查问卷问题和面谈问题,按照调查问卷问题设计调查问卷答案。最后,组员进行分工,合作撰写问卷。

【学习目标】

知 识 目 标	技 能 目 标
掌握问卷的概念，了解调查问卷的作用。 识记问卷的类型和基本结构。 根据问卷设计的原则和程序进行问卷设计	具有把握问卷内容，充分运用技巧来设计简单高效问卷的能力

【项目任务】

根据市场调查目标，完成调查问卷准备阶段的工作；设计符合调查目标要求的问题及答案；完成并提交市场调查问卷。

（1）任务步骤：选定调查对象→剖析调查内容→商定调查问卷问题及面谈问题等→分工撰写。

（2）完成要点：基于不同的调查对象根据调查目标，合理确定调查内容、问题和答案，注意问卷问题与调查内容、调查目标的一致性。

【导入案例】

某学校后勤部门对新生进行了一次调查，主要针对学校的食堂、宿舍和操场等硬件设施的使用状况的满意度而设计，希望通过此次调查，可以为学生提供更好的服务。问卷通过 E-mail 发放，每个学生打开邮件，输入自己的学号后即可填写问卷，填好后单击【发送】按钮就能将问卷成功地输送至数据库。

问卷由 71 个问题组成，共 12 页，包括个人信息、对食堂的意见、对宿舍的意见、对操场等运动设施的意见，最后以后勤部门对此次调查的说明及感谢结束。题目的类型多以单项选择题为主，搭配一些多项选择题和开放式问题。

【拓展案例】

在问卷截止日，后勤部门发现问卷回收率仅为 17%，其中将题目全部做完的仅为 35%。学校对此怀有很大的疑问：为什么回收率如此之低？问卷调查是否是一个好的方法？

经过学校统计学老师的分析后，后勤部门发现问卷调查并不像他们想象的那样简单，它有很多需要注意的地方，很多认为可以忽略不计的细节正是影响问卷有效性的重要因素。

思考：

（1）什么是调查问卷？

（2）调查问卷包括哪些内容？

（3）如果由你来为学校后勤部门设计问卷，你应如何根据调查项目设计调查问卷？

【理论知识】

任务 3.1　问卷设计准备

3.1.1　问卷设计概述

问卷是用来收集调查数据的一种工具，是调查者事先根据调查的目的和要求所设计的，由一系列问题、说明、码表及备选答案组成的调查项目表格，所以又称调查表。问卷调查是调查者将精心设计的各种问题全部以询问的形式在问卷中列出来，许多问题还给出了多种可能的答案，提供给被调查者进行选择。这种调查方式有助于被调查者及时、准确地获取调查内容，领会调查意图，从而能提高调查的系统性和准确性。

调查问卷是按一定项目和次序，系统记载调查内容的表格。它是完成调查任务的一种重要工具，也是进行调查的具体依据。采用调查问卷的形式进行调查，可以使调查内容标准化和系统化，便于统计处理和汇总分析。其优点主要表现在：第一，问卷是一种通俗易懂、实施方便的表达方式，它弥补了个别口头询问、集体访问、电话访问等方式容易出现的问题回答不完整或记录不全、时间过长、调查面窄等不足，即问卷具有适用于各种范围社会调查的优点。第二，由于问卷调查的问题和回答都具有"数字化"的特点，所以问卷方式有利于对资料进行统计、处理和定量分析。第三，问卷方式调查具有调查时间少、投入少、产出多、见效快的优点，所以在市场调查中被广泛采用。

问卷设计是一项技术性很强的工作。根据市场调查的需要设计一份高质量的问卷，是决定调查能否成功的重要条件。问卷设计是否科学、规范、合理，直接关系到问卷调查的回收率、答询是否真实等重要质量指标。一次问卷调查的工作质量如何，问卷质量的设计是基础。因此，设计出一份高质量的问卷，是决定问卷调查成败的关键因素。

3.1.2 问卷的种类及其特点

1. 根据市场调查中使用问卷的方法分类

根据市场调查中使用问卷的方法，调查问卷可分成自填式问卷和访问式问卷两大类。

（1）自填式问卷，是指由调查者发给（或邮寄给）被调查者，由被调查者自己填写的问卷。

（2）访问式问卷，是由调查者按照事先设计好的问卷或问卷提纲向被调查者提问，然后根据被调查者的回答进行填写的问卷。

一般来说，访问式问卷要求简便，最好采用两项选择题进行设计；而自填式问卷由于可以借助于视觉功能，在问题的制作上相对可以更加详尽、全面。

2. 根据问卷发放方式分类

根据问卷发放方式，调查问卷可分为送发式问卷、邮寄式问卷、报刊式问卷、人员访问式问卷、电话访问式问卷和网上访问式问卷。其中，前 3 类大致可以划归自填式问卷，后 3 类则属于访问式。

（1）送发式问卷是由调查者将调查问卷送发给选定的被调查者，等被调查者填答完毕之后再统一收回。

（2）邮寄式问卷是通过邮局将事先设计好的问卷邮寄给选定的被调查者，并要求被调查者按规定的要求填写后回寄给调查者。邮寄式问卷的优点是匿名性较好，缺点是问卷回收率低。

（3）报刊式问卷是随报刊的传递发送问卷，并要求报刊读者对问题如实作答并回寄给报刊编辑部。报刊式问卷有稳定的传递渠道、匿名性好、费用省，因此有很大的适用性，但其缺点是回收率不高。

（4）人员访问式问卷是由调查者按照事先设计好的调查提纲或调查问卷对被调查者提问，然后再同调查者根据被调查者的口头回答填写问卷。人员访问式问卷的回收率高，也便于设计一些便于深入讨论的问题，但不便于涉及敏感性问题。

（5）电话访问式问卷就是通过电话中介来对被调查者进行访问调查的问卷类型。这种问卷要求简单明了，同时在问卷设计上要充分考虑通话时间限制、听觉功能的局限性、记忆的规律、记录的需要等因素。电话访问式问卷一般应用于问题相对简单明确，但需及时得到调查结果的调查项目。

（6）网上访问式问卷是在因特网上制作，并通过因特网来进行调查的问卷类型。此种问卷不受时间、空间限制，便于获得大量信息，特别是对于敏感性问题，相对而言更容易获得满意的答案。

不同的调查问卷在调查范围、调查对象、影响回答的因素、回复率、回答质量、调查成本及时间等方面都具有不同的特点。

调查问卷的主要类型及其特点见表3-1。

表3-1 问卷的主要类型及其特点

类型 特点	自填式问卷			代填式问卷
	报刊问卷	邮寄问卷	送发问卷	访问式问卷
调查范围	较广	较广	较窄	较窄
调查对象	难以控制和选择，代表性差	回复问卷的代表性难以估计	可控制和选择，但过于集中	可控制和选择
影响回答的因素	无法了解、控制和判断	无法了解、控制和判断	有一定的了解、控制和判断	便于了解、控制和判断
回复率	很低	较低	较高	高
回答质量	较高	较高	较低	不稳定
调查成本	较低	一般	较低	较高
时间	较长	较长	较短	长

知识链接

电算化调查和网上调查

市场调研公司使用电算化调查已有很长时间，问卷呈现在显示器上，而回答被直接输入计算机储存。电算化调查的例子包括在显示器辅助下的中心控制电话访谈和受访者通过策略性分布在商场里的显示屏填写问卷。新近的技术优势使网上调查的应用不断增加，从数据库挑选出来的受访者将被邀请浏览某一网站，并完成电子调研表格。

尽管电算化调查和网上调查所使用的问卷是储存在计算机中的，人们还是必须先设计问卷，并牢记迄今讨论过的准则和提醒。此外，将问卷正确输入计算机中需要额外的时间和成本。然而，除了不必印刷问卷和快速分析收集的数据外，电算化调查和网上调查还拥有过去无法比拟的几个优点：

（1）应答项随机化。在选项顺序可能影响回答的多项式问题中，计算机可以通过编程来单独为每个受访者随机抽出不同选项顺序的问卷。随机化可以中和因应答项顺序引起的回答偏差。

（2）合并复杂的跳过模式。人们发现复杂的跳过模式会使受访者和采访者感到疑惑，例如"如果您对第5题回答是，且第7题回答不是，则跳到第10题；否则，跳到第9题"，所以应避免复杂的跳跃模式。但是，电算化调查和网上调查可以解决更复杂的跳跃模式。若有需要，计算机可以轻松检查很多"如果"语句和以前的回答，决定接下来应该问的问题，并几乎能同时将问题显示在屏幕上。

（3）个性化。在调查开始后，一旦受访者的名字被输入计算机，这个名字可以被自动插入整个问卷的主要问题和说明中。而在非电算化调查中，个性化程序将十分费时。个性化有助于增进与受访者的融洽关系。

（4）从计算机资料库里抽出问题。随着网络问卷设计软件的出现，为电算化调查和网上调查设计问卷已变得更加简单。问卷设计者只需从网上资料库中点出标准的问卷，并进行一些必要的修改，就可以获得一份合意的问卷。

（5）增加新应答项。应考虑带"其他"选项的多项式问题。在电算化调查和网上调查中，当受访者对"其他"选项提供相同的开放式回答达到预定数量后，该回答会通过加入整套预定选项而被自动转换成清晰标记的选项。此类新选项的增加有助于减少接下来的调查时间。实际上，网上调查的最大好处是能在数据收集过程中介入，并对问卷做必要修改，以获得更好的回答。

电算化调查和网上调查的功能不断增加，这类调查采用创造性方法来克服一些传统调查的局限性。值得注意的是，电算化调查和网上调查还是存在一些固有的不足。以下因素将影响网上问卷的外观：显示器规格和类型、分辨率、调色板、翻页、带宽、调制调解器（窄带、宽带或电话）、网络连接（互联网服务提供商）和网络流量。人们应谨记，计算机无法设计一份问卷；设计仍是人类的任务。因此，电算化调查和网上调查不是设计问卷的"万能药"。

3.1.3 问卷的基本结构

1．问卷的基本要求

一份完善的调查问卷应能从形式和内容两个方面同时取胜。从形式上看，要求版面整齐、美观、便于阅读和作答，这是总体上的要求，具体的版式设计、版面风格与版面要求，这里暂不分述。再从内容上看，一份好的调查问卷至少应该满足以下几方面的要求：

（1）问题具体、表述清楚、重点突出、整体结构好。

（2）确保问卷能完成调查任务与目的。

（3）调查问卷应该明确正确的政治方向，把握正确的舆论导向，注意对群众可能造成的影响。

（4）便于统计整理。

【拓展案例】

2．调查问卷的基本结构

1）标题

调查问卷的标题是调查主题和内容最直接的概括，需要用简洁、鲜明和准确的语言表达，使被调查者对所要回答的问题有大致的了解，以便引起回答者的兴趣。设计标题，也是问卷设计者加深理解和把握调查目标和内容的过程，有利于提高问卷的设计质量。

例如，"你为什么而工作——××××年工作价值观调查问卷"（正副标题形式），"乘用车油耗国标出台——车市将如何改变？"（设问形式），"浙江省投资环境调查"（直接陈述形式）。对于调查问卷标题，采取正副标题形式与设问形式比采用直接陈述形式能更好地得到被调查者的合作，因为这样的标题更能够引起被调查者的注意力，在报纸、杂志、网络上经常能见到这样的调查问卷标题。不要简单采用"调查问卷"这样的标题，因为它容易引起回答者产生怀疑而拒答。

2）问卷说明

问卷说明旨在向被调查者说明调查的目的、意义。有些问卷还有填表须知、交表时间、地点及其他事项说明等。问卷说明一般放在问卷开头，可以使被调查者了解调查目的，消除顾虑，并按一定的要求填写问卷。问卷说明既可采取比较简洁、开门见山的方式，也可在其中进行一定的宣传，以引起调查对象对问卷的重视。

问卷说明具体分为问候语和填写说明两个部分。

（1）问候语。在问卷特别是自填式问卷中，写好问候语十分重要，它可以引起被调查者对调查的重视，消除顾虑，激发参与意识，以争取他们的积极合作。问候语要语气亲切、诚恳礼貌，文字要简洁准确，并在结尾处表明对调查者的参与和合作表示感谢。问候语一般由下面的内容构成：①称呼；②问好；③自我介绍；④调查内容；⑤责任交代；⑥保密承诺；⑦配合请求；⑧致谢。其中：①②③④⑧是必备要件；⑤⑥⑦是可选项，有时也可以不明确提出。

特别要注意的是，问候语不能拖沓冗长，以免引起被调查者的反感，影响问候语内容的可靠性和有效性。如果问候语内容或措辞不当，可能导致误答率增高，从而加大调查成本，甚至引起偏差和误差，影响调查结果。

【案例阅读 3-1】

某图书礼品调查问卷中的问候语

_____女士／小姐／先生：

您好！

我是××市场调查公司的访问员，我们正在进行一项有关图书礼品的调查，目的是想了解人们对图书礼品的看法和意见。您的回答无所谓对错，只要是您真实的情况和看法即可。我们将对您的回答完全保密。可能要耽误您 15 分钟左右的时间，请您配合，谢谢您的合作。

调查小组
20××年××月

英国某学校关于学校校名的调查问卷中的问候语

亲爱的同学：

英国国会正在讨论的一项议案的结论是，联合王国工业学校将在今年下半年重新改造为大学。对于像我们这样所在城市已有老大学的学校，随之而来的校名产生了一些困难。校名中保留曼彻斯特非常重要，因为过去已经证明该城市的吸引力。可是，新名字必须把我们与邻近的姐妹学校区别开，并且已经讨论过多种可能性。

这不只是个名字改变的问题，它是本工业学校在教育领域的一次重新定位。情况的任何改变都将影响到你。作为咨询过程的一部分，如果你对下列问题予以严肃的关注，我将感激不尽。由于问卷设计得能快速、容易地回答，它用不了你几分钟的宝贵时间。

问题的答案无所谓对错，所以，请你把你感觉合适的写下来。

可以肯定地指出，没留记录你姓名的地方，所以你的回答绝对是匿名的。

我们只从本工业学校的部分人中抽样，希望送出的每份问卷都能返回。我们的工作时间很紧，需要你最好在星期五以前答复。请你直接填写后投入你所在大楼附近的一个票箱内。

感谢你的参与和帮助。

敬礼!

××主任

20××年5月

（2）填写说明。填写说明是用来指导被调查者回答问题的各种解释和说明。不同的调查问卷，对指导语的要求不一样，指导语所采取的形式也多种多样。有些问卷中，指导语很少，只在说明信末附上一两句，没有专业的"填表说明"（如在问候语的结尾处加上：下面列出的问题，请在符合您情况的项目旁"□"内打"√"）；有的问卷则有专业的指导语，集中在说明信之后，并有专业的"填表说明"标题；还有一些问卷，其指导语分散在某些较复杂的问题前或问题后，用括号括起来，对这一类问题作专业的指导说明（例如，"本题可选3项答案，并按重要程度将其顺序排列"）。

在自填式问卷中要有详细的填写说明，让被调查者知道如何填写问卷，如何将问卷返回到调查者手中。填写说明一般包括：有关记录工具的统一规定（如笔的种类、颜色）；答题符号的统一；各种题型的答题规则；各种题型答题符号的约定；问卷的回收时间；问卷的回收方式。

下面是一份自填式问卷集中填写说明的例子。

【案例阅读 3-2】

填写说明：

① 请您在所选答案的题号上画圈。

② 对于只许选择一个答案的问题，只能画一个圈；对于可选多个答案的问题，请在您认为合适的答案上画圈。

③ 需填数字的题目在留出的横线上填写。

④ 对于表格中选择答案的题目，在所选的栏目内打"√"。

⑤ 对注明要求您自己填写的内容，请在规定的地方填上您的意见。

3）被调查者基本情况

被调查者基本情况是指调查者的一些主要特征。例如，在消费者调查中，消费者的性别、年龄、民族、家庭人口、婚姻状况、文化程度、职业、工作单位、收入、所在地区等。又如，对企业调查中的企业名称、地址、所有制性质、主管部门、职工人数、商品销售额（或产品销售量）等情况。通过这些项目，便于对调查资料进行统计分组、分析。在实际调查中，列入哪些项目，列入多少项目，应根据调查目的、调查要求而定，并非多多益善。

4）调查主题内容

调查主题内容是调查者所要了解的基本内容，是调查问卷中最重要的部分，最终以问句和答案的形式体现出来。它主要以提问的形式提供给被调查者，这部分内容设计的好坏直接影响整个调查的价值。主题内容主要包括以下几个方面：

（1）对人们的行为进行调查，包括对被调查者本人行为进行了解或通过被调查者了解他人的行为。

（2）对人们的行为后果进行调查。

（3）对人们的态度、意见、感觉、偏好等进行调查。

5）编码

编码就是在调查问卷设计的同时设计好每一个问题及答案的数字代码，并印制在调查问卷上。它一般限于答案类别已知的封闭式问题，或者回答已经是数字而不需转换的问题。其目的是便于把答案转换成数字，输入计算机进行处理和定量分析。编码可以分为预编码和后编码。预编码是指在问卷设计的同时就设计好编码。后编码是指在调查工作完成以后再进行编码。

调查实践中常采用预编码，即在问卷设计的过程中就对调查项目及备选答案给予统一设计，有利于调查资料准确、及时、完整地收集，便于计算结果的统计处理（如计算机输入）。预编码一般应用于大规模的问卷调查中。因为在大规模问卷调查中，调查资料的统计汇总工作十分繁重，借助于编码技术和计算机，则可大大简化这一工作。而且，有了预编码，调查问卷实际上可以作为编码簿来使用，不必再去使用一个单独的编码簿。

【案例阅读 3-3】

例（1）您的文化程度是_____。
A. 不识字或识字很少　　B. 小学　　　　C. 初中　　D. 高中
E. 中专　　　　　　　　F. 大专　　　　G. 本科及本科以上

例（2）您的年龄是_____周岁。

例（1）中每个回答前的数字就是编码。如果被调查者的回答是"大专"，那么在计算机内存储的答案就是"F"。例（2）中对年龄的回答本身就是数字，不需要再作转换。

除编码以外，调查问卷还包括一些有关资料，如问卷编号、问卷发放及回收日期、调查员编号、审核员编号、被调查者信息等。

6）作业证明的记载

在调查问卷的最后，附上调查员的姓名、访问日期、时间等，以明确调查人员完成任务的情况。如有必要，还可写上被调查者的姓名、单位或家庭住址、电话等，以便于审核和进一步追踪调查。但是，对于一些涉及被调查者隐私的问卷，上述内容则不宜列入。

以上 6 个部分是一份规范、完整的调查问卷应该具备的主要内容，对于某些简单的调查问卷，如意见征询表、学生就业意向调查表等，只需要有标题、问卷说明、问题及作业证明记载就行，无须面面俱到。

3.1.4　问卷设计的原则

调查问卷设计是一项技术性比较强的工作，需要经过专业训练并具有一定经验的专业人员来完成，设计者还应遵守一些在长期实践中形成的基本原则。

1. 紧扣目标的原则

设计调查问卷时，首先必须遵守的原则就是紧扣调查目标来设置问题，调查

【拓展资料】

问卷必须问什么，不必问什么，都应根据调查目标决定，要防止问题偏离目标。

此外，采用什么样的问句形式，也应服从调查目标的需要。必须选择能引导受访者围绕调查目标客观准确地提供答案的问句，不可单纯追求形式的差异或新奇。

2. 合乎逻辑的原则

设计调查问卷时，有关问句的排列，要依照一定的逻辑顺序，如时间顺序、类别顺序等，其中经常涉及的问题主要有以下几个方面：

（1）整个调查问卷的问句设计要有逻辑性，包括单个问句也要具有逻辑性，不能发生逻辑上的错误。

【案例阅读 3-4】

整个问卷：
（1）最近一个星期内您饮用过××奶吗？
A. 饮用过　　B. 没有饮用过
（2）对于饮用过××奶的受访者，请问您饮用过的××奶是什么口味的？
A. 巧克力　　B. 草莓　　C. 纯牛奶
【分析】针对饮用过巧克力口味的巧克力奶进行逐步深入的符合逻辑推理的问卷设计。
单个问句：
您的婚姻状况是_____。
A. 已婚　　B. 未婚
【分析】事实上，人们的婚姻状况还应包括离婚、丧偶、分居。而上述问题的设计，对处于后3种婚姻状况的人来说，恐不便回答，会使有效的信息流失，一般可增加"C. 其他"一项。

（2）要根据不同的受访者，设计问句排列的逻辑顺序，以适合他们的思维习惯。

（3）要根据问句的难易程度，设计问句排列的逻辑顺序。通常的情况，总是把容易回答的（如事实性、行为性）问题放在前面，较难回答的（如态度性）问题放在后面；受访者感兴趣的问题放在前面，受访者感到敏感的（如动机性、隐私性）问题放在后面。合理的顺序意味着使调查问卷条理清楚，顺理成章。这样不但可以使各个问题紧密衔接，而且还有助于创造融洽的气氛，以提高回答问题的效果。

调查问卷中的问句一般可按下列顺序排列：

① 先易后难，先简后繁。容易回答的问题放在前面，难以回答的问题放在后面；简单的问题放在前面，复杂的问题放在后面。问卷的前几道题目容易作答能够提高回答者的积极性，有利于把问卷答完，这是一种预热效应。

② 先一般性问题，后敏感性问题。在安排问句顺序时，可将那些虽涉及对方情况，但又不属于机密或敏感性的问句置于前面，这样可以创造一种宽松、随和、融洽的调查气氛，以便进行深入调查。对于那些较为敏感的问题一般应放在靠后位置，这些问题包括关于被调查者本人的问题，如教育程度、经济状况、年龄、婚姻状况等；涉及被调查者公司内部机密问题，如公司的营业额、利润水平、购销渠道、具体进货价格、营销策略、发展规划等；较难回答的问题，如类似测试智商的问题、涉及个人政治态度及难度较大的自由回答问题等。

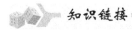知识链接

调查问卷中问题的逻辑性顺序（表3-2）

表3-2 调查问卷中问题的逻辑性顺序

位 置	类 型	示 例	理论基础
过滤性问题	限制性问题	过去的12个月中您曾滑过雪吗？ 您拥有一副雪橇吗？	为了辨别目标回答者，对去年滑过雪的雪橇拥有者的调查
最初几个问题	适应性问题	您拥有何种品牌的雪橇？ 您已使用几年了？	容易回答，向回答者表明调查很简单
前1/3的问题	过滤性问题	您最喜欢雪橇的哪些特征？	与调研目的有关，回答稍困难
中间1/3的问题	难以回答及复杂的问题	以下是雪橇的10个特点，请用以下量表分别评价您的雪橇的特征	应答者已保证完成问卷并发现只剩下几个问题
最后部分	分类和个人情况	您的最高教育程度是什么？	有些问题可能被认为是个人问题，应答者可能留下空白，但它们是在调查的末尾

③ 先封闭性问题，后开放性问题。从问题类型来看，一般应将封闭性问句放在前面，开放性问句放在后面。因为封闭性问句较易回答，若将较难回答的开放性问句放在前面，可能一开始就有遭到被调查者拒绝的危险。

④ 先总括性问题，后特定性问题。总括性问题指对某个事物总体特征的提问。例如，"在选择冰箱时，哪些因素会影响你的选择？"就是一个总括性问题。特定性问题指对事物某个要素或某个方面的提问。又如，"您在选择冰箱时，耗电量处于一个什么样的重要程度？"总括性问题应置于特定性问题之前，否则特定性问题置前会影响总括性问题的回答。再如，把第二个问题放在第一个问题的前面，则第一个问题的答案中"耗电量"选择会偏大。

3. 易于回答的原则

在设计调查问卷时，要从受访者的角度考虑问题及其形式的设计，问句要使他们便于理解、易于回答、乐于合作。

（1）问题的难度要适应受访对象的理解能力、接受水平和心理特征。不要设置那些他们不愿意回答或不愿真实回答的问题，也不要设置时间跨度过大、他们记不太清楚的或无法回答的问题，更不要设置那些可能会令受访者难堪或引起反感的问题。对于那些受访者难以回忆的问题，要从容易记忆的事情问起，帮助他们通过联想逐步唤醒回忆；对于那些敏感的私人问题，如收入、文化、社会地位、女性的年龄等，不宜正面提问，而应安排一系列的问句旁敲侧击，或采取避实就虚的提问方式。

（2）问题要单纯明快，不要把几个问题组合在一个问句中，要用短而明确的句式，不要用长而复杂的问句，应使受访者易读易懂，不会产生歧义。尤其对由受访者自己填写的问卷，因为调查者无法从旁解释，更要注意这一点，受访者会因为阅读和解释太费力而干脆不回答。

（3）要用具体的、事实性的问句来提问。

【案例阅读 3-5】

请问您觉得经常使用的牡丹珍珠霜的功效如何？
【分析】这里的"功效"欠具体，应该将"功效"分解成可以直接感知的使用效果。可以将该问句改为：
您觉得牡丹珍珠霜使用后（　　）。
　A. 能使皮肤滑爽　　　　B. 能使皮肤光泽
　C. 能使皮肤增白　　　　D. 能使皮肤滋润

（4）问句的语气要设计得亲切、自然、温和、有礼貌。

（5）为了方便受访者理解某些关键性的问题，可以设计和制作一些提示卡片，配合使用，作为提问的辅助手段。

总之，问句的设计要从受访者的角度出发，让他们易于回答、乐于回答，这样才能提高问题的回答率和问卷的回收率，才能收到预期的效果。

4. 便于统计的原则

在调查问卷的设计中，还要考虑受访者对问题的回答是否便于进行量化统计和分析。如果调查问卷的调查结果是一大堆难以统计的定性资料，那么要从中得到规律性的结论就十分困难，最终不能获得理想的效果。

（1）必须使问句的设计尽可能单纯化，一个问句只问一个问题，避免复合性的问题。例如，"您平时喜欢看电视、报纸、杂志吗？"这种问句就过于复杂，不适合受访者进行回答。

（2）对一些能够量化的问题，则尽可能采用分类分级的方法列出明确的数量界限，使得到的资料便于分析。

（3）对于不易把握的受访者的态度性问题，则可以采取态度测量表，将答案用数量的差异或等级的差异表示出来，以利于统计和分析。

5. 保持中立的原则

信息的价值首先体现在真实性、客观性上，开展市场调查是为了收集有价值的市场信息为企业营销决策提供可靠的依据。

（1）在调查问卷设计中，设计人员应当时刻保持中立的立场，所设计的问句应当是中性的，即要求获得正面回答的概率与反面回答的概率是相等的。在设计某些评价性问题时，备选答案的评价值如果两边不对称，就可能得到明显的倾向性答案。因此，提问应创造被调查者自由回答的气氛，避免诱导性倾向，如可以问"您觉得这种包装怎么样？"，而不能问"您觉得这种包装很精美，是吗？"。诱导性问句会使被调查者放弃思考做出自己的判断，导致回答结果不客观。

避免诱导性问题的策略有：

① 尽量避免使用褒义词、贬义词和双重否定问题，褒义词或贬义词带有感情色彩，具有一定的主观性，会加重被调查者的倾向性回答。

② 注意措辞的形式，不同形式的措辞对被调查者的影响是比较微妙的。

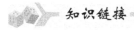
知识链接

措辞形式对公众支持率的影响

有国外学者分析几个关于针对政府开销的支持态度的结果时发现,方案被接受的程度影响着它们所获得的公众支持态度,比较结果见表 3-3。

表 3-3　措辞形式对公众支持率的影响比较

更多支持	更少支持
帮助穷人	福利
遏制不断上升的犯罪率	法律实施
解决吸毒问题	禁毒
解决大城市问题	援助大城市
提高黑人境况	帮助黑人
保护社会安全	社会安全

(2)在设计调查问卷时,选用句式和词句要坚持客观的态度,不可以使用带有某种感情色彩的词句,更不可以使用暗示性、诱导性的询问句,如"绝大多数饮用过××牛奶的人都认为它口味醇正,您认为是这样吗?"。在这样的提问下,答案必然带有某种偏向,不能准确地反映受访者的真实意愿,以这样的结果作为决策依据,自然会使企业营销活动陷入歧途,造成重大损失,这样的教训已经出现过不少。

(3)在问句的编排中,也要注意正面问题和反面问题的排列顺序,不可以将它们集中排列,不管是正面问题集中放在前面、反面问题集中放在后面,或者相反,都会使最终的答案带有偏向性。

(4)在访问员实施调查时,对那些备选答案较多的问句提问还要经常变化备选答案的提问顺序。事先可用随机方法在问句上做记号,作为提问的首句。

3.1.5　问卷设计的主要步骤

1. 确定问卷纲要

确定问卷纲要就是根据调查对象的特点与范围、调查的时间和要求,先给调查研究课题写出一份问卷纲要。在这份纲要中应该包括问题的形式、问卷的内容、自变量和因变量,以及一些具体的调查项目等。

2. 基础性探索工作

在着手设计调查问卷之前,研究者必须先做一段时间的探索工作,围绕着问卷纲要中所列出的问题,自然、随便地与各种对象交谈,并留心他们的特征、行为和态度,熟悉和了解一些基本的情况,并把研究的各种设想、各种问题、各个方面的内容,在不同类型的回答者中进行尝试和比较,以便获得对各种问题的提法、实际语言、可能的回答种类等内容的初步印象和第一手资料。这样，可以避免在调查问卷设计中出现含糊不清或抽象的问题，也可以避免设计出不符合客观实际的回答来。

3. 设计问卷初稿

根据确定的调查主题或变量设计相应的问题，并将零散的问题按照一定结构组织成一份调查问卷初稿。组织编写调查问卷时，需要考虑到各种问题的前后顺序、逻辑结构、对回答者的心理影响、是否便于被调查者回答等多方面因素。

4. 评估和试用

问卷调查与访问调查不同，只要问卷一发，一切缺陷和错误都将直接展现在被调查者面前，不能再随时修改和补充，会造成难以弥补的损失。正因为如此，问卷初稿设计好后，不能直接将它用于正式调查，而必须对问卷初稿进行评估和试用。一方面，将问卷初稿提交专家或有关领域的研究者进行评审，提出意见，以便修改；另一方面，在小范围内选取样本进行试用检查，检查和分析的方面主要包括问卷的回收率、有效回收率、填答的准确完整情况等。

5. 修改并定稿

通过评审和试用找出调查问卷初稿中的问题后，就要对问题逐个分析和修改，不论是大方面的逻辑结构错误，还是符号的细小错误，都要认真纠正、反复检查，最后才能定稿印制。

任务 3.2　设计问句类型及答案

3.2.1　问句的含义及类型

问句设计是问卷设计的主要内容，就是确定调查所要询问的问题及其表达方式。问句由询问的语句、要记录的答案、计算机编号和说明 4 个部分组成。问卷中的问句不一定是问的形式和口吻。问句的表述必须准确、简洁、易懂，使每个被调查者都能理解并且是同一种理解，所以要认真琢磨、反复推敲。在问卷设计中，问句的数量不能过多，一般控制在 20 个左右，答题时间控制在 15～30 分钟。

根据不同的标准，问句可以有以下多种分类方式。

1. 按照问句内容的结构分类

1）直接性问句

直接性问句是指通过直接的提问立即就能够得到答案的问题。例如，"您是什么学历？"

注意：这些问题可以是一些已经存在的事实或被调查者的一些不很敏感的基本情况。

2）间接性问句

间接性问句是指被调查者的一些敏感、尴尬、有威胁或有损自我形象问题，通常是指那些被调查者思想上有顾虑而不愿意或不真实回答的问题。

注意：该类问题一般不宜直接提问，而必须采用间接或迂回的询问方式发问，才可能得到答案。

【案例阅读 3-6】

不能直接问:"你每月的支出是多少?"

除此之外,还有家庭人均收入、消费支出、婚姻状况、宗教信仰等方面,如果不假思索直接询问,可能会引起被调查者的反感,导致调查过程出现不愉快而中断。

3)假设性问句

假设性问句是通过假设某一情境或现象存在而向被调查者提出的问句。例如,"如果只能选择一种,在购买汽车和住宅中您可能会选择哪种?"

2. 按照问句答案设计的不同分类

1)开放式问句

开放式问句是指调查者对所提出的问题不列出具体的答案,被调查者可以自由地运用自己的语言来回答和解释有关想法的问题。例如,"你认为目前我国大学毕业生就业难的主要原因有哪些?"

(1)开放式问句的优点:比较灵活,能调动被调查者的积极性,使其充分自由地表达意见和发表想法;对于调查者来说,能收集到原来没有想到,或者容易忽视的资料。同时,由于应答者以自己的体会来回答问题,调查者可以从中得到启发,使文案创作更贴近消费者。这种提问方式特别适合于那些答案复杂、数量较多或者各种可能答案尚属未知的情形。

(2)开放式问句的缺点:被调查者的答案可能各不相同,标准化程度较低,资料的整理和加工比较困难;同时,还可能会因为回答者表达问题的能力差异而产生调查偏差。

2)封闭式问句

封闭式问句是指事先将问题的各种可能答案列出,由被调查者根据自己的意愿选择回答。

(1)封闭式问句的优点:答案标准化,便于归类整理;可事先编码,有利于信息处理;可以避免无关问题,回答率较高;被调查者只需选择其中的答案,可以节省答卷时间。

(2)封闭式问句的缺点:由于规定的答案有限,往往不能充分体现不同回答者的各种意见;同时,不同的人对同一问题的理解是不相同的,甚至会产生相反的理解,因而对问题的不正确理解难以识别;给出的选项可能对被调查者产生诱导;被调查者可能猜测答案或随便乱答,使答案难以反映自己的真实情况。

【案例阅读 3-7】

你购买该款 MP3 的主要原因是_____。
A. 价格便宜   B. 可以作为 U 盘用   C. 整机性能良好
D. 售后服务好 E. 外观造型别致   F. 性价比高

3. 按照问句要收集资料的性质分类

1)事实性问句

事实性问句是指要求受访者回答已经发生的、客观存在的事实的问句。问题十分明确,答案也十分明确,只要求回答事实,不要求作任何描述。提问的目的是获得事实性资料,如问卷中关于年龄、职业、收入、文化等个人背景资料的问句。一般事实性问句在选择提问方式时,多会采用直接提问的方式。

2）行为性问句

行为性问句是指要求被调查者回答有没有做过，或者是否准备做某事，以及是否拥有某物的问句，是对被调查者的行为（包括对被调查者本人行为进行了解或通过被调查者了解他人的行为）特征进行调查。对于某些涉及个人隐私、个人声誉或社会道德的特殊行为问题，被调查者回答会有顾虑，不愿直接回答，可借用他人的行为特征来征询被调查者的意见，从侧面了解被调查者的行为特征。

3）动机性问句

动机性问句是指为了了解被调查者的一些具体行为的原因和理由而设计的问题。例如，"你为什么购买××品牌的笔记本电脑？"

动机性问句所获得的调查资料对于企业制定市场营销策略非常有用，但是收集难度很大。调查者可以多种询问方式结合使用，尽最大可能将调查者的动机揭示出来。

4）态度性问句

态度性问句主要是为了了解被调查者对某些事物的看法或想法。例如，"你对学校后勤服务公司的自行车存取服务有何意见？"

态度性问句在市场调查中经常使用，它的答案是很多调查者准备收集的关键性资料，因为意见常常影响动机，而动机决定着购买者的行为。

在实际的市场调查中，几种类型的问题通常是结合使用的。在同一份问卷中，既会有开放式问题也会有封闭式问题，甚至同一个问题，也可能归属于多种类型。调查者可根据具体情况选择不同的提问方式，使用不同的询问技术。

4. 设计量表应答式问题

在调查问卷中设计量表应答式问题主要是为了对应答者回答的强度进行测量，同时，许多量表式应答可以转换为数字，这些数字可以直接用于编码。另外，量表应答式问题还可以用更高级的统计分析工具进行分析。

【案例阅读 3-8】

既然您已经试用了该产品，你将购买它吗（从下列选项中选择一个）？
A. 肯定购买　　B. 可能购买　　C. 也许会购买　　D. 可能不会购买　　E. 肯定不会购买

但是，量表应答式问题也有其缺点：应答者可能出现误解；对应答者的记忆与回答能力要求过高。

目前市场调查中常用的量表主要有以下两种：

（1）评比量表。评比量表是一种较常用的定序量表，调查者在问卷中事先拟定有关问题的答案量表，由回答者自由选择回答。一般情况下，选项不应超过 5 个，否则普通应答者可能会难以做出选择。

【案例阅读 3-9】

你认为现在食堂的服务状况如何？
A. 很好　　B. 较好　　C. 一般　　D. 较差　　E. 很差

（2）矩阵量表。矩阵量表也称语义差异量表，是用成对的反义形容词测试被调查者对某一事物的态度。在市场调查中，它主要用于市场与产品、个人与集体之间的比较，人们对事物或周围环境的态度的研究。具体做法是在一个矩阵的两端分别填写两个语义相反的术语，中间用数字划分等级，由回答者根据自己的感觉在适当位置画上记号。

【案例阅读 3-10】

近 5 年来你是否有下列情况（请在每一行适当的方框内打"√"）：

	有	没有
① 参与本单位或地方的选举	□	□
② 参与本单位或地方的决策、提建议	□	□
③ 参与志愿性活动	□	□
④ 参与其他集体活动	□	□

5. 设计二项选择和多项选择问题

（1）二项选择法。又称是否法、真伪法，其回答项目非此即彼，简单明了。

【案例阅读 3-11】

你是否购买过自行车？
A. 是　　B. 否

这类问题的答案通常是互斥的，调查结果统计得到"是"与"否"的比例，由于回答项"是"与"否"之间没有任何必然的联系，所以得到的只是一种定性分析，说明不同回答所占比例，比例大的部分影响力和重要性比较大。

（2）多项选择法。有些问题为了使被调查者完全表达要求、意愿，还需采用多项选择法，根据多项选择答案的统计结果，得到各项答案重要性的差异。这种形式的问题给出的答案至少在两个以上，回答者根据自己的情况从中选一个答案。调查问卷中的大多数问题属于这种问题形式。

【案例阅读 3-12】

你认为决定能否找到合适工作的最主要因素是（请在合适的答案后的方框内打"√"）：
①自己的能力□　　②有无社会关系□　　③家庭条件□
④社会中介服务□　　⑤其他（请写明）_____

6. 表格式问题

表格整齐、醒目，是矩阵的一种变体，形式与矩阵很相似。例如，案例阅读 3-10 中的矩阵量表问题变为表格式问题见表 3-4。

表 3-4　表格式问题设计

近 5 年来你是否有下列情况（请在每一行适当的单元格中打"√"）：

项　目	有	没　有
1. 参与本单位或地方的选举		
2. 参与本单位或地方的决策、提建议		
3. 参与志愿性活动		
4. 参与其他集体活动		

　　表格式问题容易使人觉得单调、呆板。在一份问卷中，矩阵量表式问题和表格式问题不宜过多。

　　7．关联式问题

　　所谓关联式问题，指的是在前后两个（或多个）相互关联的问题中，被调查者对前一个问题的回答，决定着后面问题的回答顺序。有的学者将这种起筛选作用的前一个问题称为"过滤性问题"。

　　关联式问题针对的是调查中的某些实际情况，如被调查者对有些问题答案的不同选择，其后面需要调查的问题不同；又如，某个问题只适用于样本中的一部分调查对象。为了使问卷适合每一个被调查者，在设计时就可以采用关联式问题的形式。

【案例阅读 3-13】

1. 你从做第一项工作到目前是否又换过工作？
①是 ──────▶ 如果变换过工作。换过几次？
　　　　　　　　□1 次
　　　　　　　　□2 次
　　　　　　　　□3 次
　　　　　　　　□4 次以上
②否

2. 你是否信仰宗教？
①是 ──────▶ 请问信仰什么宗教？
②否

3. 你是否信仰宗教？
①是
②否 ──────▶ 请跳过问题 10～14，直接从问题 15 开始回答。

3.2.2　问题设计的要求

　　问卷所要测量的变量，需要通过一个个问题表达出来。问题的提问方式、问题的数量等都关系到调查的结果，因为问题的信度和效度直接影响整个问卷的信度和效度。因此，在设计时，要注意以下几个方面：

　　（1）清晰、简明扼要。

【案例阅读 3-14】

某会计师事务所为了提高服务质量,扩大知名度,就本所人员在企业的执业情况派调研人员到客户处进行调研。

问题:请问你对本所人员的外勤业务是否满意?
□满意　　　□不满意　　　□不清楚

【分析】会计师事务所将专业人员在客户处进行的执业活动统称为外勤。有些企业员工可能对会计师事务所的外勤、内勤之分并不十分了解,即使给出答案也没有什么实际意义,调查结果显然会出现误差。所以在拟定问题时,应避免使用过于专业的术语。

(2)意思明确。

【案例阅读 3-15】

某大学在军训结束后对新生进行了一次入学调研,在设计好的问卷中有这样一个问题:你对我们学校印象如何?
□好　　　□不好　　　□不了解

【分析】这样的问题过于笼统,意思不很明确,使刚入学的新生不好回答。因为对于新生来说,学校的第一印象可能是宿舍条件、就餐环境、社团生活、校园环境等。

(3)避免诱导性或否定式问题。

【案例阅读 3-16】

目前,大多数学生认为,在招聘中应届毕业生因缺乏实际工作经验会遭到歧视,你认为呢?
□是　　　□不是　　　□不清楚

【分析】这是一个诱导性问题,问题中已经包含了建议答案或推荐被调查者在该问题应该采取的立场。

你并不认为在行人和机动车发生交通事故时应增加机动车一方的责任吧?
□是　　　□不是　　　□不清楚

【分析】这是一个否定式问题,这种否定句提问对被调查者的回答有诱导作用。

(4)不用要求评价性或假设性的问题。

【案例阅读 3-17】

你每月在文化娱乐方面的花费是多少?

【分析】这是一个要求总结或评价的问题,消费者一般很难在短时间内精确地统计出自己每月在文化娱乐方面的花费。

你毕业后是否会马上选择出国继续深造?

【分析】作为在校生来讲,这是一个假设性问题。被调查者可能因假设不成立说"不",也可能会选择留在国内工作或继续深造而说"不"。

3.2.3 设计问题的答案

1. 设计二项选择答案

二项选择法也称是非法，是指所提出的问题只有两种对立的答案可供选择，被调查者只能从两个答案中选择一项。

【案例阅读 3-18】

你已经考取计算机等级证书了吗？
□是　　　□否

【分析】二项选择法的优点是答案设计态度明朗，利于选择，可以得到明确的回答，能迫使倾向不定者偏向一方，能够在较短的时间内得到答案，统计处理方便；缺点是不能反映意见的差别程度，调查不够深入，由于取消了中立意见，结果有时不准确。

2. 设计多项选择答案

多向选择法是指所提出的问题有两个以上的答案，让被调查者在其中进行选择。

【案例阅读 3-19】

你在毕业后选择就业时考虑的主要因素是什么？
A. 工资福利　　　B. 经济发达城市　　　C. 有利于自身今后发展
D. 专业对口　　　E. 才能得以施展　　　F. 积累社会经验

【分析】多项选择法的优点是可以缓和二项选择法强制选择的缺点，应用范围广，能较好地反映被调查者的多种意见及其程度差异，由于限定了答案范围，统计比较方便；缺点是回答的问题没有顺序，且答案太多，不便归类，对问卷设计者的要求较高。

3. 设计顺序答案

顺序法又称排序法，是指提出的问题有两个以上的答案，由被调查者按重要程度进行顺序排列的一种方法。在实践中，顺序法主要有有限顺序法和无限顺序法两种。

注意：被选答案不宜过多，以免造成排序分散，加大整理分析难度；调查内容必须要求对备选答案进行排序时再使用。

【案例阅读 3-20】

请按重要程度排列出你在购买文具用品时考虑的前3位的影响因素。
A. 价格　　B. 品牌　　C. 包装　　D. 使用方便　　E. 商场促销　　F. 同学推荐　　G. 其他
请按重要程度排列出你在购买文具用品时考虑的下列的全部影响因素。
A. 价格　　B. 品牌　　C. 包装　　D. 使用方便　　E. 商场促销　　F. 同学推荐　　G. 其他

【分析】顺序法不仅能够反映出被调查者的想法、动机、态度、行为等多个方面的因素，而且还能比较出各因素的先后顺序，既便于回答，又便于分析。

4. 设计比较答案

比较法是指采用对比的方式,由被调查者将备选答案中具有可比性的事物进行比对做出选择的方法。

注意:比较项目不宜过多,否则会影响被调查者回答的客观性,也不利于统计分析。

【案例阅读 3-21】

请比较下列每一组不同品牌的彩色电视机,哪一种你更喜欢使用?(每一组中只选一个)(　　)
A. 长虹　海信　　B. 创维　海信　　C. TCL　海信
D. 长虹　创维　　E. TCL　创维　　F. TCL　长虹
【分析】这种方法采用了一一对比的方式,具有一定的强制性,使被调查者易于表达自己的态度。

任务 3.3　设计调查问卷

3.3.1　问卷的组织与编排

问卷每一部分的位置都具有一定的逻辑性,具体操作如下所述。

1. 将过滤性问题放首位,用来识别哪些是合格应答者

在市场调查问卷中,只有合格的应答者回答的问卷,才可能对数据收集有帮助。通常在问卷较前位置设计一些过滤性的问题来甄别合格应答者。

【案例阅读 3-22】

您好,我是××调研公司的访问员。我们正在对男性进行一次调查,想问您几个问题:
1. 您或您的家庭成员在广告公司、市场调研公司或制造销售修面产品的生产厂家工作吗?
(结束并记录在联系记录中)　　　　　　是(　　)
(继续问题 2)　　　　　　　　　　　　否(　　)
2. 您多大年龄?(读选项)
(结束并记录在联系记录单上)　　　　　15 岁以下(　　)
(继续问题 3)　　　　　　　　　　　　15～25 岁(　　)
(继续问题 3)　　　　　　　　　　　　25 岁以上(　　)
3. 您上次修面用的是电动剃须刀还是手动剃须刀?
(结束并记录在联系记录单上)　　　　　电动剃须刀(　　)
(继续问题 4)　　　　　　　　　　　　手动剃须刀(　　)
4. 在过去一周里您刮几次脸?
(如果少于 3 次,结束并记录在联系记录单上)
(如果多于 3 次,继续)

问卷的过滤部分也叫甄别部分,主要是先对被调查者进行过滤,筛选掉非调查对象,然后有针对性地对特定的被调查者进行调查。通过甄别,一方面可以筛选掉与调查事项有直接

关系的人，已达到避嫌的目的；另一方面确定那些合格的调查对象，通过对其调查，使调查研究更具有代表性。

甄别部分一般包括两个方面：一是看被联系者及家人的工作性质。例如，被联系者或其家人如果在广告公司、市场调查公司、咨询公司、媒体或与调查目标相关的行业，一般不属于被调查对象。二是看是否与被调查项目所要求的标准相符。例如，案例阅读 3-22 的提问中，如果被调查者年龄为 15 岁以下，就不属于调查对象。

2．以一个能引起应答者感兴趣的问题开始访谈

在介绍性引导语和经过滤性问题发现合格的访问人员后，起初提出的问题应当简单，容易回答，令人感兴趣，这样能提高应答者的积极性，有利于他们把问卷答完。

3．先问一般性问题

"热身"问题之后，问卷应当按一种逻辑形式进行。接着开始编排一般性问题，使人们开始考虑有关概念、公司或产品类型，然后再问具体的问题。

例如，一份有关洗发水的调查问卷是这样开始："在过去的 6 个星期里，你曾经购买过洗发水、护发素和定型剂吗？"促使人们开始考虑有关洗发水的问题。然后，再询问有关洗发水的购买频率、在过去 3 个月里所购的品牌、对所购品牌的满意程度、再购买的意向、理想洗发水的特点、应答者头发的特点。最后，是年龄、性别等人口统计方面的问题。

上述问题编排是逻辑性的，促使消费者跟着调查问卷考虑洗发水并以个人资料结束。逻辑清晰的问题编排，再加上适当的访问技巧，应答者对提问就不会有太多反感，双方的融洽关系也能很快建立起来。最终应答者也会认识到，这肯定是对信息的合理要求，不是为了推销产品，由此而建立起信任，并且愿意提供个人信息。

4．需要思考的问题放在问卷中间

早期建立兴趣和承诺，经历较长时间的事情后，一些相关问题需应答者来回忆。这时，应答者已建立起来的回答兴趣以及与访问员形成的融洽关系，就成为这部分访问回答的重要保证。

5．在关键点插入提示

有时候，由于访谈时间长或应答者有急事的原因，回答问题的兴趣会出现下降，优秀的访问人员能及时发现并努力重新培养起应答者的兴趣。在问卷设计时就应该考虑到。

在问卷的设计与编排的时候，在问卷的关键点插入一些简短的、鼓励话语，通常是吸引应答者保持兴趣或重新培养应答者兴趣的重要手段，如"下面没几个问题了""下面会更容易些"。另外，作为下一部分内容的介绍，可以插入"既然您已帮我们提出了以上的意见，想再多问一些问题"这样的语句，为后面的提问做好铺垫。

6．把敏感性问题、威胁性问题和人口统计问题放在最后

这样做可以保证大多数问题在应答者出现防卫心理或中断应答之前得到回答。而且，此时应答者与访问者之间已经建立了融洽的关系，增加了获得回答的可能性。把敏感性问题放在结尾的理由是应答模式已经重复了许多次，访问人员问一个问题，应答者答一个，此时问及尴尬性问题，应答者会条件反射地做出回答。

对问卷设计中敏感性问题的模糊性处理

1. 对敏感性心理状态问题的模糊性处理

被调查者面对敏感性问题往往会产生一种自卫心理，这是一种担心如实填写会给自己带来不利的影响，会有损于切身利益的心理反应。问卷调查的内容越敏感，这种心理反应就越容易产生。它往往会导致被调查者从稳妥出发，以不影响到自己的利益为标准。这样就使调查结果因被调查者的防卫心理而受到影响。为了避免这种影响的产生，调查者可以在问题前面写一段使被调查者消除顾虑的功能性文字，从而减轻被调查者的心理负重，使其放松心理上的戒备，以较平和的心态来回答问题。

例如，在农村地区推行"费改税"新政策之前，被调查者深受"乱收费、乱罚款、乱摊派"之害，却又难以维护自身利益。在被调查者看来，自己在"三乱"面前处于一种劣势地位。这种优劣势的比较，使被调查者感到"你家今年税费共缴纳多少元？"的提问是一个敏感性问题。当调查者在该问题前加上"费改税"新政策这段功能性文字之后，"新政策"在被调查者心里形成一种自己不再处于劣势地位的新认识，这种新认识与原认识产生冲突，使被调查者的思维同时受到两种认识的影响，亦新亦旧、亦此亦彼，形成了一种模糊的心理感受。这种模糊的心理感受减弱了被调查者的心理压力，因而也削弱了问题的敏感程度。

2. 对敏感性关键词的模糊性处理

在问卷设计中，问题的敏感性往往集中表现在问题关键词的使用上，也就是说，在一个问题中其他词汇都是非敏感的，只有一个（或几个）关键词带有很强的敏感性。因而，可以用非敏感性词汇替代敏感性词汇，以实现降低问题敏感性的目的。

例如，"右派"这个词对曾经被打成右派的人来说是敏感性很强的词汇，可以用"不公正待遇"来代替。这种替换实际上是通过不同性质的词汇的使用，来实现敏感性词汇的非敏感化。

词语是带有感情色彩的，包括褒义词、中性词和贬义词。让自己在陌生的调查者面前回答敏感性色彩很浓的问题，是一件有心理压力的事情。当问卷中出现了贬义词的时候，在被调查者心里就会出现一个清晰的二分法比较：褒义和贬义的比较。在褒贬的比较中，被调查者一旦被划分到贬义的范畴里，敏感性心理就出现了。如果引用的是中性词，那么在被调查者心里就会出现一个三分法比较：褒义、贬义、中性的比较。在这个比较中，非敏感性词汇充当着模糊情感色彩的角色，避免了被调查者褒贬的激烈心理冲突。

对敏感性关键词的模糊性处理的核心是剔除敏感性色彩的表述，只要剔除了敏感性色彩的表述，就会淡化被调查者对敏感性关键词的敏感性反应。在这种情况下，由于被调查者处于褒贬评价的模糊情景中，从而淡漠了被调查者对敏感性关键词的褒贬比较心理，降低了被调查者对带有敏感性关键词的提问的敏感程度。

3. 敏感性主体的模糊性处理

敏感性主体的模糊性处理是指把本应由被调查者根据自己实际情况填答的问题转移到由被调查者根据他人的情况来阐述自己想法的技术处理。在这里，"主体"泛指所有的被调查者。"敏感性主体"特指那些因提问内容较敏感，且针对性较强而产生不安心理的被调查者。"转移"恰恰利用了敏感性主体不愿暴露自己情况的心理，在问题设计中保持调查内容不变，将调查主体由第一人称改为第三人称，不要求被调查者回答自己的情况，而是让其回答他人的情况，以此淡化敏感程度，这种处理技术称为敏感性主体的模糊性处理。

敏感性主体的模糊性处理的实质是调查对象的模糊化。被调查者被要求回答的是"别人"情况的时候，被调查者往往是根据"自己"的经验来回答问题的，因而这种方法实际上是将明确的调查对象"自己"变为"自己和别人的模糊体",亦自己亦他人,调查对象的转换一方面没有违背抽样原则,另一方面得到的调查资料具有更强的真实性,达到了模糊性处理的良好效果。

3.3.2 问卷编排的原则

1. 问卷中问题的排序应注意逻辑性

一般当面访问时,开头应该采用简单的开放式问题,先造成一个轻松、和谐的谈话氛围,使后面的调查能够顺利进行。采用书面调查时,开头应是容易回答具有趣味性的一般性问题,需要思考的核心调查内容放在中间部分,专门或特殊的问题放在最后。

2. 问卷中问题的排序应该先易后难

一般对公开的事实或状态的描述简单一些,因此放在问卷较前面的位置;而对问题的看法、意见等需要动脑筋思考,因此放在问卷稍后一点的位置。

3. 一些特殊问题置于问卷的最后

从时间的角度来考虑,最近发生的事情容易回想,便于作答,因此放在问卷前面一点的位置;过去发生的事情,由于记忆容易受到干扰,不容易回想,因此放在问卷较后一点的位置。

许多特殊问题,如收入、婚姻状况、政治信仰等,一般放在问卷的后面。复杂开放性问题一般放在后面,即使不作答,也不至于影响了其他问题的回答价值。

3.3.3 综合评估问卷

1. 检查问卷中的问题是否必要

每个具体的调查目标都应该有相应的提问,不能遗漏。而且,每个问题必须服从一定的目的。要么它是过滤性的,要么是培养兴趣的,要么是过渡用的,要么直接地或清楚地与所陈述的特定调研目标有关。如果问题不能达成上述目的中的一个,就应当删去。

2. 看问卷是否太长

研究者应该利用志愿人员充当应答者以判断回答的时间。尽管没有严格规定,但完成问卷花费的时间尽量取 5 次最短时间的平均数。

在街上拦截或电话调查的问卷如果访问长度超过 20 分钟,应当考虑删减。如果有比较有吸引力的刺激物,问卷可稍微长一些。入户访问如果长度超过 45 分钟,也应当提供给应答者比较有吸引力的刺激物。一般的刺激物有电影票、钢笔、铅笔盒、现金等,使用刺激物实际上经常可以降低调查成本,因为回答率会增加。

3. 邮寄和自填式问卷的外观要求美观

由应答者自行填写的问卷外观是决定回答率的一个重要因素。邮寄和自填式问卷是由被访者自己填写的,问卷的外观是影响被访者是否填写的一个重要因素。问卷看上去尽可能规范,应当用高质量的纸印刷,长度超过 4 页的,应装订成册。

4．问卷版面安排应该规范

1）传统问卷的编排

问卷四周应留有足够的空白，行与列间不应太紧凑，以便访问人员或应答者选择适当的行或列，不要把许多东西挤到同一页上。

对开放式问题应给回答者留下足够的空间，一个开放式问题应留有 3~5 行。调研人员要根据问题需要回答的详细程度来决定留下多少空间。

另外，还要考虑问卷的着色编码、字体。如果调查项目以访问特定群体的应答者为基础，则需要对问卷进行着色编码。

【案例阅读 3-23】

某球拍制造商将球拍样品（用一种新合金制成）分发给 300 个至少每周进行两次球类运动的人。抽样包括 3 组，每组 100 人，即羽毛球运动员、网球运动员和乒乓球运动员。尽管调查的目的在于球拍样式，问题却因运动项目不同而变化。为了避免访问员混淆，可以将网球问卷设计成绿色，羽毛球问卷的设计成蓝色，乒乓球问卷设计成白色。

为了清晰表明哪部分是问题、哪部分是说明，应该用有区别的字体，以提醒访问员和应答者在访谈时注意。

2）邮寄和网上调查问卷的编排

前面已提到过问卷的外观和问题的编排方式会影响受访者的合作程度和收集的数据质量，外观和编排对邮寄和网上调研尤其重要，这是因为问卷只能进行自我推销。一份专业的、有吸引力的问卷可以增加受访者的合作机会。

网上调查设计对设计者提出一些特别的挑战。在网络环境下，计算机屏幕上的营销刺激和测量工具在不同受访者看来不尽相同，这是由于不同的显示器规格和类型、分辨率和颜色都影响网上调研的外观。此外，与传统的书面和口头调研的回答方式不同，受访者是通过敲键盘和点鼠标来回答问题。

一份整洁的问卷（有清晰的说明、问题间有充分间隔、预留合适的回答空间等），将极大降低错误的概率。为了更好地说明这一点，请比较以下相同问题的两个版本。

版本 1

您的年龄？

_____小于 18 岁_____18~25 岁_____26~40 岁_____40 岁以上

版本 2

您的年龄？

_____小于 18 岁

_____18~25 岁

_____26~40 岁

_____40 岁以上

版本 2 的编排比版本 1 更好，而且很少会导致无意间选错答案。显然，在收集数据前，值得仔细关注问卷的编排。但问卷编排常常被忽视，特别是那些问卷设计新手。

5. 进行问卷的预先测试与修正

预先测试是对一小部分潜在应答者和其他能够发现设计缺陷的人员进行问卷测试。这是必不可缺的，因为即使最优秀的问卷设计者也可能犯只能由外部评价发现的错误。尽管很多调研人员认识到预先测试的重要性，但通常没有正确操作，甚至误用。

常见的对预先测试的误用是认为这个过程可以代替问卷设计早期阶段的仔细考虑和注意。这种看法会导致对问卷准确性产生一种错误的安全感。预先测试只是一种工具，用来深入发掘问卷中调研人员特别关心的具体特征或问题。

预先测试受访者可以发现问卷的所有缺点，这种假设是不正确的。事实上，一项研究发现，预先测试受访者甚至无法发现明显的错误，特别是对于那些有误导性和模棱两可术语的问题。在模棱两可的情况下，一个受访者可能无法认识到一个术语不只有一种意思。这是因为错误来源于不同受访者采用不同的理解，单个受访者不太可能向采访者提出这种错误。

除非受访者预先审查问题，确定潜在的问题点，并预先具体调查这些问题点，否则将无法在预先测试中发现任何因受访者理解不同而产生的错误。换句话说，调研人员若因预先测试者毫无困难地填写完整份问卷而认为问卷已经做到十分简单，那他则犯了个大错误。

在特定情况下预先测试的数量和性质并没有统一的规定。但总的来说，预先测试必须以私人访谈的方式进行，而不论问卷最终将采用什么操作方式，这是因为与受访者面对面访谈可以提出在其他方式不被注意到的问题区或疑惑点。此外，建议对问卷进行第二次预先测试。这次预先测试的目的是发现问卷实施的问题。最后，如果问卷草稿在预先测试后进行了实质性修改，则在最终完成问卷前，可能需要再进行一次或更多预先测试。

预先测试样本规模是一个由很多因素决定的主观决定，这些因素有调研人员对问卷的自信度、可用的时间和预算等。但总而言之，最好是对问卷进行系统性预先测试，并对具体目标心中有数。对较小样本的受访者进行深入调查，这种方式比通过简单要求受访者填写问卷来预先测试较大样本好。换句话说，预先测试的潜在好处更多取决于质量，而非数量。

预先测试的受访者构成必须与最终参与调研的受访者相似，但预先测试并不仅限于这类受访者。其他能够提供有价值见解的人也可参加，包括调研人员的同事和数据的潜在用户。让他们参与预先测试十分有用，因为他们可能比普通的调研受访者更能客观看待问卷。事实上，一个有用的方法是先从这些专业受访者获取回答，并在预先测试调研的受访者前，对问卷草稿进行必要的修改。

 任务3.4 掌握态度测量技术

态度测量技术是问卷设计的理论基础，是借助于态度测量表测定被调查者的态度、意见、评价和看法的一种测量技术。有的市场调查资料属于数量性质，但很多属于品质性质，是用语句和一问一答的方式进行表达的。采用态度测量技术，可以对品质属性的答案进行量化处理，以便对态度、意见、评价和看法等做出比较、判别和测定。

3.4.1 态度量表的类型

1. 类别量表

类别量表是采用名义标度对被调查者的品质属性或态度、意见等进行分类处理的量表。名义标度又称类别标度，它的数字本身无意义，只代表每类答案的编号，仅限名义而已，其目的在于对调查资料进行分类，计算出各类别的频数和频率。

【案例阅读 3-24】

你家里有没有冰箱？
A. 有　　　　B. 没有
你喜欢什么牌号的冰箱？
A. 中意牌　　B. 白云牌　　C. 万宝牌　　D. 海尔牌　　E. 风华牌　　F. 其他

类别量表中的尺度一般采用数字代码或字母表示。

类别量表可用于两个方面：一是对被调查者的品质属性，如性别、民族、职业、文化程度、职称等进行分类处理；二是对被调查者的态度、意见进行分类处理，如对某种商品是喜欢还是不喜欢，对某项事件是支持还是反对等问题的测量与处理。

2. 顺序量表

顺序量表是采用有序标度表示各类别之间的顺序关系的量表。有序标度是采用数字或字母对被调查者的某一问题的评价程度或语义差别进行排序的尺度。

【案例阅读 3-25】

你喜欢白沙啤酒吗？

很不喜欢	不喜欢	中等	喜欢	很喜欢
1	2	3	4	5

顺序量表中的有序标度只能表示不同类别的顺序关系，但不能确定各类别之间的差距。

顺序量表可应用于两个方面：一是对多种产品的质量、性能、式样、包装、价格等方面进行评价，也可对不同人的能力、知识水平等方面进行评价，故又称为评比量表；二是对被调查者的态度进行测量。

顺序量表中有序标度的划分，可根据调查项目、要求的深度及评价程度确定，通常采用三级、五级、七级、九级等划分法。有序标度中各等级的评分方法，可采用自然顺序数评分法、固定总数评分法等。固定总数评分法，是将总分定为 10 或 100，要求被调查者对不同商品或不同项目打出一定分数，但总分不得超过 10 或 100。例如，某消费者对 3 种品牌的质量评分如下：

　　　　　　　　　甲品牌 20 分　　　　乙品牌 50 分　　　　丙品牌 30 分

顺序量表在数值处理上，可汇总求出各被调查者对不同商品或不同项目评价的总得分、平均得分和标准差，进而可对各类别进行排序和做出评价。

3. 差距量表

差距量表是利用间隔标度表示各类别之间差距的量表，它不仅能表示各类别之间的顺序关系，而且能测量各顺序位置之间的距离。例如，温度计的温度不但能表示出温度的高低，还能表示出度数与度数之间的差别。市场调查中间距标度的零点是人为设定的，没有真正的零点。

差距量表按间隔标度的不同可分为以下几种类型：

（1）标度点差距量表。标度点差距量表通常是用自然数对产品质量等级或不同评价标准或极端形容词之间用等分的分法给出标度点。

【案例阅读 3-26】

对某产品进行评价，可先确定若干评价项目，每个项目按评价的形容词不同划分为七级：

很好	好	较好	中等	较差	差	很差
一级	二级	三级	四级	五级	六级	七级

（2）等距区间标度差距量表。该表是用具有下限和上限的等距区间作为间隔标度的差距量表。

【案例阅读 3-27】

学生的数学考试成绩是：

50 分以下	50~60 分	60~70 分	70~80 分	80~90 分	90~100 分

该量表可用算术平均数进行数据处理，也可用中位数、众数进行数据处理。但不能计算测度值之间的比值，如数学考试成绩为 0 分，并不能说没有数学知识，也不能说分数为 100 分的人的数学水平是分数为 50 分的人的 2 倍。

（3）等比量表。等比量表是采用比例标度来说明各类别之间的顺序关系成比率的量表。在间隔标度中如果存在绝对零点（真正的零点），则称这种间隔标度为比例标度。例如，年龄、体重的测量是一种比例标度，100 千克体重是 50 千克体重的两倍。

【案例阅读 3-28】

请问您的年收入是：

2.0 万元以下	2.0~2.5 万元	2.5~3.0 万元	3.0~3.5 万元	3.5~4.0 万元
4.0~4.5 万元	4.5~5.0 万元	5.0~5.5 万元	5.5~6.0 万元	6 万元以上

等比量表可用算术平均数、中位数、众数、标准差等进行数据处理，也可计算测度值之间的比值，如年收入 6 万元是年收入 3 万元的 2 倍。

3.4.2 态度量表的应用

1. 评比量表

市场调查机构经常采用评比量表测量消费者对某种商品的态度、意见。

1）定义

评比量表是对提出的问题，以两种对立的态度为两端点，在两端点中间按程度顺序排列不同的态度；由被调查者从中选择一种适合自己的态度表现。对态度、意见的排列顺序，可按 10 种或 5 种排列。

2）方法

若将态度意见划分为 10 种，其排列方法如图 3.1 所示。

最不喜欢	很不喜欢	不喜欢	稍不喜欢	无所谓	还可以	稍喜欢	喜欢	很喜欢	最喜欢
1	2	3	4	5	6	7	8	9	10

图 3.1　10 种态度量表

若将态度意见划分为 5 种，其排列方法如图 3.2 所示。

很不喜欢	不喜欢	无所谓	喜欢	很喜欢
-2	-1	0	1	2

图 3.2　5 种态度量表

在图 3.1 中，消费者的态度划分为 10 种，其最高分为 10 分，最低分为 1 分。在图 3.2 中，消费者的态度划分为 5 种，其分数的给法可以用 1、2、3、4、5 表示，也可以用 -2、-1、0、1、2 表示。设计好的评比量表，由市场调查人员向被调查者进行调查，再将所有填写后的量表加以整理，可得到某个消费者总体的态度测量结果。

3）意义

应当看到，这种测量态度的量表，用不同的数值来代表某种态度，目的是将非数量化的问题加以量化，而不是用抽象的数值随意排列。

4）注意

应用这种量表调查时必须注意两个方面的问题：

（1）应注意设计量表时的定量基础，并将调查得到的态度测量结果在定量基础上进行分析，判断其高低。例如，在 10 种态度量表中，原设计的最高分是 10，最低分是 1。那么若某个消费者的态度测量结果是 2，就认为他的态度测量结果较低，其态度倾向于否定。对另一个消费者的态度测量结果是 8，就认为他的态度测量结果较高，其态度倾向于肯定。又如，在 5 种态度量表中，原设计的最高分是 2，最低分是 -2。若对某个消费者的态度测量结果是 2，就认为他的分数很高。对另一个消费者的态度测量结果是 -1，就认为他的分数较低，其态度倾向于否定。

（2）应注意量表所测定的数量，只说明态度的不同，并不说明其他。例如，应用 10 种态度量表对不同的消费者进行调查，甲消费者的测量结果是 8，乙消费者的测量结果是 4，则说明甲消费者对某商品喜欢，乙消费者对某商品不太喜欢。而不能说甲消费者对某商品的喜欢程度是乙消费者的 2 倍。若将量表用于对不同商品的态度测量，如对 A 商品的态度是 9，对 B 商品的态度是 3，说明消费者对 A 商品很喜欢，对 B 商品不喜欢；而不能说明对 A 商品的需求量是对 B 商品需求量的 3 倍。

在市场调查实践中，态度量表可用于对某种商品的多个消费者的态度测量，也可用于对多种商品的多个消费者的态度测量。

2．数值分配量表

1）定义

数值分配量表是指由调查者规定总数值，由被调查者将数值进行分配，通过分配数值的不同来表明不同态度的测量表。

2）方法

在市场调查中，数值分配量表常用于对某种商品不同规格、牌号的消费者态度调查，即采用对比的方法，由被调查者给出的分配数值，来判定对不同商品规格、牌号的态度差异。在设计数值分配量表时，一般是采取1、10、100为固定总值，由被调查者将总值分配到不同商品上，其所分配的数值之和应等于固定总值。

例如，对市场上销售的某种商品的A、B、C、D这4种不同牌号做消费者态度市场调查，以100为固定总值，请消费者做数值分配。若某个消费者对该商品A牌号给出数值为40，对B、C、D这3种牌号给出数值分别为30、20、10，则说明该消费者认为A牌号商品好于B、C、D；B牌号好于C、D牌号；C牌号又稍好于D牌号。

又如，对某种商品的A、B、C这3种不同规格做消费者态度调查，以100为固定总值，由消费者做数值分配。若某个消费者对A规格给予60，而对B、C规格分别给予30、10，则说明消费者态度明显倾向于该商品的A规格；但并不说明他认为A规格商品是B规格商品质量的2倍，是C规格商品质量的6倍，也不说明A规格商品的销售量与B、C两种规格商品销售量的关系。

3）注意事项

在应用数值分配量表时，应当注意的是，由调查者规定的总数值是数值分配量表的基础标准，并不是随意给出的数。之所以经常采用1、10、100等数作为总数值，是因为这些数在被分配后比较容易检验其总和，也比较易于计算其百分数。同时，被调查者在填写量表时，必须使被分配的各数值之和等于总数值，而不能大于或小于总数值。也就是说，被调查者必须在总数值基础上来考虑数值分配，这样才能客观地反映消费者对不同商品态度的差异。如不遵守这样的规定，则达不到通过数值分配来反映态度差异的目的。这种定量分析方法是依据统计学中的比重相对指标、概率的有关理论来考虑问题的。

4）应用

数值分配量表用于多种商品规格、牌号，多个被调查者的态度测量中，便于汇总，也便于计算其百分数。

例如，对某种商品的5个不同牌号，随机选择10名消费者进行数值分配量表调查，将10名消费者的态度进行整理汇总，并加以分析。根据对10名消费者分配量表的汇总情况，消费者对E牌号商品的态度，明显好于其他牌号，其分配数值为40~60，10名消费者共分配了525，占总数值合计数1 000的52.5%；对D牌号商品的态度又高于A、B、C这3种牌号，共分配了245，占总数值合计数的24.5%，不过它不足E牌号分配数值的1/2；消费者对A、B、C这3种牌号的商品态度明显较低，其百分数只占5.5%~11.0%。

为说明问题方便起见，上面只汇总了10名消费者的数值分配，在实际市场调查中被调查者人数会远远超过于此。不过，汇总整理和分析的方法是大致相同的，只是消费者的总分数会发生变化。上面对 10 名消费者态度的测量，可以看出消费者对 5 种牌号商品的态度是同方向的，即都认为 E 牌号商品好于其他牌号。在实际市场调查中，由于消费者在各方面存在差异，如不同的文化程度、年龄、收入水平等，并不一定表现为态度比较集中于某一牌号商品，而是表现得比较分散，有的消费者明显倾向于某一牌号，有的明显倾向于另一牌号，所以在整理分析过程中要更为深入具体地分析研究。

3. 平均值差数应答者量表

1）定义

平均值差数应答者量表是一种由应答者（被调查者）决定询问的问题和选择语句的态度量表。

2）与其他量表的区别

平均值差数应答者量表与前面评比量表和数值分配量表的不同在于，前两种量表向被调查者询问的问题和询问语句的选择，是由调查人员事先设计好的，被调查者只能根据询问的问题和可供选择的询问语句做出回答，以此表明自己的态度。调查者向被调查者提什么问题，询问语句的选择是否恰当，与被调查者态度测量的准确程度有着很紧密的联系。如果调查者提出的问题和询问的语句能够充分表明被调查者的态度，通过态度测量表测量的结果就比较好；反之，测量的结果就差。

在市场调查的实践中，人们看到如果能由被调查者自行决定提问的问题和选择语句，就能够更准确地反映其态度。平均值差数应答者量表就是这样一种态度测量表。

3）具体步骤

应用平均值差数应答者量表，大致步骤如下：

（1）由调查者拟定一定数量的正负态度语句，正负态度语句数量相等，其总数量必然是偶数。例如，50 条语句，正负态度各 25 条；60 条语句，正负态度各 30 条；80 条语句，正负态度各 40 条；100 条语句，正负态度各 50 条等。对每条语句的回答，可以根据态度的不同，设计为 3 种或 5 种类型。如果是 3 种类型，可分为赞同、未定、不赞同；如果是 5 种类型，可分为很赞同、赞同、不定、不赞同、很不赞同。

（2）将拟定好的语句分为正态度语句和负态度语句两大类，并结合回答语句的不同类型，分别规定评分办法，待被调查者根据自己的实际态度评定。计分办法可以采取正数序号法和正负对称法两种，假定称其为 A 评分法和 B 评分法。若被调查者对 10 条词语的评选，其总分数值为 34 分。那么，这 34 分如何说明其态度呢？10 条语句的最高分、最低分和平均分分别应为

$$最高分 = 10 \times 5 = 50（分）$$
$$最低分 = 10 \times 1 = 10（分）$$
$$平均分 = 10 \times \left(\frac{5+4+3+2+1}{5}\right) = 30（分）$$

如果某被调查者对 10 条语句的态度值为 34 分，略高于平均值 30 分，说明其态度稍倾向于肯定；如果被调查者的态度总分低于平均分，则说明其态度倾向于否定。被调查者的态度值偏离平均值越远，说明其态度倾向于肯定或否定的程度越大。

（3）确定选用的语句。确定选用的语句是应用平均值差数应答者量表的重要步骤，也就是用平均差数选用语句的过程。具体做法是，将各被调查者对每条语句的评分按高低顺序排

列,并从最高分和最低分的两端各抽取25%的分数,分别组成高分组和低分组;对高分组和低分组分别计算平均值,并根据所计算的平均值,确定平均值差数。例如,计算出高分组的平均值为4.5,低分组的平均值为1.5,其高低组之间的平均值差数应为3。

平均值差数是判断选择语句的重要数量根据,它是反映语句态度的辨别能力的标准。平均值差数大,表明某语句辨别正负态度的能力强;平均值差数小,则表明某语句辨别正负态度的能力差。对辨别能力强的语句应保留,对辨别能力差的语句则应剔除。

4. 态度层次应答者量表

1)定义

态度层次应答者量表是根据被调查者的答案资料制成的一种态度量表,它可以用来选定语句,也便于对应答者的态度进行分析。

2)具体步骤

应用态度层次应答者量表选定语句或提出问题,一般有以下几个步骤:

(1)提出若干个问题或语句,由被调查者对这些语句或问题表示"是""否"两种不同的态度。调查者根据被调查者的回答,排列出回答"是"的答案,以决定是否建立应答者量表。例如,提出的问题或语句为10条,由12个被调查者回答。分数栏是由被调查者对问题问答"是"的多少决定的。又如,第1位应答者对问题4、6、9的回答为"是",因此得3分;第6位应答者对问题1、2、3、4、6回答为"是",因此得5分;第12位应答者仅对问题1、2问答"是",因此得2分。

(2)根据应答者对提出的问题或语句的态度,按其分数高低排列,观察其分数的层次。对12个问题回答分数最高的被调查若为9分,最低为1分,对于回答分数高的问题,说明它被多数被调查者接受;回答分数低的问题,说明它只被少数被调查者接受。该分数显示的是每个被调查者的得分,而不是每个问题或语句的得分,它是分析问题的基础。

(3)选择提出的问题或语句。选择的标准主要是根据被调查者对问题或语句回答"是"的积分高低。为了研究问题的方便,必须将每个问题或语句的得分整理出来,按得分高低排列。根据整理结果,得分最高的问题6为11分;问题4、2、3得分都为6分;问题1、9的得分分别为7、6。对于这些问题,可以认为必须选入量表,因为它们得到大多数被调查者的接受。问题7、8、5、10的得分分别为3、3、2、1。对这几个问题是否选入量表,应进行具体分析。对于这种问题一般认为不应选入态度量表,因为这几个问题的接受者很少。

态度量表经常应用于问卷中,也可单独使用,是一种很好的测量方法。随着市场调查定量化程度的提高,随着定量精密化要求的发展,态度量表的作用将更为重要。

技 能 训 练

【课业目标】

通过本课业,学生应能够根据所确定的主题设计问卷;掌握问卷设计技能。

【课业方式】

通过前面对课业的分析,完成市场调查问卷的设计。

【课业内容及步骤】

（1）设计市场调查问卷。

（2）要求上交格式经过排版的市场调查问卷。

（3）要求每个学生根据自己所在小组所确定的主题独自完成一份调查问卷。

（4）学生完成问卷后，各小组进行内容讨论，修改完成小组问卷。

【课业评价】

项目 \ 评分标准	优秀（10分）	良好（8分）	合格（6分）	不合格（4分以下）	个人得分
调查问卷设计	（1）问卷设计符合要求； （2）问卷主题明确； （3）问题数量足够	（1）问卷设计基本符合要求； （2）问卷主题基本明确； （3）问题数量足够	（1）问卷设计有部分缺陷； （2）有些偏题； （3）问题数量缺乏部分	（1）偏题； （2）问卷不符合要求； （3）问题数量严重不足或者没有完成问卷设计	

思考与练习

1．简答题

（1）简述问卷调查法的概念与特点。

（2）试比较自填式问卷和访问式问卷的不同。

（3）简述问卷调查法的各种不利因素以及克服不利因素的方法。

（4）试述设计市场调查问卷中合理排列问题顺序的方法。

（5）问卷设计中问题的选择需要考虑哪些问题？

（6）试述开放式问题和封闭式问题的不同之处。

（7）简述问题答案设计的基本原则。

（8）在问卷调查法中怎样选择和确定调查对象？

（9）在对数量问题答案的设计中要注意哪些问题？

（10）简述问卷调查法的适用范围。

（11）试述问卷设计中表述问题时应注意的问题。

（12）简述问卷的基本结构。

（13）试述问卷法与访问调查法的关系。

2．案例分析题

代驾的现状——好与坏，代驾的未来——想与做
——基于"三无代驾"行业需要地方法规约束的民意调查

您好！这是一份关于杭州代驾相关问题的调查问卷，本卷全部匿名，我们将对您的回答保密，感谢您百忙之中填写，谢谢。

对象：广大群众

代驾问题调查小组

请在每一个问题后适合您的答案序号上打"√"或在"_____"处填上适当的内容。

第一部分：基本资料
1. 您的年龄？
   A. 18岁以下　　　　B. 19~30岁　　　　C. 31~40岁
   D. 41~50岁　　　　E. 50岁以上
2. 您的性别？
   A. 男　　　　　　　B. 女
3. 您的职业？
   A. 学生　　　　　　B. 白领　　　　　　C. 个体户
   D. 自由职业　　　　E. 公务员　　　　　F. 其他_____（请注明）
4. 您的月收入？
   A. 2 500元以下　　 B. 2 501~5 000元　 C. 5 001~7 500元
   D. 7 501~10 000元　E. 10 001元以上
5. 您居住在杭州哪个区？
   A. 拱墅区　　　　　B. 上城区　　　　　C. 下城区
   D. 西湖区　　　　　E. 江干区　　　　　F. 滨江区

第二部分：您对代驾的看法
6. 您认同"手里有本驾照，就能当代驾"这个说法吗？
   A. 认同　　　　　　B. 不认同
7. 您认为下面哪个主管部门对"代驾"这个行业进行管理？
   A. 交通部门　　　　B. 工商部门　　　　C. 公安部门
   D. 代驾协会　　　　E. 其他_____（请填写您心目中的部门）
8. 您认为代驾应当采用什么样的收费方式？
   A. 以小时为单位收费（1小时收费80元）
   B. 跟出租车一样的收费方式，加上30%返程费（按公里数来收费）
   C. 与代驾公司或个人代驾商讨的收费方式
   D. 其他_____（请注明）
9. 您认为应该禁止个人提供"代驾"服务吗？
   A. 应该　　　　　　B. 不应该
10. 您认为合理的收费应该包括以下哪些内容？（可多选）
    A. 等候费　　　　　B. 返程费　　　　　C. 绕路费
    D. 跨区域费　　　　E. 其他
11. 在接受代驾服务时，如果经营者有强制交易行为，你会如何选择？
    A. 忍受　　　　　　B. 向96315投诉　　 C. 报警
12. 在代驾服务过程中受到人身、财产损害时，你会选择什么途径维护自己的权利？
    A. 与经营者协商　　B. 向消费者协会寻求调解
    C. 法律诉讼
13. 你认为代驾公司在提供代驾服务之前是否需要与消费者签订代驾协议？
    A. 需要　　　　　　B. 不需要
14. 代驾公司是否需要向消费者提供代驾服务后的相关购货凭证或者服务单据？

A. 需要　　　　　　B. 不需要

15. 代驾公司提供代驾服务时，造成消费者或者其他受害人人身伤害的、造成残疾的和构成犯罪的，除应当赔偿费用外，是否还需要追究其法律责任？

　　A. 需要　　　　　　B. 不需要

16. 您认为应该怎样管理"代驾"行业？

谢谢您的耐心与合作！

思考：
（1）对此问卷进行评价，如果有缺陷，提出改进意见。
（2）代驾问题可以从哪些角度来测量？能否从问卷中获得调查所需的信息？为什么？

项目 4

收集资料

在代驾问题的资料收集过程中,首先,根据调查内容、调查对象选定收集资料的方法(文案调查法、网络调查法、实地调查法等);然后,与组员讨论,商定具体的实施方法;最后,根据调查方法与组员实地进行问卷调查、面谈及资料的收集。

【学习目标】

知 识 目 标	技 能 目 标
掌握二手资料的含义、分类、来源和收集方法。掌握文案调查法、访问调查法、实地调查法、网络调查法等基本调查方法	具有选择恰当调查方法并进行有效、高效的市场调查来收集资料的能力

  【项目任务】

根据不同的调查对象及影响因素选择恰当的调查方法进行资料的收集。
（1）任务步骤：明确调查对象→选定调查方法—商定具体调查方法→分工。
（2）完成要点：基于主题和调查目标下，要合理选择调查方法，注意收集资料的可行性、完整性。

 **【导入案例】**

某公司季末报表统计后，发现该季 VIP 客户大量流失，管理层对此十分不解，他们认为公司对于 VIP 客户提供的服务和设施已经周到、先进。为了找寻深层次的原因，管理层决定做一次市场调查，找出 VIP 客户不再信任本公司的原因。

当调查人员进入公司后，首先和管理层进行了交流，明确了调查的目的：找出 VIP 客户流失的原因，对其不足方面进行改善，以保证 VIP 客户不再流失，从而使公司的业绩得到保障。

阅读了大量的与该公司和 VIP 客户有关的资料后，发现的有用资料如下：
（1）该公司 VIP 客户不是很多，大概在 80 人。
（2）近期退出 VIP 身份的客户有 28 人。
（3）已退出 VIP 身份的客户有 5 人为大业务量客户。
（4）近期业务量大减的 VIP 客户有 20 人。

鉴于此，调查公司决定实施如下调查方案：
（1）对已退出 VIP 客户的 5 人进行深层访谈。
（2）对近期业务量大减的 VIP 客户的 20 人和部分已退出的客户进行小组座谈。
（3）根据前两项的调查结果再决定是否需要扩大部分样本量进行观察。

该公司的管理层对此十分不解：为什么要采取不同的调查方法？只对一小部分客户做调查能否得到理想的结果？为什么没有传统调查意义上的问卷？

  【理论知识】

  ## 任务 4.1　了解市场调查资料来源

营销大师菲利普·科特勒曾说过："营销胜利的基础越来越取决于信息，而非销售力量。"市场环境在加速变化，这些变化中，对市场信息的需要比过去任何时候都更为重要。市场调查就是收集市场信息的行为和过程。根据数据资料来源的不同，市场调查方法可以分为两大类：一类是收集原始资料的调查方法，另一类是收集二手资料的调查方法。

原始资料又称初级信息、第一手资料，是为了某种特定目的，由调查人员通过实地调查，直接从有关调查对象处收集的资料，包括调查资料、观察资料和实验数据。原始资料是市场信息的基础。

二手资料又称现成资料、次级信息，是指经过他人收集、记录、整理的各种数据和资料，包括普查资料、注册资料、报刊资料和商业资料。市场调查人员通过对二手资料的收集，可以使企业迅速了解相关的市场信息，从而为进一步的直接市场调查奠定基础。

4.1.1 原始资料

1. 原始资料的优点

（1）针对性强。原始资料是市场调查者根据当前企业特定的市场调查需要而直接收集的，其所得资料的针对性和实用性强。

（2）真实性强。原始资料收集所涉及的抽样框、抽样方法、调查对象、调查方法都是根据本次调查的目的和特点确定的，而且调查过程也受调查人员的控制，因此资料来源明确，所收集的资料比较真实可靠。

2. 原始资料的缺点

（1）原始资料的收集需要花费较多的人力、物力、财力和时间，而且有些原始资料的收集仅靠企业自身力量难以完成。

（2）由于原始资料收集过程中必然会受到调查人员和被调查者的主观因素的影响，其所得的信息资料有一定的主观性。

4.1.2 二手资料

1. 二手资料的优点

（1）二手资料收集花费的时间短、费用少，可节省大量的调查时间和调查经费。

（2）二手资料来源多，涉及面广。二手资料的收集不受时间和空间限制，可以收集到比实地调查更广泛的资料。而且，有些数据是调查公司收集不到的，如由国家统计部门提供的数据。

（3）二手资料的收集是书面形式的，不受调查人员和被调查者主观因素的影响，不受现实生活中其他因素的影响，反映的信息比较客观。

2. 二手资料的缺点

（1）部分二手资料缺乏可得性。虽然二手资料有丰富的来源，但对于某些特定问题可能不存在相关资料，特别是那些新的独特的调查课题，很可能找不到合适的二手资料。

（2）缺乏准确性。调查者在收集、整理、分析和提交二手资料的过程中，可能存在一些潜在的错误，许多误差不易发现，并且很难剔除。因此，调查者使用二手资料时，会受到这些错误的影响，使调查结果产生偏差。

（3）缺乏针对性。从内容上看，调查者所收集的二手资料是针对其他调查目的而形成的，对于特定调查缺乏针对性；从时间上看，二手资料大多是过去的研究报告，时效性不强，可能不适合目前调查的需要；从收集信息的方法看，因为二手资料和当前调查的数据收集方法不同，在数据统计口径、数据处理上存在差异，调查者通常不能直接使用二手数据。

4.1.3 原始资料与二手资料的关系

原始数据和二手数据具有各自的特征，在优、缺点上存在互补性，因此，高质量的市场调查总是需要两者结合。在实际市场调查过程中，一般总是先收集二手资料，在二手资料不足或者需要验证时，才着手原始资料的收集。

与原始数据相比，二手资料可以在更短的时间内迅速便捷地收集到，且成本相对较低。二手资料与原始资料的区别具体见表4-1。

表4-1 二手资料与原始资料的区别

比 较 项 目	原 始 资 料	二 手 资 料
收集目的	为了当前的调研主题	为了其他调研主题
收集程序	非常复杂	快且容易
收集成本	高	低
收集时间	长	短

除此以外，二手资料与原始资料相比，其优势还包括以下几点：

（1）有助于明确调研主题。二手资料在探索性研究中起着非常重要的作用。例如，银行要调研其在顾客心目中的形象。通过收集二手资料可以发现，银行的顾客包括零售顾客、会计人员和关联银行，如此调研主题可改为测量银行在3类顾客中的形象。

（2）可以提供一些解决问题的方法。管理者所面对的问题，以及下达给市场调研者的问题，很大程度上不可能是从未遇见的，很可能曾经有人研究过同样的或类似的问题。有时，二手资料能直接符合研究的主题，从而不需在当前的调查中重复类似的问题。例如，许多行业都有生产商名录，记载了生产商的地址、市场、产品名录、工厂数量、主要领导的姓名、员工数量及销售水平等信息。若一家为半导体企业进行咨询的公司需要有关潜在客户的地区性简介，就可以利用半导体生产商名录来编辑这份简介，而无须收集原始资料。

【案例阅读4-1】

日本阿托搬家公司的创始人只因通过查看电话黄页，发现电话簿是按行业分类、按日语字母顺序排列的，她就给自己的公司取名为"阿托搬家中心"，以保证电话黄页中本公司在同行业中排在第一位；同时，她又在电话局的空白号码中，选了一个醒目又容易记的号码——0123。正因如此，公司开业后一炮而红，迅速成长为同业中名列前茅的企业。

（3）可以提供收集原始资料的备选方法。二手资料可以作为后续调查方案的参照基础。为提高原始资料收集工作的效率，市场调研者应广泛吸取提供不同收集方法的信息。例如，要为一个欲开拓网上业务的企业设计调研方案，在设计问卷之前就可以参考中国互联网络信息中心的一项研究报告——《××××年中国网络购物市场研究报告》，报告中有抽样方法的介绍，设计问卷时也可以参阅报告。这样，不仅抽样方法和问卷可以借用，而且还可以将研究结果与上述报告中的数据进行比较。

（4）提醒市场调研者注意潜在的问题和困难。除了提供方法外，二手信息还能暴露出潜在的危险。例如，某种调查方法不受欢迎、样本选择有困难或被调查者有敌对情绪等。假设，调研者计划进行一项衡量对某种特定兴奋药物的满意程度的研究，通过查阅一项对麻醉学家的调研，可以发现电话调查的拒绝率很高。那么，这位调研者应将原定的电话调查改成邮寄问卷，并对回复者给予奖励，以提高响应率。

（5）提供必要的背景信息以使调查报告更具说服力。二手资料能为设计调查方案提供大量的背景信息。它能够粗略地概括出潜在的顾客和非顾客、产业数据、新产品所需的特别广告、购买者在描述该产业时所使用的语言方式，以及新产品和已有产品的优缺点等。了解目标消费者使用语言的方式，有助于组织问卷的语言，使被调查者更准确、更全面地理解问卷。有时二手资料能提供对调查资料的进一步分析，或者是对当前的发现提供支持，从而丰富调研发现。较权威的二手资料还可帮助验证样本的有效性。

因此，收集二手资料是进行市场调查研究的先决条件，分析二手资料能够为收集原始资料打下基础，只有当二手资料已经得到充分利用或产生的边际回报很小时，才有必要展开一手资料的收集工作。

任务 4.2　学习文案调查法

4.2.1　文案调查的含义与作用

1. 文案调查的含义

文案调查又称间接调查法，是指通过查看、阅读、检索、筛选、剪辑、购买和复制等手段收集二手资料的一种调查方法。

（1）优点：资料收集过程比较简易，组织工作简便，二手资料比较容易得到，相对来说比较便宜，并能较快的获取，能够节省人力、调查经费和时间。

（2）缺点：二手资料是为原来的目的收集整理的，不一定能满足调研者研究特定市场问题的数据需求；二手资料主要是历史性的数据和相关资料，往往缺乏当前的数据和情况，存在时效性缺陷；二手资料的准确性、相关性也可能存在一些问题。

2. 文案调查的作用

在市场调查中，方案调查有着特殊的地位，其作用主要表现在以下 4 个方面：

（1）文案调查可以发现问题并为市场研究提供重要参考。在调查实践中，文案调查常被作为首选方法，几乎所有的市场调查活动都可始于收集现有的二手资料，了解目前有哪些已知信息，避免无谓的重复性研究，只有当现有资料不能为认识和解决调研主题提供足够的依据时，才有必要进行实地调查。

【拓展案例】

（2）文案调查可以为实地调查创造条件。文案调查可为实地调查提供经验和大量背景资料，具体表现在以下几点：

① 通过文案调查，可以初步了解调查对象的性质、范围、内容和重点，提供实地调查无法或难以取得的各方面的宏观资料，便于进一步开展和组织实地调查。

② 文案调查所收集的资料可用来证实各种调查假设，帮助探讨各种市场现象

发生的原因并进行说明，即可通过对以往类似调查资料的研究来指导实地调查的设计，用文案调查资料与实地调查资料进行对比，鉴别和证明实地调查结果的准确性和可靠性。

（3）文案调查可用于有关部门和企业进行经常性的调查。实地调查费时费力，操作起来比较困难，故不能或不宜经常进行；而文案调查如果经调查人员精心策划，尤其是在建立企业及外部文案调查体系的情况下，具有较强的机动性和灵活性，能随时根据需要收集、整理和分析各种调查信息，定期为决策者提供有关市场调查报告。

（4）文案调查有助于正确理解和使用原始资料。借助文案调查可以了解许多与问题的背景环境相关的因素，有助于澄清现有的调研议题，帮助鉴定、证明实地调研资料的可信度，还能为研究人员提供一个概念框架，帮助其更好地研究与解释自己或他人的研究成果。

在市场调查研究中，一般应从二手资料的收集开始市场研究，只有当二手资料不够用、不好用、不全面、不系统时，或者必须需要当前数据和情况时，再考虑原始资料的收集，以便节省时间、人力和经费。

4.2.2 文案调查的资料来源

1. 内部资料的来源

（1）统计资料。
（2）财务资料。
（3）业务资料。
（4）其他资料。

2. 外部资料的来源

（1）各级政府部门发布的有关资料。
（2）各级统计部门发布的统计资料。
（3）行业协会或行业管理机构发布的本行业的统计数据。
（4）各种信息中心和信息咨询公司提供的市场信息资料。
（5）各种公开出版物。
（6）电视广播提供的各类资料。
（7）各类研究机构的相关资料。
（8）参加各种博览会、展销会、交易会和订货会获取的有关资料。
（9）建立公共关系网获取的资料。
（10）各种国际组织、外国使（领）馆、驻外使（领）馆及办事处等提供的各种国际市场资料。

3. 国际互联网、在线数据库

国际互联网和在线数据库也是企业收集外部信息的重要渠道。对于市场调研者来说，通过国际互联网和在线数据库可收集存放在世界各地服务器上的数据、文章、报告和相关资料，对于特定的市场调研课题来说，可以获得以下重要的信息资源：

（1）与调研课题有关的环境资料，包括总体环境、产业环境、竞争环境的资料。
（2）与调研课题有关的主体资料和相关资料。
（3）与调研课题有关的各类公司、组织机构的资料。

（4）同类研究课题的报告、案例分析、研究思路与参考性方案。

（5）与调研课题有关的产品知识、市场知识和相关知识。

4.2.3 文案调查的方法

1. 文献资料筛选法

文献资料筛选法是指根据调研目的从各种文献资料中有针对性地分析和筛选出与调研主题相关的信息和资料。在我国，此方法主要是指从图书、科研报告、会议文献、论文、专刊、档案、政策条例、内部资料、地方志等印刷出版的文献资料中筛选。印刷出版的文献资料传播广泛，方便系统积累和长期保存，是企业获取市场信息的最主要来源。

2. 报刊剪辑分析法

报刊剪辑分析法是指调研人员从各种报刊所登载的文章、报道中，分析和收集情报信息。报纸、杂志、广播、电视作为传统的四大传播媒介，每天传播着各类时事新闻，反映瞬息万变的市场形势。很多企业都设有专人负责观察、收集和分析各类报刊所载信息，以获取与企业经营相关的情报信息，及时发现并利用市场机会。

【案例阅读 4-2】

20 世纪 90 年代初期，我国大陆有 400 多条方便面生产线，企业之间的竞争十分激烈。当时生产康师傅方便面的顶新公司在我国台湾地区只是一家很不起眼的小企业。他们通过对公开媒体的调查发现，大陆的方便面市场存在一个"需求空当"，即大陆厂家大多生产的是低档方便面，而中高档方便面却无人生产。他们认为，随着大陆经济的发展，人们生活水平的提高，对中高档方便面的需求必将越来越大。在调查中还发现，大陆厂家生产的方便面不太注重口味与营养，也未能达到真正的"方便"。基于这次调查，他们决定以中高档产品为拳头产品打入大陆市场。目前，康师傅方便面已形成红烧牛肉面、鲜虾鱼板面、香菇炖鸡面、上汤排骨面、炸酱面、辣酱面等十几个品种。

3. 情报联络网法

情报联络网法是指在全国各地或国外有限地区设立情报联络网，使信息可以通过联络网加以汇总并及时传输给决策者。由于人力、财力、物力所限，大多数企业只会选择在目标市场或潜在目标市场设立资料收集点。此方法涉及的范围广，可获得大量情报信息，对信息的综合能力强，有助于决策者客观评估市场形势，形成合理的科学决策。

4. 网络搜索法

通过网络查询可以更方便、快速、经济地收集到大量次级资料。收集资料后，重点是对文献资料的分析利用。文献分析的方法繁多，而且在不断地完善，目前常用的是定性分析和定量分析法。

（1）定性分析。又称为传统古典分析，是传统的分析方法，调研人员根据需要和观察将文献资料的原始形式改变为需要的形式，实际上只是对文献内容的解释和说明。传统分析时要进行外部分析和内部分析。外部分析就是分析文献的"来龙去脉"，弄清资料在何时、何地产生的，当时的研究目标如何，文献的可靠性和可信度如何等。内部分析则是对文献内容的分析，包括把握文献的最深刻、最隐蔽的内容，理清文献的主题与核心思想，弄清实际内容与文字内容之间的差别等。传统分析是一种独立的创造性过程。这种过程取决于文献本身的形式和内容，取决于研究的目的和条件，取决于研究人员的丰富经验和创作直觉等。不过无论研究人员怎么认真、公正、客观地研究材料，其解释总是有一定的主观性。

（2）定量分析。又称为内容分析或形式化的数学分析。所谓内容分析，是指对确切的文献内容进行客观的、系统的和定量的描述研究。它的基本特征在于将文字的、非常量的文献转化为定量的数据。这种方法的实质就是要在文献中找出必然能反映文献内容的本质方面而又易于计数的性质和属性。这样质的内容就变成可以测量的，可以进行精确的数量运算。分析的结果在相当大的程度上是客观的。内容分析的局限性在于并非所有的文献内容都能借助形式指标来测量，但这种分析方法把非统计性材料转化为可以进行统计操作的资料，以便能被计算机识别，大大加快了文献分析的进度和广度。内容分析已经在国外运用很广，在我国也越来越受到重视。

 【案例阅读 4-3】

广东某上市公司是专营新鲜水果、新鲜蔬菜等农产品出口的企业，主要出口货物是香蕉，销往美国、西欧、日本等地。该公司拟向西欧展开一次香蕉出口攻势。鉴于公司资源有限，只能把力量集中放在一个赢利潜力最大的目标市场。从历史情况分析，芬兰、瑞典、英国、瑞士、西班牙和葡萄牙都是进口香蕉的国家，公司的管理部门要求调研人员从中挑选一个国家作为自己的香蕉出口目标市场。

该公司的调研人员从经济合作与发展组织所发表的贸易统计资料着手，开始文案调研。其收集到的六国香蕉进口金额见表 4-2。

表 4-2 各国香蕉进口数量统计

香蕉进口国	A 年进口金额/万美元	B 年进口金额/万美元	C 年进口金额/万美元
芬兰	4 000	5 000	7 500
葡萄牙	1 500	1 600	1 000
西班牙	900	1 200	1 500
瑞典	10 000	12 000	12 500
瑞士	12 500	15 500	15 000
英国	45 000	50 000	55 000

该公司调研人员就市场规模、增长速度、单位价格 3 个方面，求出六国中香蕉出口最佳的目标市场。其所做的市场分析见表 4-3。

表 4-3 各国市场状况分析

项目 国别	市场规模位次	市场增长位次	每吨单价位次	排名合计	市场全貌
芬兰	4	1	5	10	4
葡萄牙	6	6	6	18	6
西班牙	5	2	4	11	5
瑞典	3	4	3	10	4
瑞士	2	5	1	8	2
英国	1	3	2	6	1

调研人员将市场规模、增长速度和单位价格进行综合分析，发现英国市场是赢利潜力最大的市场。最后，经过位次排列分析，挑选英国作为该公司的目标市场，供公司管理部门决策时参考。

4.2.4 文案调查的工作程序

文案调查的工作程序如图4.1所示。

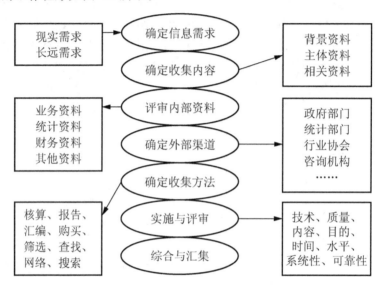

图4.1 文案调查工作流程

【课堂互动4-1】

网上收集二手资料收集

在多媒体教室进行，教师指导、学生操作。
（1）登录国家统计局网站，收集社会经济统计年度数据和月度数据。
（2）登录中国人民银行网站，收集金融统计、货币供应、股票交易统计数据。
（3）登录各省区市统计局网站，收集各省区市社会经济统计数据。
（4）登录百度，输入有关行业网站名，收集有关行业的统计数据和相关资料。
（5）登录百度，输入想调查或研究的课题或问题，收集同类研究的相关资料。

任务4.3 学习访问调查法

4.3.1 访问调查的概念与种类

访问调查法简称访问法或询问法，是指调查者以访谈询问的形式，或通过电话访谈、邮寄问卷、留置问卷、小组座谈、个别访问等询问形式向被调查者收集市场调查资料的一种方法。

（1）按访问形式分类，访问调查有面谈访问、电话询问、留置问卷访问、邮寄访问等方法。

（2）按访问方式分类，访问调查有直接访问和间接访问。直接访问包括面谈访问（小组座谈、个别访问）。间接访问包括电话询问、邮寄询问、留置问卷询问等。

（3）按访问内容分类，访问调查有标准化访问和非标准化访问。标准化访问是指根据调查问卷或调查表向被调查者访问，主要用于定量研究。非标准化访问是指根据粗略的提纲自由地向被调查者访问，主要用于定性研究。

4.3.2 标准化访问

标准化访问是利用从总体中抽取的一个样本及事先设计好的一份结构式的问卷，向被抽中的被调查者询问问题，获取信息。其必须具备两个前提条件：一是必须随机抽取样本，二是必须设计结构型问卷。

（1）优点：易于操作，数据比较可靠，可减少调查员的误差，易于数据处理。

（2）缺点：访问的深度不够，易产生被调查者误差，封闭性问卷的答案有限制性，问卷设计有难度。

标准化访问方式如图4.2所示。

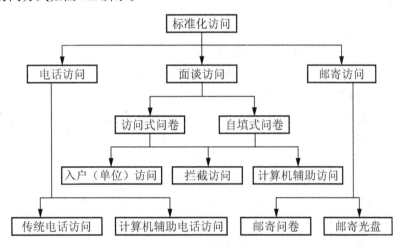

图4.2 标准化访问方式

1. 电话访问

调查者通过查找电话号码簿用电话向被调查者进行访问，以收集市场调查资料的一种方法。其主要应用于民意测验和一些较为简单的市场调查项目，可分为传统电话访问和计算机辅助电话访问两种形式。

1）传统电话访问

传统电话访问就是选取一个被调查者的样本，然后拨通电话，询问一系列的问题。调查员（也叫访员）用一份问卷和一张答案纸，在访问过程中用笔随时记下答案。

进行传统电话访问时，要求有专门的场所或电话访问间，调查员应经过专门训练，问卷应简单明了。

传统电话访问的程序如下：

（1）根据调查目的划分为不同的区域。

（2）确定各个区域必要的调查样本单位数。

（3）编制电话号码本（抽样框）。

（4）确定各个区域被抽中的电话号码。

（5）确定各个区域的电话访问员。

（6）一般利用晚上或假日与被调查者通电话，获取有关资料。

传统电话访问的主要优点如下：

（1）收集市场调查资料速度快，费用低，可节省大量调查时间和调查经费。

（2）覆盖面广，可以对任何有电话的地区、单位和个人直接进行电话询问调查。

（3）可以免去被调查者的心理压力，易被人接受，尤其有些家庭不欢迎陌生人进入，电话询问可免除防范心理，能畅所欲言。特别对于那些难于见面的名人，采用电话询问尤为重要。

传统电话访问的主要缺点如下：

（1）只能限于有电话的地区、单位和个人，电话普及率高才能广泛采用。在通信条件落后地区，这种方法受到限制。

（2）无法观察到被调查者的表情和反应，也无法出示调查说明、图片等背景资料，只能凭听觉得到口头资料，不能使问题深入。

（3）对于回答问题的真实性很难做出准确的判断。

2）计算机辅助电话访问

计算机辅助电话访问是使用一份按计算机设计方法设计的问卷，用电话向被调查者进行访问，并用计算机进行录入和统计。

计算机辅助电话访问的基本程序如下：

（1）利用计算机问卷设计系统设计生成问卷。

（2）调查员用自动随机拨号系统进行电话访问和录入。

（3）管理员用自动访问管理系统进行过程管理。

（4）用简单统计系统进行数据统计与报告生成。

计算机辅助电话访问的基本设备是辅助访问设备，其软件系统包括自动随机拨号系统、问卷设计系统、自动访问管理系统、自动数据录入和简单统计系统。

2. 面谈访问

【拓展案例】

面谈访问又称直接访问法，是指调查者与被调查者面对面地进行交谈，以收集调查资料。

面谈访问按照访问对象可分为家庭访问和个人访问；按访问是否采用标准化问卷，分为标准式访谈和自由交谈，而标准式访谈按照问卷填写的形式，又分为调查员填写问卷访问和留置问卷访问；按访问的地点和形式，分为入户（单位）访问、拦截式访问和计算机辅助访问。下面主要介绍常见的几种面谈访问形式。

1）留置问卷访问

留置问卷访问是调查者将调查问卷当面交给被调查者，说明调查目的和要求，由被调查者自行填写回答，按约定的时间收回的一种方法。它是入户（单位）访问的另一种形式。

（1）优点：回收率高，被调查者的意见可不受调查人员的影响；问卷可以详细周密，充分体现调查者的意图，需要了解什么问题就设置什么问题；被调查者可详细思考，认真作答，避免由于时间仓促或误解产生误差。

（2）缺点：调查区域范围受到一定限制，难以进行大范围的留置问卷调查；时间长，费用相对较高。

2）入户（单位）访问

入户（单位）访问是指调查员到被调查者的家中或工作单位进行访问，直接与被调查者接触，然后利用访问式问卷对逐个问题进行询问，并记录下对方的回答；或者将自填式问卷交给被调查者，讲明方法后，等待对方填写完毕或稍后再回来收取问卷的调查方式。

（1）优点：调查有深度；直接性强；灵活性较强；准确性较强；拒答率较低。

（2）缺点：费用高；时间长；对访问员要求高；调查质量容易受气候、调查时间、被访者情绪等其他因素的干扰。

入户（单位）访问的工作程序如图 4.3 所示。

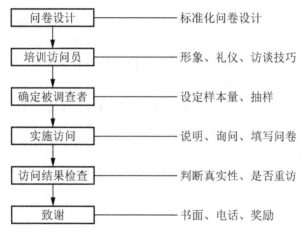

图 4.3　入户（单位）访问的工作程序

3）拦截式访问

拦截式访问是指在某个场所（如商业区、商场、街道、医院、公园等）拦截在场的一些人进行面访调查。这种方法常用于商业性的消费者意向调查中，例如在商场的化妆品柜台前拦截女性顾客询问她们对各种化妆品的偏好及购买习惯、行为等。

拦截式访问有 3 种方式，即街头拦截法、商场拦截法、定点拦截法。

拦截式访问的工作程序如图 4.4 所示。

（1）优点：访问地点比较集中，时间短，可节省访问费和交通费；可以避免入户访问的一些困难，便于对访问员进行监控；受访者有充分的时间来考虑问题，能得到比较准确的答案；对拒访者可以放弃，重新拦截新的受访者，确保样本量不变。

（2）缺点：不适合内容较复杂、不能公开的问题的调查；调查对象的身份难以识别，在调查地点出现带有偶然性，可能影响样本的代表性和调查的精确度；拒访率高，拦截的个别行人、顾客可能因为要赶车、处理公务或私务，怕耽搁时间等原因而拒访，因此，在使用时应附有一定的物质奖励。

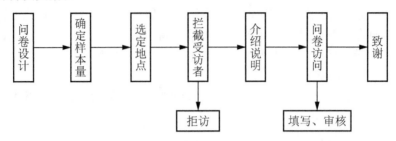

图 4.4　拦截式访问的工作程序

（3）应用要点：问卷内容不宜过多，问题应简单明了，且不涉及有关个人隐私方面的问题；在访问过程中要控制其他人包括受访者的同伴对受访者的影响；对主动要求接受采访的人，调查人员要善于甄别，对不合适的对象，应婉言谢绝。

4）计算机辅助访问

计算机辅助面访是将问卷设置在笔记本电脑或台式电脑中，以辅助入户访问或拦截式访问。其软件系统一般包括问卷设计系统、访问管理系统、数据录入系统和问卷统计系统 4 个子系统。计算机辅助面访有以下两种情形：

（1）计算机辅助入户访问。它是入户访问的新形式，是指将问卷设置在笔记本电脑中，由调查员随身携带入户访问，向受访者介绍调查的目的及操作方法，由受访者按笔记本电脑的提问自行输入答案，或由调查员代为输入。这样可以节省访问的时间和资料录入整理的时间，也可避免逻辑性错误，还可提高受访者的兴趣。

（2）计算机辅助拦截访问。它是拦截式访问的新形式，是指由调查员先拦截被调查者并征得其同意后，直接带到放有计算机的地方，介绍说明调查目的，请求其配合支持，然后由被调查者按计算机上的提问自行输入要回答的问题，或由调查员按计算机上的提问边询问边输入。这种方式具有自动录入数据、编辑数据、逻辑检查、自动汇总统计等优势，因而速度快、效率高、节省调查时间和调查费用。

3. 邮寄访问

邮寄访问是指调查者将印制好的调查问卷或调查表格，通过邮政系统寄给选定的被调查者，由被调查者按要求填写后，按约定的时间寄回的一种调查方法。有时，也可在报纸上或杂志上利用广告版面将调查问卷登出，让读者填好后寄回。调查者通过对调查问卷或调查表格的审核和整理，即可得到有关数据和资料。

邮寄访问以邮递员取代调查员，并以邮资的形式取代访问员的支出。它克服了电话访问和拦截式访问只能调查简单问题的缺陷，但同时也完全依赖于问卷与被调查者交流。因此，邮寄访问对问卷设计要求较高。

邮寄访问的工作程序如图 4.5 所示。

（1）优点：调查范围较广，问卷可以有一定的深度；调查费用较低，在没有物质奖励时，只需花费印刷费和邮资费；被调查者有充分的时间作答，还可查阅有关资料，因而取得的资料可靠程度较高；被调查者不受调查者态度、情绪等因素的影响，问题更客观，可消除调查者误差；无须对调查员进行选拔、培训和管理。

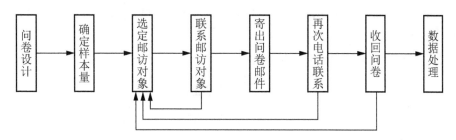

图 4.5 邮寄访问的工作程序

（2）缺点：调查问卷回收率低，其原因可能是被调查者对调查问题不感兴趣，问卷设计太复杂，被调查者不在家或事务太忙等；调查时间长，由于需要联系、等待、再联系、再等待，致使调查时间拉长，影响调查资料的时效性；问卷回答可靠性较差，由于无法交流，被调查者可能产生误解，也可能请人代答填写。

（3）应用要点：用电话或跟踪信提醒；注意提前通知或致谢；需要设置一定的物质奖励；附上回信的信封并贴足邮资；增加问卷的趣味性，如填空、补句、判断、图片等；最好由知名度较高且受人尊敬的机构主办，如大学、政府机构、私人调查机构等。

 【课堂互动4-2】

面谈访问模拟训练

在教室进行，教师提供指导，学生利用自己设计的问卷，自由选择被访问者进行面谈访问，其他学生旁听。面谈访问结束后，访问者、被访问者和其他学生进行评说，教师点评。

（1）访问者对被访问者的配合度、回答的真实性进行评价。
（2）被访问者对访问者的面访态度、技巧、语言、问卷设计的优劣进行评价。
（3）其他学生对访问者的面访态度、技巧、语言、问卷设计的优劣进行评价。
（4）教师点评。

以上过程可进行重复三四次。

4.3.3 非标准化访问

非标准化访问又称非结构性访问，是指调查者按粗略的调查提纲自由地向被调查者进行访问。其主要用于非量化信息的收集和市场定性研究。

非标准化访问的应用，一方面帮助调研者进行潜在的获取理由和动机的定性研究，另一方面可获取结构化问卷之外的非量化的信息。

非标准化访问的方法有直接法和间接法两种，直接法主要是小组（焦点）座谈会和深层访谈法，间接法主要有各种投影技法，具体如图4.6所示。

1．小组（焦点）座谈法

1）小组（焦点）座谈法的形式与特点

小组（焦点）座谈是由一个经过训练的主持人以一种无结构的自然的形式与一个小组的被调查者交谈。主持人负责组织讨论。小组座谈法的主要目的是通过倾听一组从调研者所要研究的目标市场中选择来的被调查者，从而获取对一些有关问题的深入了解。这种方法的价值在于常常可以从自由进行的小组讨论中得到一些意想不到的发现。其特点如下：

（1）小组大小——8~12人。

（2）小组构成——预先筛选的被调查者。

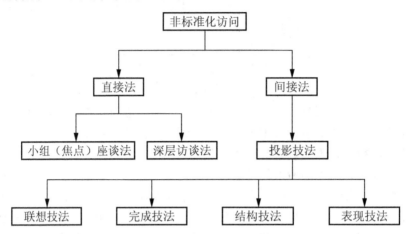

图4.6 非标准化访问方法

（3）座谈环境——放松的、非正式的气氛。

（4）时间长度——1~3小时。

（5）记录——使用录音带和录像带。

（6）观察——主持人可以观察、可相互接触，主持人有熟练的交流技术。

2）小组（焦点）座谈主持者的素质要求

小组（焦点）座谈能否取得成功，关键取决于主持者主持会议和组织讨论的能力和水平，这些能力和水平又取决于主持者应具备的基本要素。从小组（焦点）座谈的要求来看，主持人应具备如下一些基本素质和要求：

（1）坚定中立和善。

（2）容许不同意见。

（3）介入讨论。

（4）持不完全理解的态度。

（5）善于鼓励。

（6）灵活应变。

（7）敏感。

 知识链接

小组（焦点）座谈会的作用

小组（焦点）座谈会可以应用于需要初步理解或深入了解的几乎所有的问题，其作用如下：

（1）理解消费者对某类产品的认识、偏好及行为。

（2）获取对新的产品概念的印象。

（3）产生关于老产品的新想法。

（4）研究广告创意。

(5)获取价格定位的印象。
(6)获取消费者对具体的市场促销策略的初步反应。
另外,在调研方法方面,利用小组(焦点)座谈法可以帮助解决以下问题:
(1)更准确地定义问题。
(2)生成其他的行动路线。
(3)寻求处理问题的途径。
(4)获取有助于构造问题的信息。
(5)生成能够定量地进行检验的假设。
(6)解释先前得到的定量结果。

【课堂互动4-3】
小组(焦点)座谈模拟训练

在教室进行,由教师划定小组座谈人员8～10人、指定主持人。要求主持人引导学生对下列主题分别进行焦点座谈:
(1)我院学生的节能环保意识(组1)。
(2)我院学生的专升本意识与行为(组2)。
组1座谈结束后,学生代表和教师应对主持人和座谈主题的深度进行点评,再进行组2的焦点座谈、点评。

2. 深层访谈法

深层访谈法又称个别访问法,是一种无结构的、直接的、个人的访问,即调研者按照拟定的调查提纲或腹稿,对受访者进行个别询问,以获取有关信息。

1)深层访谈的技术

(1)阶梯前进。是顺着一定的问题线索进行访问探索,如从产品的特点一直到使用者的特点,使得调查员有机会了解被访者思想的脉络。

(2)隐蔽问题探寻。是将访谈的重点放在个人的"痛点"而不是社会的共同价值观上,放在个人深切相关的而不是一般的生活方式上。

(3)象征性分析。是通过反面比较来分析对象的含义。要想知道"是什么",先设法知道"不是什么"。例如,在调查某产品时,其逻辑反面是产品的不适用方面,"非产品"形象的属性,以及对立的产品类型。

(4)过滤法。又称漏斗法,是指调查者最初提出偏离调查问题较远、内容较广泛的一般性问题,然后根据对方回答的情况,逐步缩小提问范围,有目的地引向所要调查的某个专门的具体问题,使被调查者能够很自然回答的一种技巧。

2)深层访谈法对调查员的要求

调查员对于深层访谈的成功与否十分重要。调查员应当做到以下几点:
(1)避免表现自己的优越和高高在上,要让被访者放松。
(2)超脱并客观,但又要有风度和人情味。
(3)以提供信息的方式问话。
(4)不要接受简单的"是""不是"回答。

(5)刺探被访人的内心。
3)深层访谈法的优、缺点
(1)优点:能深入地探索被访者的内心思想与看法。
(2)缺点:对调查员要求高,调查面受限。

知识链接

深层访谈法的应用

(1)详细地刺探被访者的想法(如汽车的买主)。
(2)讨论一些保密的、敏感的或让人为难的话题。
(3)了解被调查者容易随着群体的反应而摇摆的情况(如大学生对古典音乐的态度、对出国留学的态度等)。
(4)详细地了解复杂行为(如选择购物的商店、见义勇为)。
(5)访问专业人员(如某项专门的调研,对新闻工作者的调研)。
(6)访问竞争对手(如他们在小组座谈的情况下不太可能提供什么信息)。
(7)调查的产品比较特殊,如在性质上是一种感觉、会引起某些情绪及很有感情色彩的产品(如香水、洗浴液等)。

【案例阅读4-4】

【拓展案例】

在研究洗澡用香皂的广告时,被调查者总是说好的香皂让他(她)们在浴后感到"又干净又清爽",不过他们常常无法解释"干净清爽"到底意味着什么。广告研究者想要用一种新方式来谈论"清爽",但从大量文献的研究中找不到有帮助的资料。因此,调研人员通过深层访谈刺探"又干净又清爽"对被访者到底意味着什么。调查员从有关干净清爽的所有方面来刺探:有这种感觉的次数、他们心目中的图像、与此相关的情绪和感觉、浮现什么音乐和色彩,甚至还有什么幻想等。从深层访谈中发现的一个主旋律是"从日常生活中逃脱出来",即脱离拥挤的匆忙都市,自由地、放松地、无阻碍地被大自然所包围。由这个主旋律所激发出的词语和形象给广告创意提供了新的思路,才制作出与其他竞争对手完全不同的令人清爽的广告作品。

【课堂互动4-4】

深层访谈法模拟训练

在教室进行,由教师指导,抽取学生对下列问题进行深层访谈。
(1)学生考试舞弊的深层原因。
(2)学生考研或不考研的深层原因。
(3)学生心理压力的类型与深层原因。

3. 投影技法
1)投影技法的概念与种类
投影技法是一种无结构的非直接的询问形式,是利用联想、图画或漫画、卡片、照片、卡通人物、角色表演、录音录像等作为调查的辅助工具，借以投射出被调查者的潜在动机、需要、信仰、态度或感情、价值观。

投影技法的特点是：必须借助一定的调查辅助工具；不要求被调查者描述自己的行为，而是要他们解释他人的行为。在解释他人的行为时，被调查者就间接地将他们自己的动机、信仰、态度或感情投影到了有关的情境之中。

投影技法可分成联想技法、完成技法、结构技法和表现技法。

（1）联想技法。联想技法又称联想法，它是利用人们的心理联想活动或在事物之间建立的某种联系，向被调查者提及某种事物或词语、询问被调查者联想到什么，以获取被调查者对调研问题的看法、动机、态度和情感。联想法有自由联想法、控制联想法、词语联想法等形式。

① 自由联想法：如"当你听到小轿车这个词时，你想到了什么？"被调查者可以无拘无束地说出他脑子里所想的东西。

② 控制联想法：如"当你听到小轿车这个词时，你首先想到的品牌是什么？"被调查者的联想答案只能限于"品牌"这个范围之内。

③ 词语联想法：又称引导性联想，是调研者根据调研问题给出一连串的词语，每给一个词语都让被调查者回答首先联想到的词语（称为"反应语"），然后统计出每个反应语出现的频数、在给出反应语之前耽搁的时间长度、完全无反应的被调查者数目等统计量，借以揭示被调查者的潜在动机、需要、态度或感情。

【课堂互动 4-5】

联想技法模拟训练

教师抽取学生对下列问题分 3 次进行联想技法模拟训练。
（1）当你听到"运动服"这个词时，你想到了什么？
（2）当你听到"运动鞋"这个词时，你想到的品牌是什么？
（3）请你对下列有关学院食堂的词语，给出首先联想到的词语：
　　　　位置、品种、分量、质量、价格、卫生、服务、排对、环境、设施

（2）完成技法。在完成技法中，给出不完全的一种刺激情境，要求被调查者来完成。

① 句子完成法：句子完成法与词语联想法类似，给被调查者一些不完整的句子，要求他们完成句子。一般来说，要求他们使用首先想到的那个单词或词组。

② 段落完成法：要求被调查者完成由某个刺激短语开头的一段文章。

③ 故事完成法：给出故事的一个部分，要求被调查者用自己的话来完成故事。

④ 关键词组编故事法：给出 3~5 个关键词，要求被调查者用自己的话来完成故事。

【课堂互动 4-6】

完成技法模拟训练

教师抽取学生对下列问题分 3 次进行完成技法模拟训练。
（1）又到了吃午餐的时候了，我到哪里去吃呢，吃什么呢？想来想去还是去_____吃

_____吧，因为那里_____。

（2）化妆品、女人、悲剧。（组编故事）

（3）男士、奋斗、学问、汽车、别墅。（组编故事）

（4）一位男士在他所喜爱的一家百货商店里买上班穿的西服。他花了 45 分钟并试了几套之后，终于选中了一套他所喜欢的。当他准备结账的时候，一位店员过来说："先生，我们现在有减价的西服，同样的价格但质量更高。您想看看吗？"要求完成这位消费者的反应故事，并说出他的理由。

（3）结构技法。要求被调查者以故事对话或绘图的形式构造一种反应。在结构技法中，调研者为被调查者提供的最初结构比完成技法中提供的少。其可分为图画回答法和卡通试验法。

① 图画回答法：做法是显示一系列的图画或漫画，有一般的也有不寻常的事件；在其中的一些画面上，人物或对象描绘得很清楚，但在另外一些画面上却很模糊。它要求被调查者看图讲故事，他们对图画的解释可以指示出自身的个性特征。

② 卡通试验法：将卡通人物显示在一个与问题有关的具体环境内，要求被调查者指出一个卡通人物会怎样回答另一个人物的问话或评论。从被调查者的答案中就可以指示他对该环境或情况的感情、信念和态度。

【课堂互动 4-7】

结构技法模拟训练

教师抽取学生对下列问题分两次进行结构技法模拟训练。

（1）图 4.7 包括 3 幅图画，请说明它们分别是什么，并描绘它们的特征。你喜爱哪种？为什么？

图 4.7　结构技法模拟训练（1）

（2）图 4.8 包括 3 幅卡通人物，请说明它们分别是什么？它们之间会有怎样的对话？

图 4.8　结构技法模拟训练（2）

（4）表现技法。在表现技法中，给被调查者提供一种文字的或形象化的情境，请他将其他人的感情和态度与该情境联系起来。其可分为角色表演和第三者技法。

① 角色表演：在角色表演中，让被调查者表演某种角色或假定按其他某人的行为来表演动作。调研者的假定是，被调查者将会把他们自己的感情投入角色。通过分析被调查者的表演，就可以了解他们的感情和态度。

② 第三者技法：在第三者技法中，给被调查者提供一种文字的或形象化的情境，让被调查者将第三者的信仰和态度与该情境联系起来，而不是直接地联系自己个人的信仰和态度。第三者可能是自己的朋友、邻居、同事或某种"典型的"人物。同样，调研者的假定是，当被调查者描述第三者的反应时，他个人的信仰和态度也就暴露出来了。让被调查者去反映第三者立场的做法减轻了他个人的压力，因此能给出较真实合理的回答。

【课堂互动 4-8】

表现技法模拟训练

（1）在教师组织下，抽取两名学生分别扮演顾客和经理的角色，让他们表演顾客购物退货纠纷的抱怨及经理处理纠纷的感情和态度（可假定有不同的情形）。

（2）抽取两名学生分别以旁观者和消费者协会工作人员的身份对上述购物退货纠纷的处理进行评说或调解。

2）投影技法的优、缺点及应用

（1）优点：可以提取被调查者在知道研究目的的情况下不愿意或不能提供的回答。在直接询问时，被调查者常常有意或无意地错误理解、错误解释或错误引导调研者。在这些情况下，投影技法可以通过隐蔽研究目的来增加回答的有效性。特别是当要了解的问题是私人的、敏感的或有着很强的社会标准时，作用就更明显。当潜在的动机、信仰和态度是处于一种下意识状态时，投影技法也是十分有帮助的。

（2）缺点：需要有经过高级训练的调查员去做投影面访，在分析时还需要熟练的解释人员。因此，一般情况下投影技法的费用都是高昂的，而且有可能出现严重的解释偏差。除了词语联想法之外，所有的投影技法都是开放式的，因此分析和解释起来就比较困难，也容易产生主观片面性。而且，样本的代表性难以衡量。

（3）应用：常常用于检验品牌的名称，偶尔也用于测量人们对特殊产品、品牌、包装或广告的态度。如果遵照以下几点原则，投影技法的作用还能加强：

① 当用直接法无法得到所需的信息，可考虑使用投影技法。

② 在探索性研究中，为了了解人们最初的内心想法和态度，可使用投影技法。

③ 由于投影技法很复杂，不要天真幼稚地认为谁都可以使用。

任务 4.4　学习观察法与实验调查法

4.4.1　观察法

1. 观察法的概念与种类

观察法是指调查者到现场凭自己的视觉、听觉或借助录像器材，直接或间接地观察和记录正在发生的市场行为或状况，以获取有关原始信息的一种实地调查法。

按观察的形式，观察法可分为直接观察法和间接观察法，如图4.9所示。

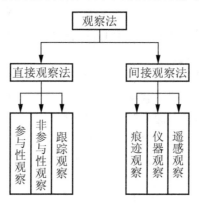

图4.9 观察法的形式

1）直接观察法

直接观察法是调查者直接深入到调查现场，对正在发生的市场行为和状况进行观察和记录。其主要观察方式如下：

（1）参与性观察，是指调查者直接参与到特定的环境和被调查者对象中去，与被调查者一起从事某些社会经济活动，甚至改变自己的身份，借以收集获取有关的信息。例如，伪装购物法、神秘顾客法。

（2）非参与性观察，又称局外观察，是指调查者以局外人的身份深入调查现场，从侧面观察、记录所发生的市场行为或状况，用以获取所需的信息。例如，供货现场观察、销售现场观察、使用现场观察。

（3）跟踪观察，是指调查员对被调查者进行连续性的跟踪观察。例如，商场顾客购物跟踪观察、女士着装跟踪观察、用户产品使用跟踪观察等。

2）间接观察法

间接观察法是指对调查者采用各种间接观察的手段（痕迹观察、仪器观察等）进行观察，用以获取有关的信息。

（1）痕迹观察，是通过对现场遗留下来的实物或痕迹进行观察，用以了解或推断过去的市场行为。例如，食品橱柜观察法、垃圾清点观察法。

（2）仪器观察，是指在特定的场所安装录像机、录音机或计数仪器等器材，通过自动录音、录像、计数等获取有关信息。例如商场顾客流量自动测量、交通路口车流量自动测量、电视收视率自动测量等。

（3）遥感观察，是指利用遥感技术、航测技术等现代科学技术收集调查资料的方法。例如，地矿资源、水土资源、森林资源、农产品播种面积与产量估计、水旱灾害、地震灾害等均可采用遥感技术收集资料。这种方法目前在市场调查中应用较少。

2．观察法的记录技术

观察法记录技术是指在进行观察调查中，对被调查对象进行记录时所采用的方法和手段。观察记录技术的好坏，直接影响观察调查的结果，不同的观察方法要采用不同的记录技术。常用的记录技术主要有卡片、速记、符号、记忆、器材记录等。

3. 观察法的主要优、缺点

1）观察法的优点

观察人们实际在干什么而不是依赖他们所说的,这种思想非常有意义,同时也是观察法最明显的优点。首先,它可以避免许多由于调查人员及询问法中的问题结构所产生的误差因素。其次,调查人员不会受到与被观察者意愿和回答能力等有关问题的困扰。最后,通过观察可以更快、更准确地收集某些类型的数据。例如,让扫描仪记录要比要求人们列举他们食品袋里的每样东西有效很多。不要问孩子们喜欢哪种玩具,而是让一些重要的玩具制造商邀请目标儿童群体到一个很大的玩具室,并通过单向镜观察孩子们选择了哪些玩具,每种玩具吸引孩子们的程度,这样更能了解孩子的偏好。

2）观察法的缺点

通常只有行为和自然的物理特征才能被观察到,调查人员了解不到人们的动机、态度、想法和情感。同时,只有公开的行为才能被观察到,一些私下的行为,如上班前的打扮过程、公司管理层的决策和在家中的家庭活动等,都超出了调查人员的观察范围。另外,被观察到的当前行为并不能代表未来的行为。例如,在衡量了几个可供选择的品牌以后,可能会持续购买某一品牌的产品,但将来可能会发生变化。

如果被观察的行为不是经常发生,那么观察调查会很耗时间,而且成本很高。例如,如果超市中的一个观察员等着观察人们选择香皂的购买行为,那么他可能会等上很长的时间;如果被选为观察对象的消费者是根据一定的限制条件选择的(如17时以后去杂货店购物的顾客),那么得到的可能就是错误的数据。

为减少观察者误差,在应用观察法时,应注意以下事项：

（1）为了使观察结果具有代表性,能够反映某类事物的一般情况,应注意选择那些有代表性的典型对象,在最适当的时间内进行观察。

（2）在进行现场观察时,最好不要让被调查者有所察觉,尤其是使用仪器观察时更要注意隐蔽性,以保证被调查者处于自然状态下。

（3）在实际观察和解释观察结果时,必须实事求是、客观公正,不得带有主观偏见,更不能歪曲事实真相。

（4）观察者的观察项目和记录用纸最好有一定的格式,以便尽可能详细地记录观察内容的有关事项。

（5）应注意挑选有经验的人员充当观察员,并进行必要的培训。

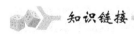

观察法在不同国家应用不同

观察法在美国和日本被广泛地使用,但在欧洲则少得多。例如,在爱尔兰,观察法曾经几乎不被使用。观察法往往被看作获得调查思想或是帮助调查者决定问题的哪些方面值得研究的一种概括性技巧,可以作为检验其他调查技术的方法。由于不能观察类似于态度、动机、计划等因素,所以许多调查人员避免使用这种方法。

爱尔兰的部分公司曾经一度不情愿让调查者亲临现场观察消费者行为。许多爱尔兰调查人员会对他们所观察到的内容的可靠性提出质疑。很多人都有不按照他们原先的方式行事的倾向，所运用的大部分观察法都是自然的、直接的、非强迫性的。

【案例阅读 4-5】

位于加利福尼亚的乐器制造商——美国雅马哈集团于 1985 年生产出一种创新型钢琴，加重的琴键和体验型的数码音质可与真正的钢琴感受和音质相匹敌。

作为新型钢琴市场的领导者，雅马哈把 Clavinova 系列产品视为在更大的二手钢琴市场上获得一席之地的途径，同时又不与自己新钢琴的顾客竞争。数码钢琴合理的价格被那些因负担不起新钢琴而想购买二手钢琴的消费者认为是一种较好的选择。

"新钢琴的市场需求量大约为每年 10 万台，"雅马哈键盘部助理经理说，"二手钢琴的市场需求量大约为每年 500 万台，并非所有的都是卖出去的，有一些在家庭成员中流动，但很多零售店都接待一些对二手钢琴感兴趣的顾客，我们认为如果能让那些顾客见识一下 Clavinova，我们可以卖出很多产品，这就是推出神秘购物者计划的缘由。"

雅马哈神秘购物者计划的要点很简单，购物者前往一乐器店，要求看一下比较好的二手钢琴，售货员可以任意地向他们介绍二手钢琴。很明显，这是他们去寻找的目的。但如果售货员向消费者介绍的第一架新钢琴就是 Clavinova，售货员就会立即得到一张 100 美元的支票，并被告知他们"赢"了。

如果售货员没有向购物者展示 Clavinova，按要求神秘购物者应立即停止购买活动，不至于使自己暴露神秘购物者的身份。"如果售货员没有赢，购物者不会说什么，他们已经占用了售货员的时间，我们并不希望他们花时间在假设的购买上而产生负面影响。"该经理说。对于那些没有赢得这一机会的售货员，雅马哈集团 14 个分部总经理中的一位会找他们谈话，以明确的方式告诉他们失去了这次机会，这一明确的做法是有效地管理在神秘购物中表现欠佳店员的关键。"对于制造商来说，与商店管理层和店员谈话也就是对他们说，遵照我们提供的行动惯例，使用我们提供的销售工具，你们就会改善我们商品的销售情况。如果你们遵循这些的话，你们很可能会看到销售量的增加。"这不是让别人做错事，而是教给他们正确的方法并不断改进它。

4.4.2 实验调查法

实验调查法又称实验观察法，是指通过实验设计和观测实验结果而获取有关的信息。也就是说，从影响调查问题的许多可变因素中，选出一个或两个因素，将它们置于同一条件下进行小规模实验，然后对实验观察的数据进行处理和分析，确定研究结果是否值得大规模推广。

1. 实验调查法的工作程序

（1）提出假设，确定实验变量。
（2）进行实验设计。
（3）进行实验观察。
（4）数据处理与统计分析。
（5）编写实验调查报告。

2. 实验调查法的设计类型

（1）实验前后无控制对比实验。通过记录观察对象在实验前后的结果，了解实验变化的效果。观察对象只有一个实验单位，实验因素也只有一个。

【案例阅读 4-6】

某企业生产 A、B、C 三种产品。该企业打算提高 A 产品价格，以刺激 B、C 两种产品的市场需求。在特定的商场实验一个月，实验前后均统计一个月的产品销售量，结果见表 4-4。

表 4-4　产品销售测验统计

产　品	销售价格/元		销售量/件		销售变动/件
	实验前	实验后	实验前	实验后	
A	80	100	3 000	2 000	−1 000
B	90	90	2 000	3 200	1 200
C	95	95	1 800	2 800	1 000
合计	—	—	6 800	8 000	1 200

实验测试表明，A 产品提价后，销售量下降 1 000 件，但 B、C 两种产品销售量分别增加了 1 200 件和 1 000 件，表明 A 产品提价，对 B、C 两种产品的销售具有刺激作用，故 A 产品价格调整是成功的。

（2）实验前后有控制对比实验。设置控制组和实验组，控制组和实验组的条件应大体相同，控制组在实验前后均经销原产品，实验组在实验前后均经销新产品，然后对实验前后的观察数据进行处理，得出实验结果。

【案例阅读 4-7】

某食品公司欲测定改进巧克力包装的市场效果，选定 A、B、C 三家超市作为实验组，经销新包装巧克力，选定 D、E、F 三家超市作为控制组，经销旧包装巧克力，实验期为一个月。实验前后一个月的销售量统计见表 4-5。

表 4-5　巧克力新包装销售测验统计　　　　　　　　　　　　　　　　单位：盒

组　别	实验前销量	实验后销量	变　动　量
实验组	2 000（新）	3 200（新）	1 200
控制组	2 000（旧）	2 400（旧）	400

实验前后对比，新包装巧克力销量增加了 1 200 盒，旧包装巧克力销量增加了 400 盒，实验效果为 800 盒（1 200 − 400），即巧克力采用新包装有利于扩大销售。

（3）控制组与实验组连续对比实验。为了消除非实验因素的影响，可采用控制组与实验组连续对比实验。控制组在实验前后均经销原产品，实验组在实验前经销原产品，实验期间经销新产品，然后通过数据处理得出实验结果。

【案例阅读 4-8】

某企业拟测试某种糖果新包装的市场效果,选择 A、B、C 三家商场为实验组,D、E、F 三家商场为控制组,实验期为一个月,其销售量统计见表 4-6。

表 4-6　糖果新包装销售测验统计　　　　　　　　　　　　　　　　单位:t

组　别	实　验　前	实　验　后	变　动　量
实验组	7.50(新包装)	10.18(新包装)	2.68
控制组	7.38(原包装)	8.13(原包装)	0.75

实验组的新包装糖果的销量比原包装糖果在实验前后增加了 2.68t,扣除控制组增加的 0.75t 和实验前两组的差异 0.12t,实验结果表明新包装糖果比原包装糖果扩大了销售 1.81t,改进后的新包装糖果的市场效果显著。

(4) 单因子随机实验。单因素随机实验涉及的因子只有一个,而这个因子又具有不同的状态或水平,实验的目的在于判断不同的状态或水平是否具有显著的差异,哪种状态或水平的效应最显著,以决定行动的取舍。具体做法是随机抽取实验单位,要求这些实验单位分别对实验因子的不同状态进行特定的实验活动,并记录其结果,通过数据处理和检验,得出实验结果。

【案例阅读 4-9】

某广告公司为某企业设计了 3 套电视广告脚本,欲测试它们的效果,判断哪一套广告脚本效应最好。为此,随机抽取了 15 名消费者,分为 5 组,每组 3 人,每组分别观看电视广告脚本的 3 套方案,并要求每组对不同广告方案的效果给出评分(百分制)。试验数据整理后见表 4-7。

表 4-7　广告脚本方案消费者评分统计

组　别	方案 I	方案 II	方案 III
1	71	87	98
2	70	83	92
3	74	86	89
4	68	80	95
5	72	83	88
平均分值	71.0	83.8	92.4
标准差	2.0	2.48	3.72

可以看出 3 套电视广告脚本方案的消费者评判均值是不同的,方案 I 为 71 分,方案 II 为 83.8 分,方案 III 为 92.4 分,同时各样本组对 3 套方案的评分值均具有一致的倾向性,因此,方案 III 的测试效果最好。在实际应用时,各状态或水平的观察数据往往存在着随机性,为了得出更为准确的实验结论,还可采用方差分析并做相应的统计检验。

(5) 双因子随机实验。这种实验是同时考查两种因子或因素对实验变量(指标)的影响,借以寻找两种因子的最佳组合。例如，研究不同的广告方案和不同的价格方案两个因素对产品销售的影响，寻求广告与价格的最佳组合策略；研究不同的产品配方与加工工艺对产品质量的影响，寻找最佳的产品配方与加工工艺组合方案；等等。

【案例阅读 4-10】

某企业为了测试 3 种不同的产品包装和 3 种不同的价格方案对产品销售的影响，选择 3 家经营条件大体相同的商场进行了为期 2 个月的试销试验，并分别记录了 2 个月的不同包装和不同价格组合的产品销售量，见表 4-8。

表 4-8　产品包装与价格组合试销数据

价格因子 B 包装因子 A	（商场Ⅰ） B1	（商场Ⅱ） B2	（商场Ⅲ） B3	横行平均
A1	264　300	322　346	360　340	322
A2	288　312	274　286	290　314	294
A3	280　272	326　342	342　322	314
纵栏平均	286	316	328	310

从表 4-8 中数据可以看出产品包装和价格的组合对产品的销售量是有显著影响的，在采用包装方案 A1 和价格方案 B3 时，产品销售量最大，为 350 件[(360+340)/2]，最优方案为 A1B3。需要说明的是，产品包装与价格组合对产品销售量的影响，也可运用方差分析进行显著性检验。

3．实验调查的优、缺点

（1）优点：实验调查法是一种在真实的或模拟真实环境下进行的调查方法，因而调查结果具有较强的客观性和实用性；实验调查可以主动地进行实验控制，较为准确地观察和分析某些现象的因果关系及其相互影响；可以探索在特定的环境中不明确的市场关系或行动方案；实验结果具有较强的说服力，可以帮助决定行动的取舍。

（2）缺点：时间长、费用多；具有一定的局限性，只能识别实验变量与有关因素之间的关系，而不能解释众多因素的影响；具有一定的时间限制。

几种国外新型的调查方法（表 4-9）

表 4-9　几种国外的新型调查方法

方　法	操　作　建　议
触摸屏调查	配备触摸屏系统，提供一种新型的在商店、诊所或其他消费及服务场所进行个人访谈的方法。这种方法的使用量还小，仍无法分析其利弊
传真调查	这是近年来收集商业公司信息的一种有效方法，与邮寄调查类似。它的最大优点是从目标被访者中收集和传递信息的时间极大缩短。而且调查显示，在这种方法使用之初，其回答率高于邮寄调查

续表

方法	操作建议
自动语音调查	通过电话号码盘或168电话以拨号回答多项选择题的方式实现了自动语音调查,这种方法还没有被广泛使用。然而,它已经在物理学家和其他一些难以联系到的消费者群体中进行了成功的使用。这种方式使研究者可以在方便的任何时间(一天中的任何时间,一年中的任何一天)进行调查
邮寄磁盘调查	这种方式具有典型邮寄调查的所有优、缺点。不过,它的另外一个优点便是方便于问卷中的跳问。例如,如果问"你家有猫吗?"如果回答没有,则调查者需要跳过所有与猫有关的问题,而磁盘可以自动地完成这个操作。同时,磁盘调查有助于被访者使用自己的语言,易于显示各种与问题有关的图形。最后,磁盘调查无须进行数据录入。不过,它的一个缺点便是被访者必须拥有并能够使用计算机
网络调查	调查方法中增长最快的一种方式,随着上网人数的增多,这种方法具有后发优势

任务 4.5　学习网络调查法

4.5.1　网络调查的含义

网络调查又称网上调查或网络调研,是指企业利用互联网收集和掌握市场信息的一种调查方法。其具有经济性、范围广、周期短、互动性、客观性、可靠性等特点。

4.5.2　网络调查的方法

网络调查按照采用的技术方法可分为站点法、电子邮件法、随机 IP 法、视讯会议法,在线访谈法和搜索引擎法等。按照调查者组织调查样本的行为,可分为主动调查法和被动调查法:主动调查法是指调查者主动组织调查样本,完成有关调查;被动调查法是指被调查者被动地等待调查样本单位造访,完成有关调查。

1. 站点法

站点法是指将问卷置于网络上供受访者自行填答后传回。

2. 电子邮件法

电子邮件法是指通过向被调查者发送电子邮件,将调查问卷发送给一些特定的网上用户,由用户填写好后又以电子邮件的形式反馈给调查者。

【拓展资料】

3. 随机 IP 法

随机 IP 法是指随机产生一批 IP 地址作为抽样样本进行调查的方法,其理论基础是随机抽样。

4. 视讯会议法

视讯会议法是基于 Web 的计算机辅助访问,是将分散在不同地域的被调查者通过互联网视讯会议功能虚拟地组织起来,在主持人的引导下讨论所要调查的问题。

5. 在线访谈法

在线访谈法是指调查人员利用网上聊天室或 BBS 与不相识的网友交谈，讨论问题，寻求帮助，获取有关信息。

6. 搜索引擎法

利用网络的搜索服务功能，通过输入关键词就可以通过搜索得到大量的现成资料。也可直接进入政府部门或行业管理网站，收集有关的统计数据和相关资料。此外，搜索引擎还能够为市场调查策划提供许多相关的知识及信息支持和帮助。

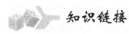 知识链接

网络搜索策略参考

第一步，分析你的主题决定从何处开始，先列出一张建议的工作清单。

网络搜索主题工作列表

草拟出你准备搜寻的主题：

开始预搜索分析

（1）与主题相关的词汇、名称、简称和只取首字母的缩写词有哪些？

（2）你能想象出哪些社团、组织或团体可能拥有这些数据？（搜寻相关主页并尝试链接到其他杂志、讨论团队或数据库，需在文件的标题注明关键短语）

（3）关于提出的主题是否有其他词汇包含在网络文件中？（通过 And 链接）

（4）前三条中的词汇是否属于惯用语，并且有固定的顺序？

（5）你能否想出与主题相关的同义词、词汇的不同拼法或等义词？

（6）这些词汇还能使你想到哪些不相关的文件？你可以用在检索词前加 "——" 符号或 "并且不" 来滤掉某些短语（如调研或访谈——工作）。

（7）主题是否覆盖更广的范围？

第二步，利用搜索引擎，输入一条词汇或短句。还要考虑到同义词和等义词等因素。

第三步，边搜索边学习，不要认为你已经找到要寻找的内容了。仔细分析搜索结果，思考除了你已经考虑到的还需要使用哪些信息。

第四步，不要陷入并不能运作的搜索策略中，考虑使用主题目录。如图书馆检索、挖掘信息、学术信息、Google 目录、雅虎目录等。许多调研者在目录与搜索引擎之间来回切换。

第五步，如果你还没有发现要寻找的信息，回到前面几步。

网络内容的有效搜索包含艺术性、科学性和一些运气。

一旦发现寻找的内容，下一步就要评估内容的质量。事情往往跟表面呈现的不一样。例如，回想一下让你付会员费的网站，那些会声称为调研付费的网站。接受评估的网站都要收取会员费，而真正的调研企业都不在此列。正规的调研企业不会向受访者收费。负责评估的网站很有可能是某个收费网站创造出来的。评估没有任何标准可言。

评 估 网 页

1. URL 能告诉你什么

评估网页的技术：①在你离开搜索页前，保存每页 URL 的信息；②选择最值得信赖和最专业的网站。

需要询问以下问题：

（1）有哪些是个人网页。①仔细阅读URL，寻找符号"～""%"之后及"使用者""成员""人员"中是否有个人名字；②是否为商业ISP服务器或其他提供者。

（2）该网页来自何处。是否是教育、非营利性机构、商业、政府等网站，这一领域的内容是否合适。

（3）还意味着什么。个人网页并不意味着较差的信息质量，但你需要认真地研究作者。对于个人网页，并没有出版商或版权担保信息质量。

2. 浏览网页范围，寻找问题答案

评估网页的技术：①寻找相关链接，包括"关于我们""人生观""背景""个人传记"，以及"我是谁"等；②如果不能发现这些链接，你可返回到URL前一级链接寻找；③寻找最新日期，经常在网页底部。

需要询问以下问题：

（1）谁写的网页。①寻找作者的姓名，或组织、机构或办事机构的名称，或仅仅是谁对网页负责，通过E-mail联系是不够的；②如果没有作者，则寻找那些组织和机构声明对网页负有责任的。

（2）还意味着什么。网页都是由个人或组织有目地地创建的，你要寻找对网页负责任的个人，实在找不到，可向作者发邮件礼貌地询问相关信息。

3. 寻找信息质量的标志

评估网页的技术：①寻找友情链接、相关链接等；②如果没有相关信息，则要花些时间研究一下，网站类型如何？声誉如何？有无学术性？③看看网页上的出版商（经常在URL的第一部分）。

需要询问以下问题：

（1）所有来源文件有脚注或链接吗？①作者在哪儿获得的信息？②是否链接到其他可靠的信息源？③这些链接还有效吗？

（2）还意味着什么？在学术研究中，大多数文章的可信度来自文章的脚注或其他可证明信息来源的标志。

4. 其他网页怎么说

评估网页的技术：发现哪些网站链接了该网站。

5. 所有内容加总在一起了吗

评估网页的技术：①返回看看你在网站上看到的内容，思考这些网站为什么被创建，作者想要做什么；②一定要十分小心，你可能成为虚假信息的牺牲品；③再次询问自己，这是你获得信息的最好网站吗？

需要询问以下问题：

（1）该网页为什么挂在网上。提醒、给出事实和数据、解释、劝告、销售、共享、揭露等。

（2）还意味着什么。网络是个公共空间，对所有人都是公开的，你应意识到在网站背后人们的所有企图。

4.5.3 网络调查法的应用

网络调查法主要是利用企业的网站和公共网站进行市场调查研究。有些大型的公共网站建有网络调研服务系统，该系统往往拥有数十万条记录有关企业和消费者的数据库，利用这些完整详细的会员资料，数据库可自动筛选受访样本，为网络调查提供服务平台。

网络调研的应用领域十分广泛，主要集中在产品消费、广告效果、生活形态、社情民意、统计网上直报、产品市场供求调研等方面的市场调查研究。

网络调研框架如图4.10所示。

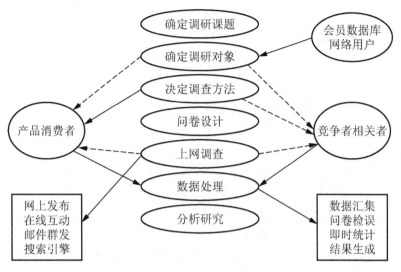

图 4.10　网络调研框架

技 能 训 练

【课业目标】

通过本课业,学生应能够掌握各种调查方法;能够熟练使用调查方法。

【课业方式】

通过前面对课业的分析,完成市场调查方法设计及编写。

【课业内容及步骤】

(1) 根据所给范本设计自己所选主题的各项资料。

(2) 撰写市场调查方法。

(3) 上交格式完整的市场调查方法。

(4) 分工明确。

【课业评价】

项目 \ 评分标准	优秀(10分)	良好(8分)	合格(6分)	不合格(4分以下)	个人得分
市场设计方案	内容完整,设计合理,目标明确,格式符合要求,且明确负责一块内容并确实独立完成	内容完整,格式上稍有欠缺,设计基本合理,明确完成一块内容	内容完整,格式上稍有欠缺,设计基本合理,明确完成一块内容但是并非独立完成	内容不完整,格式没有经过排版,设计存在明显缺陷,或者没有明确任务	

思考与练习

1. 简答题

（1）文案调查可应用于哪些研究？有何优、缺点？
（2）文案调查的资料来源有哪些渠道？有哪些获取资料的具体方法？
（3）访问调查法有哪些类型？
（4）什么是标准化访问？有何优、缺点？有哪些具体访问方法？
（5）入户访问和留置问卷访问各有哪些优、缺点？
（6）拦截式访问有哪些主要方式？
（7）什么是非标准化访问？有哪些具体方法？
（8）什么是深层访谈？有哪些访谈技术？各有哪些优、缺点？
（9）什么是观察法，有哪些具体方法？
（10）各种调查方法为什么要结合应用？

2. 案例分析题

2009年7月9日上海市国家安全局证实，力拓上海办事处的4名员工因涉嫌窃取国家机密已被拘捕，据称这4名员工是力拓中国铁矿石业务部门最核心的团队成员。据悉，被有关部门带走的力拓上海办公室办公计算机已被"拿下"，数十家与力拓签订长协合同的钢企资料藏身计算机。这些资料涉及企业详细的采购计划、原料库存、生产安排等数据，甚至某些大型钢企每月的钢铁产量、销售情况也非常明晰；对我国各钢企的技术分析非常详细，各生产流程的参数也非常准确，"不像是推测出来的"。

从国家有关部门掌握的证据看，力拓案涉及的主要是刺探窃取国家秘密罪，当然也不排除商业秘密罪和商业贿赂。根据有关部门通报，这几名员工自2009年以来，在中外进出口铁矿石谈判期间，采取不正当手段，通过拉拢收买钢铁生产单位内部人员，刺探窃取了国家秘密，对我国国家经济安全和利益造成重大损害。

力拓"间谍门"在国内钢铁行业掀起一场大地震，也使得原本不露痕迹的国际性"商业间谍"加速浮出水面。

思考：

（1）力拓公司收集客户信息的途径是什么？
（2）对于力拓"间谍门"事件，作为一名市场调研人员，你能得到哪些启示？

项目 5

整理与分析市场调查资料

在代驾问题调查的过程中,共回收了民众问卷 800 份,其中有效问卷 749 份;回收了司机问卷 63 份,其中有效问卷 54 份。大家对于有效问卷进行事后编码,并进行数据录入,同时利用 Excel 对调查对象的年龄、职业、收入等基本情况进行分析,也对其立法必要性和困难等基本问题进行分析。

【拓展资料】

 【学习目标】

知 识 目 标	技 能 目 标
了解数据分析过程。 掌握问卷编码和数据录入方法。 理解描述分析指标的含义并学会其计算方法	能接收和审核问卷。 能对资料进行分组和汇总。 能对问卷进行编码。 能对数据进行描述分析

 【项目任务】

对上一阶段问卷调查的数据进行确认、编码和录入,并进行初步分析。

(1)任务步骤:明确问卷数目→进行问题编码和问卷编码→录入数据→利用 Excel 进行分析。

(2)完成要点:有效问卷一定要能准确识别出,掌握好问题编码和问卷编码的要点,数据录入要仔细并进行核对,Excel 分析能利用多种分析方法。

 【导入案例】

杜邦公司是世界上著名的大企业之一。经过 200 多年的发展,杜邦公司今天经营的产品包括化纤、医药、石油、汽车制造、煤矿开采、工业化学制品、油漆、炸药、印刷设备,近年来又涉足电子行业,其销售产品达 1 800 种之多,多年的研究开发经费达 10 亿美元以上,研究出 1 000 种以上的新奇化合物——等于每天有两三件新产品问世,而且每月至少从新开发的众多产品中选出一种产品使之商业化。

杜邦公司兴盛的一个重要原因,就是围绕市场开发产品,并且在世界上最早设立了市场环境"瞭望哨"——经济研究室。该经济研究室由受过专门培训的经济学家组成,以全国性和世界性的经济发展现状、结构特点及发展趋势为研究重点,注重调查、分析、预测与本公司产品有关的经济、政治科技、文化等市场动向。

除了向总公司领导及有关业务部门做专题报告及口头报告、解答问题外,该经济研究室每月整理出版两份刊物。一份发给公司的主要供应厂家和客户,报道有关信息和资料;另一份是内部发行,根据内部经营全貌分析存在的问题,提出解决措施,研究短期和长期的战略规划、市场需求量,以及同竞争对手之间的比较性资料。另外,该经济研究室每季度还会整理出版一期《经济展望》供总公司领导机构和各部门经理在进行经营决策时参考。

正是由于重视对调查资料的整理、分析和利用,才使得杜邦公司 200 多年兴盛不衰。

 【理论知识】

市场调查资料整理是根据市场分析研究的需要,对市场调查获得的大量的原始资料进行审核、分组、汇总、列表,或对二手资料进行再加工的工作过程。其任务在于使市场调查资料综合化、系列化、层次化,为揭示和描述调查现象的特征、问题和原因提供初步加工的信息,为进一步的分析研究准备数据。

任务 5.1　了解市场调查资料整理的相关知识

1. 市场调查资料整理的内容

资料整理的基本内容包括以下 3 个方面：

（1）数据确认。指对原始数据或二手资料进行审核，查找问题，采取补救措施，确保数据质量。

（2）数据处理。指对问卷或调查表提供的原始数据进行分类和汇总，或者对二手数据进行再分类和调整。

（3）数据展示。指对加工整理后的数据用统计表、统计图、数据库、数据报告等形式表现出来。

2. 市场调查资料整理的程序

（1）设计整理方案。
（2）审核、订正调查资料。
（3）分组处理。
（4）统计汇总。
（5）数据展示。

3. 市场调查资料整理的原则

（1）目的性原则。有针对性的加工开发。
（2）核查性原则。注意事前、事中和事后的核查。
（3）系统化原则。实行多方向、多层次的加工开发。
（4）时效性原则。提高加工整理的效率，及时加工处理、传输和反馈。

4. 原始资料加工开发的基本程序

原始资料加工开发的基本程序如图 5.1 所示。

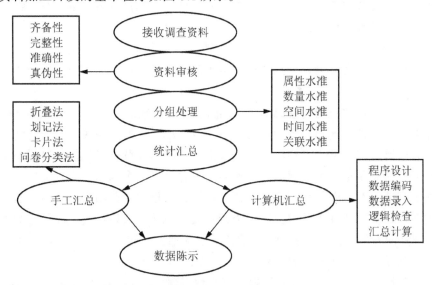

图 5.1　原始资料加工开发的基本程序图

任务 5.2　整理市场调查资料

5.2.1　接收调查资料

调查数据的整理计划应该在研究设计阶段就制订好，但真正着手整理是从仍在实施的现场中回收的第一份问卷开始的。因此，如果一旦发现问题，还可以及时纠正或改进实施的工作。

接收调查资料（完成的问卷）工作的要点如下：

（1）认真仔细地管理好数据的收集和问卷的回收工作，要掌握每天完成的问卷数和每天接收的问卷数。

（2）在完成的问卷后面记录下问卷完成的日期和接收的日期，以便有必要时在分析过程中可对先接收的数据和后接收的数据作比较。

（3）多个项目同时实施时，必须清楚地记录以下的数字：交付实施的项目数、仍在实施的项目数、已经完成并返回的项目数。

（4）每一个返回的问卷都要记录一个唯一的、有顺序的识别号码，作为原始的文件。

（5）在有人进行资料的核对、事后的编码、数据的录入等工作时，必须按识别的号码，准确地记录谁拿着哪些原始文件（返回的问卷）。

（6）要让所有参与资料整理工作的人员都知道，他们不但负有保证工作质量的责任，还负有保证不丢失任何原始文件的责任。

5.2.2　审核调查资料

1．调查资料审核的内容

调查资料是资料整理工作的基础，通过对原始资料进行审查核实，可以避免调查资料的遗漏、错误或重复，保证调查资料准确、真实、完整和一致，达到调查资料整理的目的和要求。调查资料审核具体包括完整性、准确性、时效性与一致性等方面的审核。问卷一般由具有丰富经验资深审核员进行审核。

1）进行完整性审核

完整性审核包括检查应调查的总体单位是否齐全、调查项目（标志）的回答是否完整两个方面内容：

（1）齐备性。检查收回的问卷或调查表的份数是否齐全，是否达到了样本量的要求。

（2）完整性。检查审核问卷或调查表填答的项目是否完整，并视不同情形做出处理。

调查问卷的所有问题都应有答案。答案缺失，可能是被调查者不能回答或不愿回答，也可能是调查人员遗忘所致。大量问项无回答应作废卷处理。个别问项个别无回答，归入"暂未决定"或"其他答案"中。个别问项大量无回答，可作删除此项提问。对于少量问题未填答完整的问卷，资料整理人员应决定是否接收该份问卷，如果接收就应马上向原来的被调查者询问，填补问卷的空白；或者询问调查人员有无遗漏，能否追忆被调查者的回答。否则，就应放弃该份问卷，以确保资料的可靠性。

在进行完整性审核时，应注意答案缺失有 3 种表现：一是全部不回答；二是部分不回答；

三是隐含不回答,如对所有问题都选"A"或都回答"是"。第一种和第二种情况容易发现。第三种情况应仔细辨别,谨慎处理,一旦确认,一般作无效问卷。

2)进行准确性审核

(1)准确性审核可以通过逻辑检查、比较审查法和设置疑问框审查等方法进行。

逻辑检查是分析标志、数据之间是否符合逻辑,有无矛盾及违背常理的地方,即进行合理性检查。例如,一般情况下,在审核中发现少年儿童年龄段的居民,文化程度的填写却是大学以上,即属于不合逻辑的情况。

(2)比较审查法是利用指标数据之间的关系及规律进行审查。例如,地区居民户数不可能大于地区居民人数,地区居民总人数应等于城镇居民人数与农村居民人数之和,产品全国的销售总额应等于其在各省、自治区、直辖市的销售额之和等。

(3)设置疑问框审查则是利用指标之间存在一定的量值与比例关系,通过规定疑问框,审查数据是否有疑问。例如,规定某变量值不低于0.3,不高于0.8,如果数据在此范围之外,即属于有疑问数据,应立即抽取出来并进行审查。在操作中应注意,疑问框的设置不能相距过大,否则会遗漏有差错的数据;但也不能过小,过小会使大量正确数据被检查出来,增加审查的工作量。因此,疑问框的设计应由经验丰富的专家负责,才能取得良好的效果。

对于审核出存在填答错误的问题,应区别对待:

(1)逻辑性错误答案,用电话核实或按"不详值"对待。

(2)答非所问的答案,用电话询问或按"不详值"对待。

(3)乏兴回答的答案,若个别问卷则抛弃,若同一问题有不少问卷乏兴回答可作子样本看待。

3)进行时效性审核

检查各调查单位的资料在时间上是否符合本次调查的要求,其中包括接收的资料是否延迟,填写的资料是否是最新的资料等,从而避免将失效、过时的信息资料用作决策的依据。若延迟访问对调查结果无影响,则问卷有效;若延迟访问对调查结果有影响,则废弃此问卷。

4)进行一致性审核

一致性审核即检查资料前后是否一致,避免自相矛盾。

【案例阅读 5-1】

在一次牙膏市场调查中,一位被调查者在某问题中回答说自己最喜爱某品牌的牙膏,但在回答另一个问题时却说自己经常购买另一品牌的同类产品。显然,该被调查者的答案前后矛盾。对于这种情况,审核人员应决定是再向被调查者询问,还是将该份问卷作为无效问卷剔除。

审核的作业方式一般实行一卷或一表从头审到尾,有利于贯彻审核的一致性原则和明确审核员的责任;而分段作业和分段审核,则不利于贯彻一致性原则,容易产生责任不清的问题。

2. 处置有问题问卷

1)返回现场重新调查

此方法适用于规模较小、被调查者容易找到的情形。但是,调查时间、调查地点和调查方式可能发生变化,从而影响二次调查的数据结果。

例如,由于季节的变化,可能导致消费者的消费倾向也产生变化,如我国北方的春夏之交，气候冷热交替非常快，人们对购买服装的意愿可能也会快速变化。又如，调查方式变化，第一次调查时，调查人员采用的是电话访谈，第二次调查采用了面谈方式，由于被调查者短期内未适应这种变化，心理上出现了波动，回答问题可能会与第一次出现较大差异。

2）视为缺失数据

缺失数据也称为缺失值，是由于被调查者对问题回答的表述含混不清、错误、未做回答，或者由于访问人员疏忽，未问问题，也未做记录，造成的数据缺失。缺失回答大于10%时，必须对其进行必要的处理。

在无法退回问卷，不能重新调查的情形下，可以将这些不满意的问卷作为缺失值处理。如果不满意的问卷数量较少，而且这些问卷中令人不满意回答的比例也很小，涉及的变量不是关键变量，在此情况下，可采取此方法。

3）视为无效问卷

存在以下情况，问卷应被视为无效问卷，可放弃不用：

（1）令人不满意回答的问卷占问卷总数的比例在10%以下。

（2）样本量很大。

（3）不满意问卷与合格问卷的答卷者在人口特征、关键变量等方面的分布没有显著差异。

（4）准备放弃的问卷中令人不满意回答的比例较大。

（5）关键变量的回答缺失。

5.2.3 编码与录入调查资料

1. 调查资料的编码

利用计算机进行汇总时，一般必须对调查项目进行编码，才能保证计算机的高效处理。所谓编码，就是将调查表或调查问卷中的各个项目转化为数字符号的过程。编码首先要将数据进行分类，然后给每一个类别指派一个数字代码。如果是问卷调查，对于封闭型问题，都设计了若干选项，每一个选项就是一个类别，编码时只需要对每一个类别指派一个数字代码即可；对于开放型问题，则要对全部的回答进行分类，然后再进行编码。

编码分为事前编码和事后编码。事前编码是在调查问卷设计时对有结构型问卷进行的编码，因此，事前编码适合于问卷中的封闭型问题。事后编码是在数据的收集工作结束后、整理开始之初，对所调查问题的可能答案进行的编码。对于开放型问题，只能采取事后编码的方式；而对于封闭型问题，如果未做事前编码，则必须进行事后编码。

编码既是一项繁重的工作，也是一项重要的工作。编码的质量，不仅影响数据的录入速度和质量，而且影响数据处理的最终结果。

进行编码的常用方法如下所介绍。

1）顺序编码法

顺序编码法又称系列编码法，是指只用一个标准对数据进行分类，并按照一定的顺序用连续数字或字母进行编码的方式。

【案例阅读 5-2】

根据某项对家庭月度消费支出的调查，家庭月度消费支出可分为以下4个档次：

小于500元　　　　　　（1）

501~1 000 元	（2）
1 001~1 500 元	（3）
1 501 元以上	（4）

按顺序编码法可用（1）（2）（3）（4）分别表示从低到高的这 4 个档次。这种编码方法操作简单，但不便于进行分组处理。

2）分组编码法

分组编码法又称区间编码法，是根据调查数据的属性特点和处理要求，将具有一定位数的代码单元分成若干个组，每个组的数字均代表一定的意义。

分组编码法应用广泛、容易记忆、处理方便，但位数过多，容易造成系统维护上的困难。

【案例阅读 5-3】

在某项关于社会公众保险意识调查中，对被调查者个人的基本情况进行了调查，运用分组编码法对有关信息编码见表 5-1。

表 5-1 社会公众保险意识调查编码表

性别		居住地		家庭人口数		月收入水平	
回答	编码	回答	编码	回答	编码	回答	编码
男	1	大城市	1	单身	1	200 元以下	1
女	2	中小城市	2	两人	2	201~300 元	2
		县乡镇	3	三口之家	3	301~400 元	3
		农村	4	四人以上	4	…	…
						1 001~1 100 元	11
						…	…

若某个被调查者是女性，居住在中等城市，家中有三口人，月收入为 1 100~1 200 元，则其信息编码是 22312。

3）信息组码编码法

信息组码编码法是把调查数据分成不同的组，给予一定的组码（数字区间）来进行编码的方法。

这种编码方法的优点是能以较少的位数分组；缺点是编码体系确定后，若遇到某些组内资料增加时（项目超出了原定的数字区间），处理起来就相当麻烦。因此，运用这种方法之前一定要对所分各组的内容有充分的把握。

【案例阅读 5-4】

对某地市场上 99 种商品的价格变动进行调查，在运用信息组码编码法对调查的信息进行编码时，首先对 99 种商品分组，再给每个组分配一个组码。

组别	名称码
百货组	01~30
食品组	31~50

　　　　　　　　　　家电组　　　51～65
　　　　　　　　　　服装组　　　66～80
　　　　　　　　　　其他组　　　81～99

4）表义式文字编码法

表义式文字编码法又称助忆编码法，它用数字符号等表明编码对象的属性，并依此方式对调查数据进行编码。

例如，用 180BXJ 表示容量为 180L 的进口电冰箱，其中 180 为冰箱的容量，BX 表示冰箱，J 表示进口。这种方法比较直观，易于理解，便于记忆。

5）编码手册的编制

编码手册也称编码表，是用来进行数据编码的工作手册。它包括问题顺序号、每个调查项目的预置代码位置、项目名称、内容说明 4 个项目。

【案例阅读 5-5】

对某高等学校教师的工作、生活状况的调查，一共有 32 个问题，我们摘录 6 个问题，来说明编码手册的编制。

1. 您的职务？　（1）正高级　（2）副高级　（3）中级　（4）其他
2. 您的年龄_____。
3. 您从事的专业_____。
4. 您对自己工作情况的评价？
（1）已充分发挥积极性。
（2）基本发挥了积极性。
（3）积极性有所发挥。
（4）完全没有发挥积极性。
5. 目前，您是否有离开学校的想法？　　（1）是　　（2）否
6. 请您按投入精力的多少，将下列 3 项活动排序？
（1）校内工作　　（2）校外兼职　　（3）生活琐事
　　第一位_____；第二位_____；第三位_____

上述 6 个问题中既有封闭型问题（1、4、5、6），也有开放型问题（2、3），该项调查收回有效问卷 2 000 份。对于封闭型问题，问题 1、4、5 的代码均为 1 位，问题 6 的代码位数为 3 位；对于开放型问题，问题 2 的代码位数为 2 位（本次调查中年龄最大的为 65 岁），问题 3 的代码位数为 3 位（本次调查根据被调查者的回答，共涉及 112 个专业）。在数据的编码工作完成后，为了便于数据的录入，还要根据编码手册将问卷或调查表上的数据数字化，并将这些数字登录到登录卡上。一般的登录卡是每张 80 列（因为个人计算机屏幕的宽度为 80 个字节；每列记录一个数字）、25 行（每行记录一份问卷或调查表上的回答信息，每行可以记录一个 80 位的代码数字）。这样，就需要将每个调查项目的代码在行上的位置确定好。代码位置的确定要根据调查项目的顺序和各个项目编码位数依次排列下来，这样各代码在登录卡上行列的位置就自然确定了。表 5-2 是本次调查编码手册一个部分的示例。

表 5-2　编码手册示例片段

1	职务	1	1. 正高级
			2. 副高级
			3. 中级
			4. 初级

续表

2	年龄	2~3	答卷人回答的年龄
3	从事的专业	4~6	专业编码见附表
4	工作状况的评价	7	1. 已充分发挥积极性
			2. 基本发挥了积极性
			3. 积极性有所发挥
			4. 完全没有发挥积极性
5	是否打算离开学校		1. 是
			2. 否
6	按投入精力对活动排序		1. 校内工作
			2. 校外兼职
			3. 生活琐事
			（排序）

在表5-2中，问题3的专业编码没有在表中列出，是因为从回收的有效问卷来看，本次调查共涉及112个专业，如果在表中全部列出其所有编码，会使表格显得臃肿，故需专门编制一份专业代码附表。该附表给每一个专业以一个数字代码，如统计学的编码是001，会计学的编码是002，…，城市规划是099，…，考古学是112。限于篇幅，本例中未将该附表列示出来。

根据上述编码表，将各份问卷或调查表上的回答全部转化为数字代码，并将其记录在登录卡上。例如，某份问卷的回答信息在登录卡上的前11位数字为23300112132，则表明该位被调查者是副教授，33岁，从事统计学专业，在工作方面已充分发挥了积极性，目前不打算离开学校，投入精力最多的是校内工作，其次是生活琐事，校外兼职投入最少。

在编制编码表时要注意以下问题：

（1）编码符号绝大多数情况下必须使用数字，个别时候也可使用英文字母。在使用数字时，能用自然数绝不用小数；能用正数绝不用负数；能用绝对值小的整数绝不用绝对值大的整数；能用一位数码表示清楚绝不用两位。

（2）可以将某些数字赋予特殊意义，便于整理资料时识别。

（3）可以利用标准化代码和现成代码，以提高编码工作效率。

编码位数应根据具体情况来确定。对于给出了固定答案，只需由被调查者进行单项选择的问题，编码位数与答案数目的位数（对于品质数据）或与答案中的数字的最大位数（对于数量数据）一致；如果是对固定答案进行多选，则编码位数等于答案数目的位数与允许选择的答案数目的乘积；若答案不是固定的，要由被调查者填答，需要进行事后编码，则根据回答的具体情况来确定编码的位数。

2．录入调查资料

数据录入是指将问卷或编码表中的每一项目对应的代码读到磁盘、磁带中，或通过键盘直接输入到计算机中。在发达国家，数据的收集常常是采用计算机辅助电话调查（CALL）、计算机辅助面访（CAPI）进行的，因此，键盘录入就不再需要。此外，还可以利用特殊的Mark Sense Forms、光学扫描等方法来读取数据。但是在我国，目前键盘录入的办法还是最常用的。但采用键盘录入会产生错误，为将错误降至最低水平，特给出以下几点提示：

（1）提供给每个录入员一份记录格式清楚的说明件。

（2）在开始录入前几个个案时，研究人员必须在场。

（3）绝不能假定录入人员懂得如何做数据录入。

（4）如有可能，对录入的数据进行全面的核查。

（5）如果全面核查不可行，就采取抽查的方法。

对录入人员也要进行培训，明确任务的具体要求及注意事项。如果录入的格式没有事先印刷在问卷上，就必须向录入人员提供一份"记录格式"，用于明确每个记录包含的变量及相对位置（如所在列的位置等）。在录入工作刚开始时，研究人员最好能在场，使录入人员得以提问题。缺乏经验的研究人员常常会犯对录入人员估计过高的错误。研究人员有时觉得这些录入人员对录入设备很熟悉，那么他们对计算机操作和数据处理也是了解的，对手中的项目也是知道的，事实上这种情况几乎从没有发生过。一般来说，录入人员虽然可以做得又快又准确，但他们对手中的数据或研究的最终目的几乎是一无所知。

为了保证高度的准确性，有必要对录入的结果进行核查以发现是否有错误。全面的核查要求每一个个案都必须录入两次，采用一台核查机和两个录入人员。第二个录入人员将编码的问卷重新再录入一遍。对两个人录入的数据要进行逐个个案的比较，如果稍有不同，录入的错误就会被检测出来。但是对整个数据集进行全面核查，时间和费用都要加倍。因此，大多数研究人员都不采取这种全面核查的方式，除非是需要特别高精确度的情况。根据时间和费用的限制，以及有经验的录入人员其准确度一般都相当高的事实，通常只抽查25%或稍多一些就足够了。如果只找出少量的错误，那么就不必变更数据文件；如果查出大量的错误，就有必要进行全面的核查，或使用更精细的录入人员重新录入一份文件。

5.2.4 资料分组汇总

资料分组是根据调查研究的目的和任务，按照某种标志，将总体区分为若干部分的一种统计方法。总体的这些组成部分称为"组"。资料分组有两层含义：对于总体而言是"分"，即把不同性质的现象区分开来；对于个体而言是"合"，即把性质相同的个体归纳在一起。资料分组的基本原则是：保持各组内统计资料的同质性和组与组之间资料的差别性。准确的分组，能够揭示现象的本质和特征。在保证调查资料准确性的前提下，分组是否合理、科学关系到整个调查统计分析研究的成败。

1. 选择分组标志

根据调查研究目标选择分组标志。同一总体由于研究目的的不同，采用的分组标志也不同。例如，对某地区所有消费者这一总体，根据研究目的的不同，可以分别采用性别、年龄或者职业等标志作为分组标志。

选择能够反映现象本质或主要特征的标志。有时能够反映某一研究调查目的的标志有多个，此时应尽可能选取最能反映现象本质的关键性标志。例如，研究居民购买能力，有关标志有居民工资水平与居民家庭人均收入水平，而其中人均收入水平更能反映居民购买能力的真实情况，是应该被采用的关键性标志。

不过需要指出的是，有些现象由于其复杂性，采用单个分组标志不能满足要求，必须采用两个以上的分组标志。例如，对企业规模的划分，就需采用资产总额和年销售额双重标志进行分组。

选择分组标志时还应考虑现象所处的具体历史条件和经济条件。随着社会的发展,现象所处的历史条件和经济条件也在不断变化,改革开放以后,我国经济体制已从计划经济转轨为市场经济,尤其是中国加入 WTO 以后,包括统计制度在内的经济活动逐步与国际接轨,因此,许多过去适用的分组标志现在可能不再适用,应根据条件的变化选用新的、合适的标志。

2. 简单分组与复合分组

根据统计分组时采用标志的多少,有简单分组和复合分组两种分组方法,复合分组又包括平行分组和交叉分组。

1)简单分组

简单分组是指对总体各单位或样本各单位只按一个标志或标准进行分组处理。分组的标志或标准一般可以区分为品质属性、数量属性、时间属性、空间属性 4 类。

【案例阅读 5-6】

某市组织了一次样本量为 2 000 户的居民家庭空调满意度和购买行为的市场调查,设计的问项是 36 个,其中基本项目 9 项,主体项目 27 项,见表 5-3。

表 5-3 设计的问项

基 本 项 目	空调拥有状况	满意度项目	需 求 项 目
1. 性别	10. 拥有量	19. 制冷效果	28. 需求数量
2. 年龄	11. 品牌	20. 制热效果	29. 需求时间
3. 文化程度	12. 机型	21. 需电效果	30. 品牌选择
4. 职业	13. 功率	22. 噪声大小	31. 机型选择
5. 所属行业	14. 购买时间	23. 外观设计	32. 功率选择
6. 家庭人口	15. 购买地点	24. 组件质量	33. 价位选择
7. 就业人口	16. 购买因素	25. 价格水平	34. 购点选择
8. 年人均收入	17. 信息渠道	26. 送货安装	35. 关注要素
9. 居住城区	18. 价格	27. 维修服务	36. 由谁决定

(1)品质属性分布数列。它是以被调查者的职业、所属行业、性别、文化程度、职业等品质属性作为分组标志而形成的简单品质数列,见表 5-4。

表 5-4 某市居民家庭空调品牌拥有量分布

品牌	A	B	C	D	E	F	G	合计
拥有量/台	369	665	775	444	406	261	230	3 150
比重	11.7%	21.1%	24.6%	14.1%	12.9%	8.3%	7.3%	100.0%

(2)数量属性分布数列。它是以被调查者的年龄、收入、消费支出、家庭人口、就业人口等数量属性作为分组标志形成的变量数列。其有以下两种形式:

① 单项式变量数列。适用于离散型变量(如家庭人口、就业人口、耐用品拥有量、需求量等)的分组处理,即直接以变量的不同取值作组别而编制的变量数列,见表 5-5。

表 5-5 某市居民家庭空调拥有台数分布

拥有量	0	1 台	2 台	3 台	4 台	5 台以上	合计
家庭数量/户	300	708	646	274	52	20	2 000
比重	15.0%	35.4%	32.3%	13.7%	2.6%	1.0%	100.0%

② 组距式变量数列。适用于连续变量（如年龄、收入、消费支出等）的分组处理，即以变量的不同取值区间作为分组的组别而编制的变量数列，见表 5-6。

表 5-6 某市居民家庭人均年收入分布

组 别	样本户数/户	比 重
5 000 元以下	180	9.0%
5 001～10 000 元	220	11.0%
10 001～20 000 元	320	16.0%
20 001～30 000 元	500	25.0%
30 001～40 000 元	360	18.0%
40 001～50 000 元	260	13.0%
50 001 元以上	160	8.0%
合 计	2 000	100.0%

（3）时间属性分布数列。它是以调查问卷中的一些时间属性的调查项目（如购买时间、需求时间）作为分组标志，对被调查者的时间选项进行分组而形成的时间数列，见表 5-7。

表 5-7 某市居民家庭现有空调购买时间分布

购买年数	1 年	2 年	3 年	4 年	5 年	6 年	6 年以上	合计
空调数量/台	652	592	551	513	479	310	53	3 150
比重	20.7%	18.1%	17.5%	16.3%	15.2%	9.8%	1.7%	100.0%

（4）空间属性分布数列。它是以调查问卷中的某些具有空间属性的调查项目（如被调查者的居住区域、购买产品的场所等）作为分组标志而形成的空间数列，见表 5-8。

表 5-8 某市居民家庭现有空调购买场所分布

购买场所	百货公司、超市	空调专卖店	电器城	厂家直销	旧货市场	合计
家庭/户	547	554	534	48	17	1 700
比重	32.2%	32.6%	31.4%	2.8%	1.0%	100.0%

2）平行分组处理

平行分组处理是对总体各单位或样本各单位同时采用两个或两个以上的标志或标准进行平行排列的分组，所编制的分组数列称为平行分组数列。

（1）两变量（项目）平行分组数列。它是将两个有联系的调查项目按相同选项分组的结果并列在一起而编制的平行分组数列，见表 5-9。

表 5-9　某市居民家庭空调品牌分布

品牌	A	B	C	D	E	F	G	合计
拥有量/台	369	665	775	444	406	261	230	3 150
比重	11.7%	21.1%	24.6%	14.1%	12.9%	8.3%	7.3%	100.0%
需求量/台	103	192	183	140	110	68	52	848
比重	12.1%	22.6%	21.6%	16.5%	13.0%	8.0%	6.2%	100.0%

（2）多变量（多项目）平行分组数列。它是将两个以上有联系的调查项目按相同选项分组的结果并列在一起而编制的平行分组数列，见表 5-10。常用于产品或服务满意度测评、被调查者态度测量等原始资料的加工开发。

表 5-10　某市居民家庭空调满意度测评汇总表

测评项目	很满意	满意	较满意	不满意	很不满意	次数合计
1. 制冷效果	261	328	686	340	85	1 700
2. 制热效果	272	330	514	386	198	1 700
3. 节电效果	272	330	514	386	198	1 700
4. 噪声大小	115	230	680	365	310	1 700
5. 外观设计	202	324	860	230	84	1 700
6. 产品价格	212	396	726	285	81	1 700
7. 配件质量	98	283	606	390	323	1 700
8. 送货安装	120	286	698	324	272	1 700
9. 维修服务	120	286	695	326	273	1 700

3）交叉分组处理

交叉分组处理是对总体各单位或样本各单位采用两个或两个以上的标志或调查项目进行交叉分组，所编制的数列一般表现为相关分组数列或复合分组数列。

（1）基本项目之间的交叉分组处理。它是利用反映被调查者基本情况的基本调查项目之间的关联性进行交叉分组处理，见表 5-11。

表 5-11　被调查者性别与文化程度分布　　　　　　　　　　单位：人

文化程度 \ 性别	男	女	合　计
小学以下	6	4	10
初中	210	176	386
高中/高职	297	321	618
专科	248	265	513
大学本科	226	177	403
硕士博士	48	22	70
合　计	1 035	965	2 000

（2）基本项目与主体项目之间的交叉分组处理。它是利用问卷中的基本项目与主体项目

之间的关联性进行交叉分组处理，用以揭示不同性别、不同年龄、不同行业、不同职业、不同文化程度、不同居住区域、不同家庭人口的被调查者对所要研究的主体项目选项回答的差异性、相关性等深层次的问题，见表 5-12。

表 5-12　某市居民人均年收入与品牌需求交叉分组列表

人均年收入＼品牌需求	A	B	C	D	E	F	G	合计
5 000 元以下	—	10	15	8	10	24	18	85
5 001～10 000 元	4	32	28	18	14	20	16	132
10 001～20 000 元	6	60	56	28	18	16	8	192
20 001～30 000 元	14	48	43	30	26	4	5	170
30 001～40 000 元	26	36	30	25	16	2	3	138
40 001～50 000 元	28	4	6	16	14	1	2	71
50 001 元以上	25	2	5	15	12	1	—	60
合计	103	192	183	140	110	68	52	848

（3）三变量交叉列表，见表 5-13。

表 5-13　被调查者对空调维修服务满意度测评汇总表

态度测评选项	男			女			合计
	大学学历以下	大学学历以上	小计	大学学历以下	大学学历以上	小计	
很满意	135	116	251	124	40	164	415
较满意	126	48	174	141	95	236	410
一般	124	52	176	136	46	182	358
不满意	196	46	242	170	13	183	425
很不满意	180	12	192	195	5	200	392
合计	761	274	1 035	766	199	965	2 000

5.2.5　开放式问题的分类归纳

开放式问题的归纳采用意见分类归纳法。意见分类归纳法的基本思路和程序如下：

（1）集中所有同一个开放式问题的全部文字性答案，通过阅读、思考和分析，把握被调查者的思想认识。

（2）将被调查者的全部文字性答案，按照其思想认识不同归纳为若干类型，并计算各种类型出现的频数，制成全部答案分布表。

（3）对全部答案分布表中的答案进行挑选归并，确定可以接受的分组数。一般来说，应在符合调研项目的前提下，保留频数多的答案，然后把频数很少的答案尽可能归并到含义相近的组，应考虑调研的目的和答案类型的多少而确定，一般应控制在 10 组之内。

（4）为确定的分组选择正式的描述词汇或短语。不同组别的描述词汇或短语应体现质的差别，力求中肯、精练、概括。

（5）根据分类归纳的结果，制成正式的答案分布表。

【案例阅读 5-7】

在一项关于居民空调购买行为的调研中，问卷中设置了"您对'静音空调'这个产品概念有何看法？"的开放式问项，被调查者的回答是多种多样的，通过分类归纳得到的答案分布表见表 5-14。

表 5-14 被调查者对"静音空调"的看法分布

看法分类	答案人数/人	比重
符合环保需求	325	16.25%
符合发展趋势	286	14.30%
符合消费需求	316	15.80%
希望尽快推出	198	9.90%
有可能实现	312	15.60%
不可能实现	350	17.50%
难以评价	213	10.65%
合　计	2 000	100.00%

 任务 5.3　绘制统计图表

5.3.1　绘制统计表

统计表是以纵横交叉的线条所绘制表格来陈示数据的一种形式。用统计表陈示数据资料有两大优点：一是能有条理地、系统地排列数据，使人们阅读时一目了然，印象深刻；二是能合理地、科学地组织数据，便于人们阅读时对照比较。

【拓展资料】

1. 统计表的结构

从形式上看，统计表由总标题、横行标题、纵栏标题、指标数值 4 个部分构成。
（1）总标题。统计表的名称，概括统计表的内容，一般写在表的上端中部。
（2）横行标题。横行标题通常也称为统计表的主词（主栏），表明研究总体及其分组的名称，也是统计表说明的主要对象，一般列于表的上方。
（3）纵栏标题。纵栏标题通常也称为统计表的宾词，表明总体特征的统计指标的名称，一般写在表的左方。
（4）指标数值。列在横行标题和纵栏标题交叉对应处。

【案例阅读 5-8】

婚姻、性别与时装购买选择分布表见表 5-15。

表 5-15　婚姻、性别与时装购买选择分布表

时装购买选择	男性			女性		
	小计	已婚	未婚	小计	已婚	未婚
高档时装	171	125	46	169	75	94
中档时装	219	164	55	203	135	68
低档时装	130	101	29	108	90	18
被调查者人数	520	390	130	480	300	180

统计表从内容上看，由主词和宾词两大部分构成。主词是统计表所要说明的总体的各个构成部分或组别的名称，列在横行标题的位置。宾词是统计表所要说明的统计指标或变量的名称和数值，宾词中的指标名称列在纵栏标题的位置。有时为了编排的合理和使用的方便，主词和宾词的位置可以互换。

2．绘制频数表

把变量的值按照一定的类别次序和距离划分成若干组，然后将所有的项目在各组出现的次序记录下来，便构成频数表。频数表的编制方法如下所介绍。

1）确定组距和组数

首先将原始资料按标志值的大小顺序排列，找出最大值、最小值，确定全距，然后再根据标志值的数量级全距确定组距和组数。组距和组数互为制约，组数越多则组距越小，组数越少则组距越大。一般可先确定组距，再根据组距确定组数。

假如以 R 代表全距，I 代表组距，K 代表组数，如已知全距和组距，则 $K = R/I$；反之，如已知全距和组数，则 $I = R/K$。

在市场调查研究中，所分组数不宜太多或太少，一般以 5~15 组较合适。当然，不同情况需区别对待，重要的是通过分组将总体单位的性质区别及其分布特征、集中趋势显示出来。

2）确定组限

确定组限时，最小组的下限应低于或等于最小变量值，而最大组的上限应高于或等于最大变量值。因为只有如此，才能把所有的变量值都包括在各组中。但组限和变量值的距离又不要差距过大，必要时，可采用开口组（如人口统计中的年龄分组）。

关于组限的确定，应注意以下几点：

（1）组限的确定应有利于表现出总体分布的特点，应反映出事物质的变化。

（2）为了方便计算，组限应尽可能取整数，最好是 5 或 10 的整倍数。

（3）由于变量有连续型变量和离散型变量两种，其组限的确定方法是不同的。

【案例阅读 5-9】

对某企业 30 天的产量情况进行调查，某原始资料如下（单位：t）：

```
 98   81   95   84   93   86   91  102
103  105  100  104  108  107  108  101
106  109  112  114  109  117  125  115
120  119  118  116  129  113
```

第一步，计算全距。

将各变量值由小到大排序，确定某最大值、最小值，并计算全距。

变量的最大值是 129，最小值是 81，则

$$全距 = 最大值 - 最小值 = 129 - 81 = 48$$

第二步，确定组数和组距。

在等距分组时，组距与组数的关系是：组距 = 全距 / 组数。

本例中根据一般将成绩分成优、良、中、及格和不及格的 5 档评分习惯，可以先确定组数为 5。在等距分组时，计算组距如下：

$$组距 = 48 \div 5 = 9.6$$

为了符合习惯和计算方便，组距近似地取 10。

第三步，确定组限。

3）编制频数（频率）分布表

制表时应注意以下事项：

（1）制表要求科学、实用、简明、美观。

（2）表格一般采用开口式，表的左右两端不画纵线，表的上下通常用粗线封口。

（3）最好一个表集中说明一个问题，如果反映的内容较多，可以分为几个表来表达。

（4）表的左上方是表的序号，表格上方的总标题要简明扼要，恰当反映表中的内容。

（5）表中的数字要注明计量单位。

【案例阅读 5-10】

对案例阅读 5-9 中数据编制频数分布表（见表 5-16）。

表 5-16　某企业 30 天产量完成情况分布表

产量完成情况/t	频数/人	频 率
80～90	3	10.0%
90～100	4	13.3%
100～110	12	40.0%
110～120	8	26.7%
120～130	3	10.0%
合计	30	100.0%

5.3.2　绘制统计图

由于社会经济现象的性质不同，各种统计总体频数分布的特征也不相同，使用各种不同类型的统计图对其频数分布特征进行直观形象的描述，有利于准确认识和把握不同现象的分布特征和规律。

统计图是以圆点的多少、直线长短、曲线起伏、条形长短、柱状高低、圆饼

【拓展案例】

面积、体积大小、实物形象大小或多少、地图分布等图形来陈示调研数据。用统计图陈示调研数据具有"一图抵千字"的表达效果，因为图形能给人以深刻而明确的印象，能揭示现象发展变化的结构、趋势、相互关系和变化规律，便利表达、宣传、讲演、广告和辅助统计分析。但统计图能包含的统计项目较少，且只能显示出调查数据的概数，故统计图常配合统计表、市场调研报告使用。

常用的统计图有直方图、折线图、条形图、饼图、环形图、雷达图等。绘制统计图最常用、最简单的工具就是 Office 套件中的 Excel 软件。

1. 直方图

直方图是用于展示分组数据分布的一种图形，它是用矩形的宽度和高度来表示频数分布，以宽度相等的条形的长度或高度来反映统计资料，如图 5.2 所示。绘制该图时，在平面直角坐标中，用横轴表示数据分组，纵轴表示频数或频率，这样，各组与相应的频数就形成了一个矩形，即直方图。

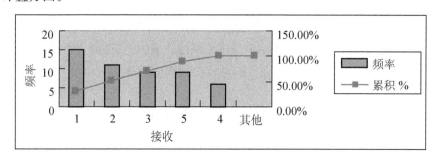

图 5.2　直方图

2. 折线图

折线图也称频数多边形图，是在直方图的基础上，把直方图顶部的中点（组中值）用直线连接起来，再把原来的直方图抹掉，如图 5.3 所示。折线图的两个中点要与横轴相交，具体的做法是：第一个矩形的顶部中点通过竖边中点（即该组频数一半的位置）连接到横轴，最后一个矩形顶部中点与其竖边中点连接到横轴。折线图下所围成的面积与直方图的面积相等，二者所表示的频数分布是一致的。

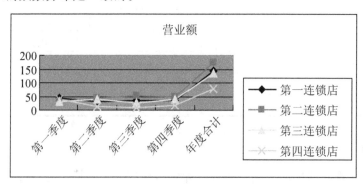

图 5.3　折线图

3. 条形图

条形图是以若干等宽平行长条或圆柱的长短来表示品质属性数列中各组频数或频率大小

的图形，图 5.4 所示。通常以横轴代表不同的组别，纵轴代表各组的频数或频率，有时也可用纵轴代表各组，横轴代表频数或频率。

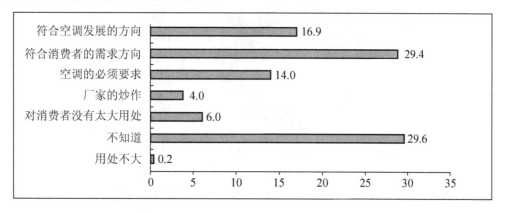

图 5.4　条形图

4．饼图

饼图也称团形图，是以圆形的面积代表总体指标数值，圆形的各扇形面积代表各组指标数值，或将圆形面积分为若干角度不同的扇形，分别代表各组的频率，如图 5.5 所示。实际应用时亦可将圆面改为圆饼或圆台，变成圆形立体图。饼图常用于总体分组的情况下，反映总体的结构、各组所占比重（百分比）资料。饼图也是普遍使用的一种统计图。其绘制方法是根据构成总体的各组成部分所占比重，求出其占圆心角的度数，按其度数绘制出扇形面积。

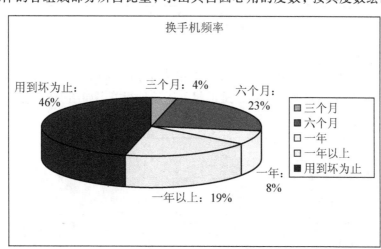

图 5.5　饼图

5．环形图

环形图是将总体或样本中的每一部分数据用环形中的一段表示，如图 5.6 所示。环形图亦可同时绘制多个总体或样本的数据系列。每一个总体或样本的数据系列为一个环。

6．动态曲线图

动态曲线图又称时间数列曲线图或历史曲线图，它是以曲线的升降、起伏来表示数据的动态变化，如图 5.7 所示。按涉及指标的多少，有单式曲线图和复式曲线图之分。

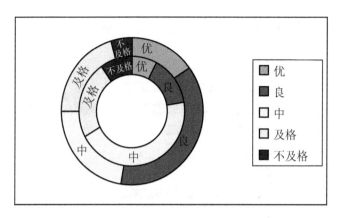

图 5.6　环形图

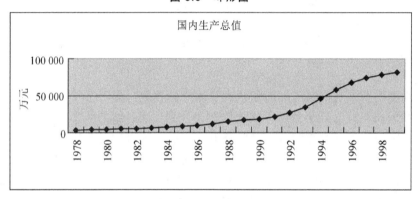

图 5.7　动态曲线图

7. 相关散点图

相关散点图主要用于显示因变量（y）与自变量（x）之间是否具有相关关系，以及相关关系的形式是直线相关还是曲线相关，是正相关还是负相关，如图 5.8 所示。在相关散点图中通常以横轴代表自变量（x），纵轴代表因变量（y）。

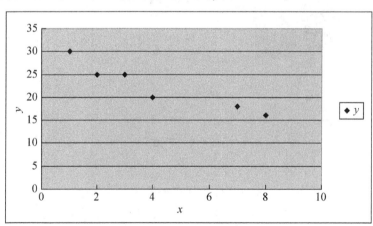

图 5.8　相关散点图

8. 茎叶图

茎叶图又称枝叶图，是一种将数据与图形结合使用的表现数据的方式，特别适合于描述变量数列的次数分配。由茎和叶两部分构成，茎一般为十位或百位数，叶为个位数，因而图形是由数字组成的茎叶图类似于横置的直方图，同时保留了原始数据的信息。例如，图 5.9 是某厂 40 个客户产品订购量（台）分布茎叶图。

```
树茎        树叶              客户数
 5    0 8 9                     3
 6    0 0 3 6 6 7               6
 7    0 2 4 4 6 6 7 8 8 8 8 9 9 9  14
 8    2 2 4 4 4 5 7 7 8 8 9     11
 9    4 5 5 8 8 9               6
```

图 5.9　茎叶图

9. 帕累托图

帕累托图主要用来描述财富分配、库存物资、客户分布、产品销售等分布不均匀的现象，如图 5.10 所示。

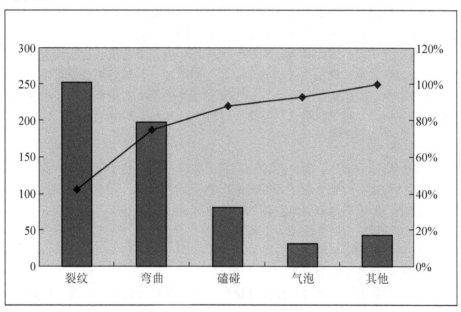

图 5.10　帕累托图

任务 5.4　分析市场调查资料

使用图标对数据整理后，还需要进行具体、深入的分析，才能使这些资料说明一定问题，具有实际意义，最终应用于市场活动实际。

5.4.1　定性分析

定性分析是对不能量化的现象进行系统化理性认识的分析，它是依据科学的哲学观点，通过逻辑判断及推理，揭示和认识事物的本质、趋势和规律。

在市场调查分析中常用的定性分析方法主要有归纳分析法、演绎分析法、比较分析法和结构分析法。

1. 归纳分析法

在市场调查中收集到许多资料，经过归纳概括出一些理论观点。归纳分析法是市场调查用得最广泛的一种方法，分为完全归纳法和不完全归纳法，后者又分为简单枚举法和科学归纳法。

完全归纳法，就是根据某类事物中每一个对象都具有或不具有某种属性，从而概括出该类事物的全部对象都具有或不具有这种属性的归纳方法。完全归纳法能使人们从个别材料中概括出一般结论，从而获得综合性和概括性的新知识，并且这种新知识是完全可靠的。但是，应用完全归纳法必须确知某类事物全部对象的具体数量，并对每一个对象进行调查；必须确知每一个对象具有或不具有被研究的那种属性。由于在市场调查中往往很难满足这两个条件，所以完全归纳法的运用范围受到限制，大多只能作为参考性结论来辅助用其他可靠分析方法进行的分析。

简单枚举法，是根据某类事物中部分对象具有或不具有某种属性的归纳法。这种方法是建立在直接经验基础上的一种归纳法，结论具有一定的可靠性，并且简便易行，其结论的知识大大超过了前提的知识，因而具有较大的认识作用。但简单枚举法的结论具有偶然性，因而要提高其结论的可靠性，就要使考察的对象尽可能增加。科学归纳法是根据某类事物中的部分对象与某种属性之间的必然联系，推论出该类事物的所有对象都具有某种属性的归纳方法。与简单枚举法相比，科学归纳法更复杂、更科学，其认识作用也更大。

2. 演绎分析法

市场调查中的演绎分析法，就是把调查资料的整体分解为各个部分、方面、因素，形成分类资料，并通过对这些分类资料的研究分别把握特征和本质，然后将这些通过分类研究得到的认识联系起来，形成对调查资料整体认识的逻辑方法。

在运用演绎法进行分析时要注意以下问题：

（1）分类研究的标准要科学。

（2）分类研究的角度应该是多层次、多角度的。

（3）对分类研究后的资料还要运用多种逻辑方法揭示其本质，形成理性认识。

（4）综合要以分类研究为基础。

（5）综合要根据研究对象本身的客观性质，从内在的相互关系中把握其本质和整体特征，而不是将其各个部分、方面和因素进行简单相加或形式上的堆砌。

3. 比较分析法

比较分析法是把一事物和他事物放在确定的条件下进行对比，找出它们之间的相同点和不同点，深入认识事物的关系。对一个事物不能孤立地去认识，而应把它与其他事物联系起来加以考察，通过比较分析，在众多的属性中找出本质的属性和非本质的属性。比较分析法是调查研究中经常运用的一种方法。

运用比较分析法应该注意以下问题：

（1）应注意比较的基础。《墨经》中著名论点"木与夜孰长，智与粟孰多"，讲的是木有空间长度，夜有时间长度，智力是精神的财富，粟米是物质的财富，这两对概念是不可能对比的。若在比较分析中将可比的事物与不可比的事物相混淆，就不能进行科学的比较，也就不能得出正确的结论。

（2）比较应该是多层次的，只有层层深入，才能对事物有更全面、更深刻的认识。

4. 结构分析法

结构分析法是把一个大的事物分成若干部分，认识部分和整体的关系，使人们看到部分也看到整体，更看到部分与整体的关系。因为任何事物或现象都是由几个部分、方面和因素所组成的。这些部分、方面和因素之间形成一种相对稳定的关系，这种相对稳定的关系谓之结构。相互联系的各个部分、方面和因素间总是相互依存、互相渗透并作为同一整体对其外部事物或现象发生作用和影响。这种对内的和对外的作用和影响谓之功能。

在市场调查分析中，运用结构分析法主要分析结构和内部、外部功能。

（1）分析结构，即分析某一被调查事物的各个结构部分，哪一部分构成起主要作用，哪一部分起次要的、协同的作用，从而认识现象的内在结构。

（2）分析内部功能，包括确定功能关系的性质，研究功能存在的必要条件，揭示满足功能的机制，即分析促使各个要素之间发生相互影响和作用的手段及方法。

（3）分析外部功能，即把研究对象放到市场当中，考察其对市场各方面的影响和作用，包括分析其功能的对象、性质以及程度等。

5.4.2 定量分析

1. 平均指标分析

从计算方法来看，平均指标可分为数值平均数和位置平均数两大类。前者包括算术平均数、调和平均数和几何平均数，它们都是根据分布数列中各单位的标志值及其分布次数计算而得到的；后者包括众数和中位数，它们是根据分布数列中某些单位标志值所处的位置来确定的。

1）平均数

平均数是数列中全部数据的一般水平，是数据数量规律性的一个基本特征值，反映了一些数据必然性的特点。平均数包括算术平均数、调和平均数和几何平均数。算术平均数分为简单算术平均数和加权算术平均数。

（1）简单算术平均数。简单算术平均数的计算公式为

$$\bar{x} = \frac{\sum_{i=1}^{n} x_i}{n} = \frac{x_1 + x_2 + \cdots + x_n}{n}$$

式中，$\bar{x}$ 为算术平均数；x 为各个变量值；n 为变量值的个数。

【案例阅读 5-11】

某公司 2016 年每月销售记录见表 5-17。

表 5-17　某公司 2016 年每月销售记录　　　　　　　　　　　单位：万元

月份	1月	2月	3月	4月	5月	6月	7月	8月	9月	10月	11月	12月
销售额	33	31	29	28	29	30	33	32	31	28	29	30

则该公司 2016 年月平均销售额为 30.25 万元。

在本例中，30.25 万元充分说明了 2016 全年的平均销售水平，同时也可与上一年数据进行比较分析，也能为下一年度的经营活动或销售计划制订等工作提供数据。

（2）加权算术平均数。加权算术平均数的计算公式为

$$\bar{x} = \frac{\sum mf}{\sum f}$$

式中，m 为各组的组中值；f 为各组的频数。

【案例阅读 5-12】

某公司计算机销售量见表 5-18，求该公司计算机的平均销售量。

表 5-18　某公司的计算机销售量

按销售量分组/台	组　中　值	频数/天	mf
140～150	145	4	580
150～160	155	9	1 395
160～170	165	16	2 640
170～180	175	27	4 725
180～190	185	20	3 700
190～200	195	17	3 315
200～210	205	10	2 050
210～220	215	8	1 720
220～230	225	4	900
230～240	235	5	1 175
合计	—	120	22 200

$$\bar{x} = \frac{\sum_{i=1}^{n} m_i f_i}{n} = \frac{22\,200}{120} = 185 \text{（台）}$$

该公司计算机的平均销售量为 185 台。

2）众数

众数是数据中出现次数最多的变量值，也是测定数据集中趋势的一种方法。例如，有 10 名大学生的年龄资料：16 岁、17 岁、18 岁、18 岁、18 岁、18 岁、18 岁、19 岁、20 岁、22 岁。其中，18 岁出现的次数最多，所以它就是这 10 名大学生的年龄众数，可以此作为其年龄的代表水平。

在市场调查得到的统计数据中，众数能够反映最大多数数据的代表值，可以使我们在实际工作中抓住事物的主要问题，有针对性地解决问题。要注意的是，由于众数只依赖于变量出现的次数，所以对于一组数据，可能会出现两个或两个以上的众数，也可能没有众数。在调查实践中，有时没有必要计算算术平均数，只需要掌握最普遍、最常见的标志值就能说明社会经济现象的某一水平，这时就可以采用众数。

【案例阅读 5-13】

甲组数据：2、2、3、3、4 的众数是多少？答案：2、3。

乙组数据：1、2、3、4 的众数是多少？答案：没有。

3）中位数

中位数是一组数据按一定顺序排列后，处于中间位置上的变量值。中位数的概念表明，数列中有一半单位的变量值小于中位数，另一半单位的变量值大于中位数，因此，在许多场合，用中位数反映现象的一般水平更具有代表性。例如，在研究城乡居民收入水平时，总体中存在极高收入者，这时用居民收入的中位数比算术平均数更能代表居民收入的一般水平。

中位数的计算是，先将总体各单位的标志值按大小顺序排列，然后按下列公式来确定中位数的位置，其公式为

$$中位数的位置 = \frac{n+1}{2}$$

如果总体单位数的项数 n 为奇数，则 $(n+1)/2$ 即为中位数位置，该位置的标志值就是中位数；若 n 为偶数，则 $(n+1)/2$ 居于数列中间的两个标志值之间，中位数为这两个标志值的简单算术平均数。

【案例阅读 5-14】

（1）求数列 6、9、12、15、18 的中位数。这个数列共有 5 项，所以中位数位置 $=(n+1)/2=3$，即第三项的标志值就是中位数，即 12。

（2）求数列 6、9、12、15、18、21 的中位数。这个数列共有 6 项，中位数位置在第 3、4 项的标志值之间，所以中位数是

$$\frac{12+15}{2}=13.5$$

4）中位数、众数、算术平均数之间的关系

中位数、众数、算术平均数之间的关系如下：

（1）在同一变量数据集合中，如果变量值分布呈对称型，则算术平均数、中位数和众数三者相等。

（2）若不对称，则中位数必居中，算术平均数和众数分列两侧，如图 5.11 所示。

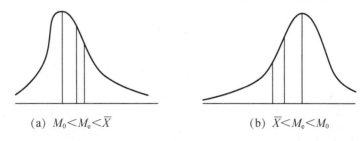

(a) $M_0 < M_e < \bar{X}$ (b) $\bar{X} < M_e < M_0$

图 5.11　不对称数据中，中位数、众数及算术平均数之间的关系

众数是一组数据分布的峰值，不受极端值的影响。其缺点是具有不唯一性，一组数据可

能有一个众数，也可能有两个或多个众数，也可能没有众数。众数只有在数据量较多时才有意义，当数据量较少时，不宜使用众数。众数主要适合作为分类数据的集中趋势测度值。

中位数是一组数据中间位置上的代表值，不受极端值的影响。当一组数据的分布偏离程度较大时，使用中位数是一个好的选择。中位数主要适合作为顺序数据的集中趋势测度值。

平均数是对数值型数据计算的，而且利用了全部数据信息，它是实际中应用最广泛的集中趋势测度值。

2. 变异度指标分析

变异度指标是综合反映总体各单位标志值差异程度的指标，也是反映总体分布状况的特征之一。变异度指标主要有全距、平均差、方差等。

1）全距

全距是所有数据中最大数值和最小数值之差，也就是"全距=最大值-最小值"。因为全距是数据中两个极端值的差值，不能反映中间数据变化，只受最大值和最小值的影响，所以它是一个粗略的测量离散程度的指标。在实际调查中，其主要用于离散程度比较稳定的调查数据。同时，全距可以一般性地检验平均值的代表性大小，全距越大，平均值的代表性越小；反之，平均值的代表性越大。

【案例阅读 5-15】

在某个城市中随机抽取 9 个家庭，通过调查得到每个家庭的人均月收入数据如下（单位：元）：

1 500　　750　　780　　1 080　　850　　960　　2 000　　1 250　　1 630

要求计算人均月收入的中位数。

解：

$$\text{家庭人均月收入的全距} = 2\,000 - 750 = 1\,250（元）$$

全距是描述数据离散程度的最简单测度值，计算简单，易于理解，但它容易受极端值影响。由于全距只是利用了一组数据两端的信息，不能反映出中间数据的分散状况，所以不能准确描述出数据的分散程度。

2）平均差

平均差即平均离差，是总体各单位标志值与其算术平均数离差绝对值的算术平均数。它也可以反映平均数代表性的大小，由于平均差的计算涉及总体中所有的数据，所以能够更加综合地反映总体数据的离散程度。其计算公式为

$$AD = \frac{\sum_{i=1}^{n}|x - \bar{x}|}{n}$$

式中，$x - \bar{x}$ 为离差，即每一个标志值与平均指标之间的差数；n 为离差的项数。

从公式中可以看到，平均差受数据的离散程度和总体的平均指标两个因素的共同影响。因此，当需要对比两个总体变量的离散程度时，如果它们的平均指标水平不同，就不能简单地直接用两个平均差来对比。另外，平均差具有和平均指标相同的计量单位，因此，对于计量单位不同的总体平均差也不能直接比较。在这里，可以引入平均差系数的方法。

平均差系数就是将平均差除以相对应的平均指标得到的数值。因为平均差系数计算出来

的结果是一个相对数，所以就解决了以上平均差的局限，可以应用于比较两个平均指标水平不同的总体问题。

3）方差

标准差反映的是每一个个案的分值与平均的分值之间的差距，简单来说，就是平均差异有多大。标准差越大，表示差异越大。方差和标准差之间是平方的关系。这两个指标都是反映总体中所有单位标志值对平均数的离差关系，是测定数据离散程度最重要的指标，其数值的大小与平均数代表性的大小是反方向变化的。

样本的方差是所有观测值与均值的偏差平方和除以样本量减1，具体计算公式为

$$s^2 = \frac{1}{n-1}\sum_{i=1}^{n}(x_i - \bar{x})^2$$

可以看到，计算方差时用到了所有的数据。方差越小，数据的离散程度越小。

样本的标准差是方差的平方根，计算公式为

$$s = \sqrt{\frac{1}{n-1}\sum_{i=1}^{n}(x_i - \bar{x})^2}$$

应该注意的是，方差的单位是观测数据单位的平方，即标准差的单位与观测数据的单位相同。

【案例阅读5-16】

5个大学班级样本的班级人数数据分别为46、54、42、46、32。请计算方差。

解：

$$s^2 = \frac{1}{n-1}\sum_{i=1}^{n}(x_i - \bar{x})^2 = 64$$

3．偏度和峰度指标分析

1）偏度

偏度就是指次数分布的非对称程度，以偏态系数来表示。偏度的计算公式为

$$\alpha = \frac{\sum(x-\bar{x})^3 f}{\sigma^3 \sum f}$$

$\alpha = 0$时，表示数据正态分布或对称；$\alpha > 0$时，表示正偏或右偏；$\alpha < 0$时，表示负偏或左偏。α的绝对值越大，表示偏斜的程度就越大。

2）峰度

峰度是数据分布集中趋势高峰的形状，也即分布曲线的尖峭程度，通常以峰度系数来表示。

（1）尖峰分布。统计数据的分布比正态分布更加陡峭。

（2）平顶分布。统计数据的分布比正态分布更加平坦。

峰度的计算公式为

$$\beta = \frac{\sum(x-\bar{x})^4 f}{\sigma^4 \sum f}$$

$\beta = 3$时，表示正态分布峰度；$\beta > 3$时，表示尖态峰，说明频数分布集中趋势显著，离散度低；$\beta < 3$时，表示平坦峰，说明频数分布离散度高。

任务 5.5 市场调查分析 Excel 应用

5.5.1 用 Excel 录入问卷原始数据

打开 Excel 时，映入眼帘的工作界面就是工作表。它由众多的行和列中的单元格排列在一起构成。工作表能存储包含字符串、数字、公式、图表和声音等丰富的信息或数据，并能够对这些信息或数据进行各种处理，同时能将工作表打印出来。

当工作簿建立之后，就可以在工作簿的每一个工作表中输入数据了。在 Excel 工作表的单元格中可以输入的数据有文本、数字、日期、时间和公式等。调查数据的输入主要针对调查问卷中的问题，根据其编码的结果，对问题的答案进行输入。

调查问卷的问题可以分为单选题、多选题、主观题 3 类。

 【案例阅读 5-17】

下面是一份简化了的调查问卷——手机使用的调查。
1. 您的性别是：
（1）先生　　　（2）女士
2. 您使用过的手机的品牌有：
（1）诺基亚　　（2）摩托罗拉　　（3）索爱　　（4）三星　　（5）联想　　（6）其他

假设问卷有 10 份，录入数据如图 5.12 所示。

	A	B	C	D
1	问卷编号	问题一（单选）	问题二（多选）	
2	1	2	12	
3	2	1	15	
4	3	2	34	
5	4	2	25	
6	5	1	123	
7	6	2	26	
8	7	1	134	
9	8	2	256	
10	9	1	236	
11	10	2	245	
12				
13	统计			
14	总问卷数：		10	
15				
16		个数	百分比	
17	问题一-1			
18	问题一-2			
19				
20	问题二-1			
21	问题二-2			
22	问题二-3			
23	问题二-4			
24	问题二-5			
25	问题二-6			
26				

图 5.12　问卷数据录入结果

在此，有以下几个要注意的问题：

（1）录入数据前要对每张问卷进行编号，方便录入后问卷答案的备查，也方便对数据排序后返回到原始录入的状态。

（2）录入时将问题的答案如 A、B、C、D 等替换为 1、2、3、4，如图 5.12 所示。毕竟录入数字比录入字母要快得多。因此，在设计问卷时可考虑将问题的选项序号设为数字，避免录入时头脑将字母转化为数字时出现错误。

（3）单选题和多选题每道题的答案均只用一个单元格，这也是为了方便录入。多选题的答案当然也可以分开，不过会影响录入速度，分开则会方便以后使用其他软件对数据进行处理。

（4）在图 5.12 中，将第一行冻结起来，当问卷数多时，录入时依然可看到各个字段名，减少出错。冻结的方法：选中要冻结行下边一行和要冻结列右边一列的那个单元格，再从菜单里选择"窗口—冻结窗格"就可以了。如要冻结第一行，只要点中 A2 单元格，然后冻结窗格。

（5）统计区暂时放在问卷原始数据的下面。

（6）数据录入的两种方法。一是直接在单元格中输入，左手方向键，右手小键盘。因为问卷的答案统一为数字，所以直接输入也有较快的速度。二是使用 Excel 记录单输入，左手 Tab 键，右手小键盘。选中数据区域的任意一个单元格，执行"数据→记录单"命令，打开"记录单"窗口（图 5.13），点击【新建】即可输入新记录，按 Tab 键向下移动光标，按 Shift + Tab 组合键向上移动光标，按 Enter 键完成新记录的输入，并自动打开新的录入窗口，方便下条记录的输入。

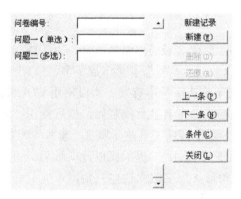

图 5.13　问卷数据录入

5.5.2　用 Excel 统计单选题

1．使用 COUNTIF 函数

案例阅读 5-17 中，在单元格 B17 中输入" = COUNTIF($B$2:$B$11,1)"即可求出问题一中选第一个选项的人的个数。使用绝对引用可减少以后复制公式时出错，当然也可以不使用绝对引用。问题一第二个选项的方法同上。

2．使用自动筛选功能

点中数据区域的任意单元格，再选择"菜单—数据—筛选—自动筛选"，然后点击 B1 单元格右边的下拉按钮并选 1，此时可在状态栏看到"在 10 条记录中找到 5 个"（图 5.14），将 5 输入 B17 就行了，减少了输入公式的麻烦。最后筛选 2，筛选完改回"全部"，以免影响其他题目的筛选。问卷有几百份时，需冻结字段行，才能使字段行和统计区处在同一屏幕，方便进行筛选和输入筛选结果。

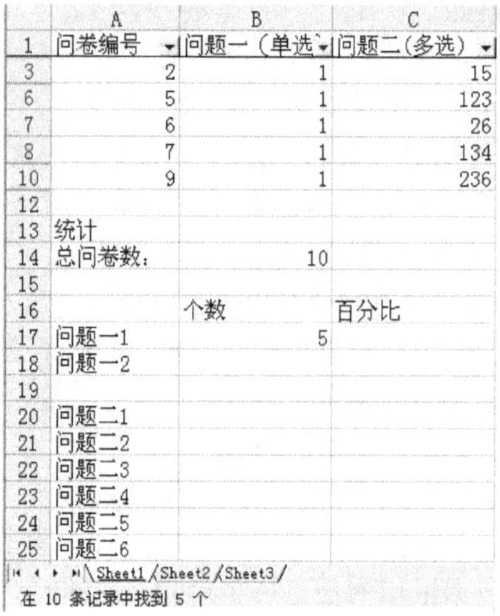

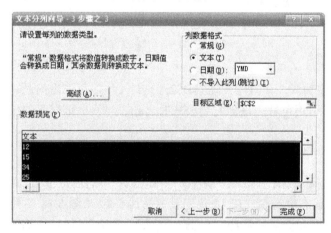

图 5.14　自动筛选图

5.5.3　用 Excel 统计多选题

1. 使用 COUNTIF 函数

多选题的答案并不只含有 1 或 2 或 3，而是几个，直接模仿使用统计单选题时的公式无效。因为 Excel 默认将 12、15、34 等字符串看作数字串，COUNTIF 函数无法算出数字串中含有几个 1，几个 2，但对文本格式字符串有效，所以使用 COUNTIF 函数前需将多选题的答案数据转为文本格式。转换方法：突出显示数字列，然后使用"数据—分列"命令。在文本分列向导中，点击两下【下一步】按钮，到达步骤 3，选择"列数据格式"下的"文本"（图 5.15），完成即可（效果如图 5.16 所示）。提示完成此向导后，可能会在一个或更多单元格中看到称为错误指示器的小三角形。如果感觉这些三角形令人分心，则可以选择此列，然后通过仅删除一个三角形将其全部删除。

图 5.15　COUNTIF 函数统计多选题 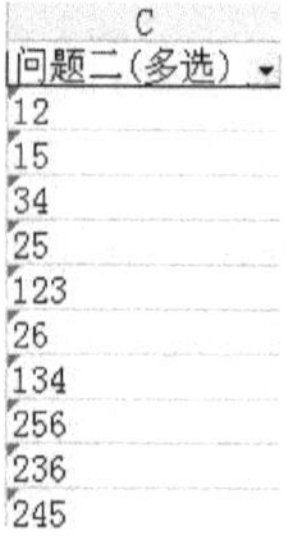　　　图 5.16　COUNTIF 函数统计多选效果图

然后，在 B20 输入公式"= COUNTIF(C2:C11,"*1*")"即可求出问题二的答案中，含有

选项 1 的个数。输入公式 " = COUNTIF(C2:C11,"*1*5*")"，可求出含选项 1 和选项 5 的答案的个数，包括 15、125、153 等。

注意：只是将多选题答案的单元格格式改为文本，COUNTIF 函数的结果是不正确的。

2．使用自动筛选功能

方法同使用 COUNTIF 函数的方法，需要先使用"分列"命令将数字转化为文本。之后在多选题右边的下拉按钮中选择"自定义"，如图 5.17 所示，选"包含"，右边输入 1 或 2 或 3 可计出相应的个数。要求只含 15，不包括 135、153，可选择等于 15；要求含 15，包括 135、153 之类，可选择等于*1*5*。

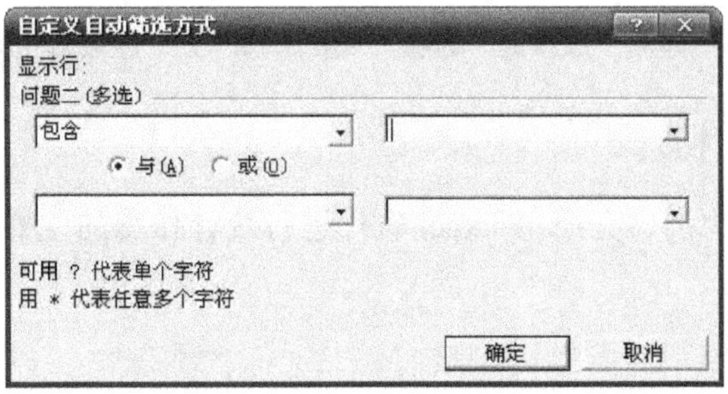

图 5.17　自动筛选统计多选题

3．使用嵌套函数

不用改数据的格式，直接用以下公式：

含选项 "1"，公式是 " = SUMPRODUCT(ISNUMBER(FIND("**1**",**A1:A10**))*1)"。
含选项 "2"，公式是 " = SUMPRODUCT(ISNUMBER(FIND("**2**",**A1:A10**))*1)"。
含选项 "3"，公式是 " = SUMPRODUCT(ISNUMBER(FIND("**3**",**A1:A10**))*1)"。
含选项 "5"，公式是 " = SUMPRODUCT(ISNUMBER(FIND("**5**",**A1:A10**))*1)"。
含选项 "15"，公式是 " = SUMPRODUCT(ISNUMBER(FIND("**15**",**A1:A10**))*1)"。

将上面公式中的加粗部分改为相应的统计选项和统计区域即可。不过上面求"15"的公式只能计算出完全是"15"的单元格的个数，不包括 135、156 之类。

5.5.4　Excel 数据分析程序的安装

在运用 Excel 进行数据处理和统计分析时，Excel 中必须安装 Excel 数据分析程序，即在 Excel 的"工具"菜单中应出现"数据分析"的命令选项，并将所要计算分析的变量按列（按行）输入。

当进入 Excel 时，如果在"工具"菜单中没有"数据分析"命令，必须首先安装"分析工具库"。其步骤如下：

（1）选择"工具"菜单中的"加载宏"，如图 5.18 所示。
（2）在弹出的"加载宏"对话框中勾选"分析工具库"，如图 5.19 所示。
（3）点击确定。此时即完成了 Excel 数据分析程序的安装，在 Excel 的"工具"菜单中就会出现"数据分析"的命令选项。

图 5.18 在"工具"菜单中选择"加载宏"选项　　图 5.19 在"加载宏"对话框中勾选"分析工具库"

5.5.5 用 Excel 制作统计图

这里以制作条形图为例，介绍用 Excel 软件进行统计作图的主要步骤。

【案例阅读 5-18】

根据某年我国人口普查数据得到的我国 6 周岁以上人口按受教育程度分组形成的频数分布见表 5-19。

表 5-19　某年我国人口受教育程度分布表

受教育程度	文盲半文盲	小学	初中	高中及中专	大专及以上
人数/万人	11 093	45 191	42 989	14 109	4 571

试利用表 5-19 数据，建立 Excel 数据集，并制作相应的垂直条形图。

解：现列出利用上表数据制作条形图的主要步骤。

（1）在 Excel 中输入上表中的数据，建立如图 5.20 所示的数据集。

（2）选择"插入"下拉菜单的"图表"子菜单（图 5.21），进入图表向导。

图 5.20　Excel 数据集

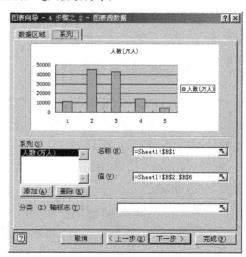

图 5.21　"图表源数据"之"系列"对话框

（3）选择图表类型为"柱形图"，再单击【下一步】按钮。

（4）进入图表源数据窗口，确定用于制作图表的数据区，在"数据区域"中选定"人数"数据（B1:B6），选定"系列产生在"为"列"。

（5）单击顶端"系列"标签（图 5.21），在"分类（X）轴标志"空白区域，单击右端 按钮，回到数据，集中用鼠标选定数据值（A2:A6），再单击右端 按钮（图 5.22），即回到"图表源数据"对话框。

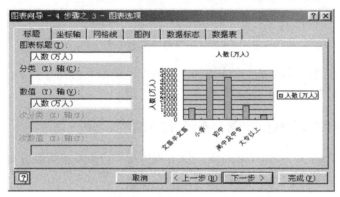

图 5.22　图表向导

（6）单击【下一步】按钮，就可对图表选项如标题、网格线、坐标轴等作选择，如图 5.23 所示。

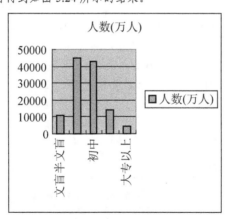

图 5.23　图表选项窗口

（7）单击【完成】按钮即可得到如图 5.24 所示的结果。

图 5.24　单击"完成"后得到的条形图

（8）在得到该条形图后，一般还需对坐标轴的字体大小、图例的取舍、图形的大小等进行编辑调整，具体方法是：将光标移向需调整的区域，单击右键，进入编辑窗口，对相关项目进行重新选择，单击【确定】按钮，即可得到如图 5.25 所示的条形图。

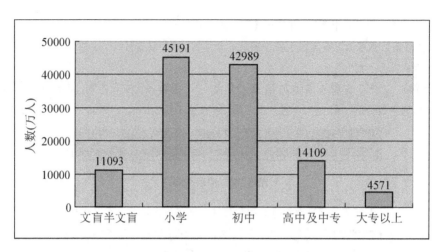

图 5.25　经过调整后的垂直条形图

对于其他统计图形，如饼图（圆形图）、折线图、累积折线图、线图（XY 散点图）等的制作步骤与上述条形图的制作基本类似。

5.5.6　用 Excel 制作定量数据的频数分布表与直方图

下面以处理案例阅读 5-19 数据为例，介绍如何用 Excel 编制频数分布表并生成直方图。定性数据频数分布表的生成方法与此类似。

【案例阅读 5-19】

现有 20 名学生的某门课成绩如下：

74　93　62　88　86　51　97　73　77　81　85　67　92　60　84　80　78　90　85　81

试对这些成绩数据编制频数分布表，并生成相应的直方图。

解：现列出用 Excel 编制频数分布表并生成直方图的主要步骤。

（1）将上列成绩数据输入 Excel 中，建立 Excel 数据集（图 5.26）。

（2）对成绩按组距 = 10 进行分组，在数据表的空白列输入分组的边界值（这里主要是各组的组上限），并按升序排列，作为制作直方图的"接收区域"。注意：Excel 编制频数分布表时各组计算频数将包含组上限，故取组上限为 59、69、79、89、100（图 5.26）。

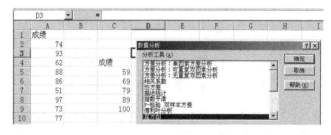

图 5.26　"数据分析"对话框

（3）选择"工具"下拉菜单的"数据分析"子菜单，用鼠标双击数据分析对话框中的"直方图"选项，如图 5.26 所示。注意：Excel 中必须已经先按"工具/加载宏"的命令，只有安装了"分析工具库"后，"工具"下拉菜单中才有"数据分析"子菜单。

（4）进入"直方图"对话框，其主要选项如图 5.27 所示。

图 5.27　"直方图"对话框

① 输入区域：选定要处理的数据区域，这里为成绩数据范围（A1:A21）。
② 接收区域：选定作为分组边界值（主要是各组上限）的数据范围，这里是第 2 步建立的 C4:C9 单元格范围。
③ 标志：因输入数据区域的第一行是标志项"成绩"，故选定该项。
④ 累积百分率：选定时频数分布表的结果中将有累积百分率数值，并在直方图中出现累积百分率折线图。
⑤ 图表输出：选定时将在输出频数分布表的同时，生成直方图。
（5）根据需要选定"直方图"对话框中的选项后，单击【确定】按钮即得初步结果（图 5.28）。

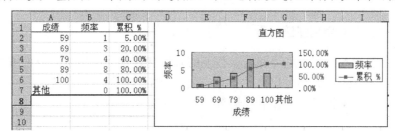

图 5.28　频数分布表和直方图的初步结果

（6）在频数分布表的结果中删除"其他"所在行（第 7 行），则图中"其他"及对应部分也就消失。
（7）在直方图中双击任一直条，即可进入"数据系列格式"，点击"选项"标签，将"间距宽度"的值 150 改为 0（图 5.29），还可以单击"数据标志"标签选定"显示值"，再单击【确定】按钮即可得到直条间无间隔的直方图。

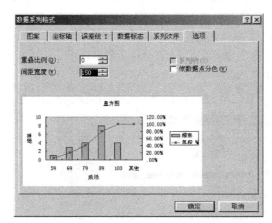

图 5.29　"数据系列格式"中的"选项"对话框

（8）对直方图的大小和字体大小等做适当调整，就可得到如图5.30所示的直方图。

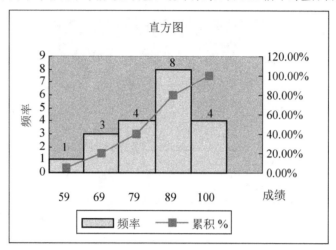

图 5.30　调整后的直方图

如果用已有的频数分布表数据来生成直方图，则可以按照本文统计作图中垂直条形图的制作步骤先生成条形图，再应用上面第6、7步即可得到直方图。

5.5.7　用 Excel 计算常用描述统计量

前面介绍了测度数据集中趋势和离散程度的常用统计量，以及如何利用函数公式来计算各自的结果。在 Excel 中，还可以由"工具→数据分析"中的"描述统计"一次性产生以上的常用统计量，此时需将所要计算的变量数据放在一列（或一行）。

【案例阅读 5-20】

现有20名学生的某门课成绩如下：

74　93　62　88　86　51　97　73　77　81　85　67　92　60　84　80　78　90　85　81

试对这些成绩数据用 Excel 来计算常用统计量。

解：现给出用 Excel 由"工具→数据分析"中的"描述统计"来一次性计算这些成绩数据的常用统计量的主要步骤。

（1）在 Excel 中将20名学生成绩数据集输入成一行，选择"工具"下拉菜单的"数据分析"子菜单，用鼠标双击"数据分析"对话框中的"描述统计"选项（图5.31）。

图 5.31　选择"描述统计"

（2）进入"描述统计"对话框（图5.32），选定主要选项。
① 输入区域：选定要处理的数据区域，这里为成绩数据范围（A1:T1）。
② 分组方式：选定"逐行"。
③ 标志位于第一列：因输入数据区域的第一列不是标志，故不选定该项。
④ 输出区域：选定"新工作表组"。
⑤ 汇总统计：必须选定，该选项将给出全部描述性统计量。
⑥ 单击【确定】按钮。
由此即可得到20名学生成绩数据的描述性统计量计算结果（图5.33）。

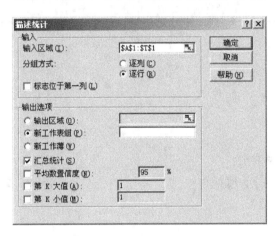

图5.32 "描述统计"对话框　　　　图5.33 "描述统计"的计算结果

技 能 训 练

【课业目标】
通过本课业，学生应能够根据所收集的数据，进行调查统计分析；掌握统计分析的有关技巧，学会用Excel软件分析相关数据。

【课业方式】
对所收集的问卷进行整理及录入数据，并对数据进行统计分析。

【课业内容及步骤】
（1）检查收集的问卷是否是有效问卷。
（2）各个组员独立完成一定数目的数据录入和处理。
（3）对数据进行初步处理，剔除一些无关数据，并对有效数据进行分析。
（4）按规定要求上交电子版的处理结果。

【课业评价】

评分标准\项目	优秀（20 分）	良好（16 分）	合格（12 分）	不合格（8 分以下）	个人得分
数据整理及统计分析	问卷检验合格，数据录入规范，数据处理符合要求，选用处理工具足够多且独立完成	有少量无效问卷，数据录入基本规范，数据处理基本符合要求，选用处理工具不符合要求，但是独立完成	无效问卷较多，数据录入存在较大问题，数据处理出现较大错误，选用工具不符合要求，且没有独立完成	无效问卷较多且数据录入严重不符合要求，数据未经处理，没有完成数据处理及统计分析	

1. 简答题

（1）简述市场资料整理的程序。

（2）在哪些情形下有问题的问卷可以放弃不用？

（3）根据编码设计的时间与方法，编码可分为哪两种？

（4）怎样运用平均数分析数据的集中趋势？

2. 数据分析题

（1）现随机抽取 10 人，测得其血清中锌含量如下（单位：μmol/L）：

   16.8 24.2 17.4 10.4 15.8 12.1 16.6 20.4 17.1 19.6

试用 Excel 一次性计算其锌含量的中位数、样本均值、样本方差、标准差、变异系数和极差。

（2）现从某高校在校男大学生中随机抽取 40 人，测得其身高如下（单位：cm）：

   177 168 176 180 184 167 168 164 167 172
   175 173 177 170 168 177 170 172 173 160
   171 176 163 175 158 161 172 172 172 179
   163 169 178 181 166 178 176 171 172 157

试用 Excel 计算身高数据的描述统计量，其均值、标准差、变异系数和极差各是多少？

项目 6
分析、预测市场发展趋势

基于代驾问题的初步分析,为了更好地完成要分析的目标,需要对手中的数据进行更有效的分析利用。为此,大家对调查对象的年龄、职业、收入与代驾立法观点的相关性进行相关分析,对调查对象的经验和提出的问题进行相关性预测,也对访谈中获得的专家意见与调查数据的吻合度进行回归分析。

【学习目标】

知 识 目 标	技 能 目 标
理解定性预测方法和定量预测方法的区别与实质。 掌握集合意见法和德尔菲法。 掌握时间序列分析法和线性回归预测法	运用分析工具对市场调查数据资料进行预测

【项目任务】

根据确定的调查目的,利用定性预测方法和定量预测方法,分析、预测调查所收集的数据,并形成分析预测结论。

(1)任务步骤:明确影响目标的基本数据资料→确定采用的调查方法→利用 Excel 分析并得出结论。

(2)完成要点:要能准确地识别出相关因子,同时能采用准确的分析方法。

【导入案例】

20 世纪 30 年代初,罗斯福提出解决美国经济危机的"新政"获得了一些人的赞同,但仍有一些人对"新政"持怀疑态度。从苏联回来的哈默潜心研究了当时美国国内的政治形势和经济状况,认为"新政"定会成功。

从这点出发,哈默预见一旦"新政"得势,1920 年公布的禁酒令就会废除。那时市场将需要空前数量的酒桶,而当时市场上却没有酒桶。哈默在苏联住了多年,知道苏联有制造酒桶的桶板可供出口。于是,他向苏联订购了几船桶板,并在纽约码头附近设立了一个临时桶板加工厂。当酒桶从哈默的造桶厂生产出来时,正好赶上"新政"废除禁酒令,他的酒桶被酒厂抢购一空,获得了空前的成功。

【理论知识】

企业在经营管理活动中,需要了解未来市场环境的变化,预测消费者的消费趋势走向,判断未来市场的发展状况及了解竞争对手未来的经营决策。要了解以上内容,企业需要在调查的基础上,运用已经收集的或者已知的资料进行预测。市场预测是指在市场调查的基础上,运用科学的方法,对市场的各组成要素的变化趋势和未来可能的水平做出估计和测算,为决策提供依据的过程。市场预测分为定性预测和定量预测,定量预测具体包括时间序列预测法和回归预测法。

任务 6.1 学习定性预测法

定性预测法是指预测人员根据自己的经验、理论和掌握的实际情况,对经济发展前景、性质和程度作出判断。这是一种不依托数学模型的预测方法。这种方法在社会经济生活中有广泛的应用，特别是在预测对象的影响因素难以分清主次，或其主要因素难以用数学表达式模拟时，预测者可以凭借自己的业务知识、经验和综合分析能力，运用已掌握的历史资料和直观资料，对事物发展的趋势、方向和重大转折点做出估计和预测。预测结果并没有经过量化或者定量分析，所以具有不确定性。

定性预测方法的具体形式较多，经常采用的方法有个人判断法、集合意见法、专家会议法、德尔菲法等。

6.1.1 个人判断法

个人判断法是由企业决策人员（主管经营经理、有关部门主管干部）或基层人员（营业员、业务员）根据所收集到的资料凭借自己的经验，对市场需求的情况做出主观判断，预测未来的情况。

运用个人判断法预测的专家一般是经营管理人员、销售人员及一些特邀的市场分析专家。任何企业要生存、发展，都必须预测市场发展变化的趋势。现代企业所面临的市场是快速变化的，面对频繁的市场变化，往往需要企业"当机立断"，这就难以采用复杂的预测方法，而只能由经营管理人员、销售人员或有关专家根据自己的知识经验做出符合市场需求的决策。于是，个人判断法作为最简便易行的方法，在企业市场预测中运用十分频繁。

6.1.2 集合意见法

集合意见法是指企业内部经营管理人员、业务人员凭自己的经验判断，对市场未来需求趋势提出个人的预测意见，再集合大家的意见做出市场预测的方法。集合意见法是短期或近期的市场预测中常用的方法。企业经营管理人员和业务人员在日常工作中积累了丰富的经验，掌握着大量的实际资料，非常熟悉市场需求的变化情况，对他们的意见进行充分调查并加以集中，可以对市场的未来情况做出预测。该法是由企业集合有关人员依靠收集到的市场情报、资料、数据，运用科学的思想方法和运算手段对预测目标进行分析、讨论，判断市场未来发展趋势的一种方法。

集合意见法的主要操作步骤如下：

第一步，预测组织者根据企业经营管理的要求，向参加预测的有关人员提出预测项目和预测期限的要求，并尽可能提供有关背景资料。

第二步，预测。有关人员根据预测要求及掌握的背景资料，凭个人经验和分析判断能力，提出各自的预测方案。在此过程中，预测人员应进行必要的定性分析和定量分析。定性分析主要分析历史上生产销售资料、目前市场状态、产品适销对路的情况，商品资源、流通渠道的情况及变化，消费心理变化、顾客流动态势等。定量分析主要确定未来市场需求的几种可能状态（如市场销路好或市场销路差的状态），估计各种可能状态出现的主观概率，以及每种可能状态下的具体销售值。

第三步，预测组织者计算有关人员预测方案的方案期望值。方案期望值等于各种可能状态主观概率与状态值乘积之和。

第四步，将参与预测的有关人员分类，如厂长（经理）类、管理职能科室类、业务人员类等，计算各类综合期望值。综合方法一般是采用平均数、加权平均数或中位数统计法。

第五步，确定最后的预测值。预测组织者将各类人员的综合期望值通过加权平均法等计算出最后的预测值。

【案例阅读 6-1】

某机械厂为了预测明年的产品销售额，要求经理和业务科、计划科、财务科及营销人员做出年度销售预测。

运用集合意见法预测的具体步骤如下：

第一步，各位经理、科室负责人和营销人员分别提出各自的预测方案意见，见表 6-1～表 6-3。

表 6-1　经理预测方案　　　　　　　　　　　　　　　　　　　　　　　单位：万元

经理	销售估计值						期望值	权数
	销售好	概率	销售一般	概率	销售差	概率		
甲	500	0.3	420	0.5	380	0.2	436	0.6
乙	550	0.4	480	0.4	360	0.2	484	0.4

表 6-2　科室负责人预测方案　　　　　　　　　　　　　　　　　　　　单位：万元

科室负责人	销售估计值						期望值	权数
	销售好	概率	销售一般	概率	销售差	概率		
业务科	600	0.5	400	0.2	360	0.3	488	0.3
计划科	540	0.4	480	0.3	340	0.3	462	0.3
财务科	580	0.3	440	0.3	320	0.4	434	0.4

表 6-3　营销人员预测方案　　　　　　　　　　　　　　　　　　　　　单位：万元

营销人员	销售估计值						期望值	权数
	销售好	概率	销售一般	概率	销售差	概率		
甲	480	0.3	400	0.5	300	0.2	404	0.4
乙	520	0.3	440	0.4	360	0.3	442	0.3
丙	540	0.2	420	0.5	380	0.3	432	0.3

在前面的表格中，未来的市场销售前景有 3 种可能性：销售好、销售一般、销售差，每一种可能性发生的机会，称为概率。如销售好的概率为 0.3，即指"销售好"发生的可能性有 30%。销售好、销售一般、销售差 3 种可能性的概率之和等于 1。

对于表中的权数，不同人员由于在企业中的地位不同，权威性不同，其预测意见的影响力也不同，如经理甲是正经理，经理乙是副经理，显然经理甲的权威性大于经理乙的权威性，因此，经理甲的权数应大于经理乙的权数。经理甲的权数为 0.6，经理乙的权数为 0.4，也可以是 0.7 和 0.3，具体数字由预测人员主观确定。其他人员的权数确定也一样，凡是权威性大的人员，其权数也就大。

第二步，计算各预测人员的方案期望值。方案期望值等于各种可能状态的销售值与对应的概率乘积：

　　　　经理甲的方案期望值 = 500×0.3 + 420×0.5 + 380×0.2 = 436（万元）
　　　　业务科人员的方案期望值 = 600×0.5 + 400×0.2 + 360×0.3 = 488（万元）
　　　　营销人员甲的方案期望值 = 480×0.3 + 400×0.5 + 300×0.2 = 404（万元）

其他人员的方案期望值都依此计算，并填入表中。

第三步，计算各类人员的综合预测值。分别求出经理类、科室人员类、营销人员类的综合预测值。综合预测值公式为

$$\bar{x} = \frac{\sum x_i w_i}{\sum w_i}$$

式中，$\bar{x}$ 为某类人员综合预测值；x_i 为某类各人员的方案期望值；w_i 为某类各人员的方案期望值权数。

$$经理类综合预测值 = \frac{436 \times 0.6 + 484 \times 0.4}{0.6 + 0.4} = 455（万元）$$

$$科室人员类综合预测值 = \frac{488 \times 0.3 + 462 \times 0.3 + 434 \times 0.4}{0.3 + 0.3 + 0.4} = 459（万元）$$

$$营销人员类综合预测值 = \frac{404 \times 0.4 + 442 \times 0.3 + 432 \times 0.3}{0.4 + 0.3 + 0.3} = 424（万元）$$

第四步，确定最后预测值。即对3类人员的综合预测值采用加权平均法再加以综合。由于3类人员综合预测值的重要程度不同，所以应当给予3类人员综合预测值不同的权数。现假定经理类权数为4，科室人员类权数为3，营销人员类权数为2（权数可以是小数，也可以是正整数）。

$$最后预测值 = \frac{455 \times 4 + 459 \times 3 + 424 \times 2}{4 + 3 + 2} = 449（万元）$$

从预测的结果来看，综合预测值低于管理人员和科室人员的预测值，高于营销人员的预测值，这说明集合意见法本身是个人的主观判断，对以上3类人员的预测也是分别从各自的角度进行的，难免出现过于保守或过于乐观的情况。这就要求在最终确定预测值之前，要对综合预测值进行必要的调整，通过召开会议，互相交流看法，互相补充，从而克服主观上的局限性，在充分讨论和综合各方意见的基础上，由预测组织者确定最终的预测值。

6.1.3 专家会议法

专家会议法是邀请有关方面的专家，通过会议的形式，对市场未来奢求趋势或企业某个产品的发展前景作出判断，并在专家们分析判断的基础上，综合专家们的意见，进行市场分析预测的方法。

专家会议法分析市场发展趋势应进行以下操作。

1. 选择专家

专家会议法预测能否取得成功，在很大程度上取决于专家的选择。专家选择应满足以下要求：

（1）专家要有丰富经验和广博知识。专家一般应具有较高学历，有丰富的与预测课题相关的工作经验，思维判断能力敏锐，语言表达能力较强。

（2）专家要有代表性。要有各个方面的专家，如市场营销专家、管理专家、财务专家、生产技术专家等，不能局限于一个部门。

（3）专家要有一定的市场调查和市场预测方面的知识和经验。

2. 召集专家会议

第一步，做好会议的准备工作。包括确定会议的主题，确定合适的主持人，选好会议的场所和时间，确定会议的次数，准备会议的记录分析工具。确定主持人对于会议的成功与否起着非常重要的作用，要求其具有丰富的调查经验，掌握与讨论内容相关的知识，并能左右或引导会议的进程和方向。

第二步，邀请专家参加会议。邀请出席会议的专家人数不宜太多，一般8~12人最好，要尽量包括各个方面的专家，要独立思考，不受某个权威意见所左右。

第三步，控制好会议的进程。会议主持人提出预测题目，要求大家充分发表意见，提出各种各样的方案。主持人不要谈自己有什么设想、看法或方案，以免影响与会专家的思路。对专家所提出的各种方案和意见，不应持否定态度，均应表示肯定和欢迎。

在这一步中，需要强调的是会议上不要批评别人的方案，要打开思路，畅所欲言，方案多多益善，气氛民主热烈。同时，要做好会议的记录工作。可以由主持人边提问边记录，也可以由助手进行记录，还可以通过录音、录像的方法记录。

第四步，在会议结束后，主持人再对各种方案进行比较、评价、归类，最后确定预测方案。

另外，为了使专家会议法更有成效，会前应进行一定的调查研究，提供相关的资料，如市场动态资料，不同厂家所生产的同类产品的质量、性能、成本、价格对比资料，以及同类产品的历史销售资料等。同时，会前还需要做一些组织准备工作。组织准备工作包括如何选择专家，如何让专家充分发表意见。在专家会议上，会议主持人应让与会者畅所欲言，各抒己见，自由讨论；召集会议的预测者不发表可能影响会议的倾向性观点，只是广泛听取意见。在充分讨论的基础上，综合各专家的意见，形成有关市场未来变化发展趋势或某一产品未来需求前景的预测结果。

3. 选择专家会议的形式

专家会议法根据会议的程序和专家交换意见的要求分为以下 3 种具体形式：

（1）非交锋式会议。在这种方法中，参与的专家都可以独立地、任意地发表意见，也不带发言稿，以便充分发挥灵感，鼓励创造性思维。但不争论，不批评他人意见。这种非交锋式会议法也称为头脑风暴法。

（2）交锋式会议。与会专家都可以围绕预测的问题，各抒己见、直接争论，经过会议达成共识，做出较为一致的预测结论。

（3）混合式会议，又称为质疑头脑风暴法，是交锋式会议与非交锋式会议的混合使用。即第一阶段实施头脑风暴法；第二阶段对前一阶段提出的各种想法意见进行质疑，在质疑中争论、批评，也可以提出新的设想，不断地交换意见，互相启发，最后取得一致的预测结果。

6.1.4 德尔菲法

德尔菲法是采用背对背的通信方式征询专家小组成员的预测意见，经过几轮征询，使专家小组的预测意见趋于集中，最后做出符合市场未来发展趋势的预测结论。德尔菲法是为了克服专家会议法的缺点而产生的一种专家预测方法。在预测过程中，专家彼此互不相知、互不往来，这就克服了在专家会议法中经常发生的专家们不能充分发表意见、权威人物的意见左右其他人的意见等弊病。各位专家能真正充分地发表自己的预测意见。

1. 德尔菲法的适用情况

（1）缺乏足够的资料。企业在市场预测中，由于没有历史资料或历史资料不完备，难以进行量化分析时，采用德尔菲法。

（2）做长远规划或大趋势预测。长远规划和大趋势，因为时间久远，不可控制的变量太多，进行具体的量化非常困难，也不准确，这时采用德尔菲法是一个不错的选择。

（3）影响预测时间的因素太多。预测事件的变化总是会受到大大小小因素的影响，假如某事物受到影响因素过多时，就比较适合采用德尔菲法。

（4）主观因素对预测时间影响比较大。预测事件的变化主要不是受技术、收入等客观因素的影响，而是受政策、法规等主观因素影响时，宜采用德尔菲法。

2．德尔菲法的操作步骤

1）确定预测题目，选定专家小组

确定预测题目即明确预测的目的和对象，选定专家小组则是决定向谁做有关的调查。这两点是有机地联系在一起的，即被选定的专家，必须是对确定的预测对象具有丰富知识的人，既包括理论方面的专家，也包括具有丰富实际工作经验的专家，这样组成的专家小组，才能对预测对象提出可信的预测值。专家人数一般为10～20人。

2）制定征询表，准备有关材料

预测组织者要将预测对象的调查项目，按次序排列绘制成征询表，准备向有关专家发送。同时还应将填写要求、说明一并设计好，使各专家能够按统一要求做出预测值。

制定意见征询表时应当注意以下要点：

① 征询的问题要简单明确，使人容易回答。

② 问题数量不宜过多。

③ 问题的回答要尽量接近专家熟悉的领域，以便充分利用专家的经验。

④ 意见征询表中还要提供较详细的背景材料，供专家进行判断时参考。

3）采用匿名方式进行多轮函询

第一轮，预测组织者将预测课题、征询表和背景材料邮寄给每位专家，要求专家一一作答，提出个人的初步预测结果。

第二轮，预测组织者将第一轮汇总整理的意见、预测组的要求和补充的背景材料反馈给各位专家，进行第二轮征询意见。

专家们在接到第二轮资料后，可以了解其他专家的意见，并由此做出新的预测判断。他既可以修改自己原有的意见，也可以仍然坚持第一轮的意见，并将第二轮预测意见按期寄给预测组织者。

第三轮，预测组织者将第二轮汇总整理的意见、补充材料和预测组的要求反馈给各位专家进行第三轮征询意见。要求每位专家根据收到的资料，再发表第三轮的预测意见。专家将第三轮意见（修改的或不修改的）再次按期寄回。这样，经过几次反馈后，各位专家对预测问题的意见会逐步趋于一致。

4）运用数学统计分析方法对专家最后一轮预测意见加以处理，做出最后的预测结论

用德尔菲法征询专家意见一般要求在三轮以上，只有经过多次的征询，专家们的看法才能更加成熟，并使预测意见趋于集中。用数学统计分析方法处理专家们的预测数据，得出最终预测值，一般采用平均数法和中位数法。

（1）平均数法，就是用专家所有预测值的平均数作为综合的预测值。其计算公式为

$$y = \frac{\sum x_i}{n}$$

式中，x_i 为各位专家的预测值；n 为专家人数。

（2）中位数法，是用所有预测值的中位数作为最终的预测值。中位数的位置为 $(n+1)/2$。具体做法是：将最后一轮专家的预测值从小到大排列，碰到重复的数值舍去，那么中位数所处的位置——第 $(n+1)/2$ 位的数据，就是中位数。

【案例阅读 6-2】

某企业市场环境发生了变化,对产品明年的销售量难以确定,因而聘请 10 位专家,用德尔菲法进行预测。具体数据见表 6-4。

表 6-4 专家预测意见统计表　　　　　　　　　　　　　单位：万台

专家	1	2	3	4	5	6	7	8	9	10
第一轮	70	80	75	52	75	45	50	60	54	63
第二轮	70	75	73	55	65	47	54	65	60	63
第三轮	70	73	70	62	72	55	58	68	63	65

从表 6-4 中不难看出,专家们在发表第二轮预测意见时,大部分专家都修改了自己的第一轮预测意见,只有编号为 1 和编号为 10 的专家坚持自己第一轮的预测意见。专家们发表第 3 轮预测意见也是如此。经过 3 轮征询后,专家们预测值的差距在逐步缩小,在第一轮征询中,专家的最大预测值与最小预测值相差 35 万台;第二轮征询中,专家最大预测值与最小预测值相差 28 万台;第 3 轮征询中,专家最大预测值与最小预测值仅相差 18 万台。

(1) 用平均数法确定最终预测值,则

$$y=\frac{\sum x_i}{n}=\frac{70+73+70+62+72+55+58+68+63+65}{10}=64.8（万台）$$

即预测产品明年销售量为 64.8 万台。

(2) 用中位数法确定最终预测值。

首先,将表 6-4 中的专家第三轮预测值,按其数值从小到大排列:55、58、62、63、65、68、70、72、73(有两个 70,舍去 1 个)。

其次,确定中位数所在的位置:$(n+1)/2=(9+1)/2=5$。

那么,第五个数据为中位数。即预测产品明年的销售量为 65 万台。

任务 6.2　时间序列预测分析

市场情况总是随时间的推移不断发生变化。在通常情况下,事物的发展变化呈现出一定趋势,这种趋势还可能进一步延续。反映市场变化的经济指标不可能停留在同一水平,但它们都遵循事物发展变化的连续性原理。时间序列预测法就是运用数学方法,从历史统计数据中找出市场发展趋势或变化规律,通过分析或建立数学模型,并使其向外延伸,从而对市场前景做出推测和估计。时间序列预测分析的具体形式包括简单平均法、移动平均法、指数平滑法、趋势外推法及季节指数法。

6.2.1　简单平均法

简单平均法就是将一定观察期内预测目标值的算术平均数作为下一期预测值的一种简便的预测方法,具体可分为简单算术平均法、加权算术平均法和几何平均法。

1. 简单算术平均法

简单算术平均法就是将观察期内预测目标时间序列值求和，取其平均值，并将其作为下期预测值。用公式表示为

$$X = \frac{\sum x_i}{n}$$

式中，X 为观察期内预测目标的算术平均值，即下期的预测值；x_i 为预测目标在观察期内的实际值；n 为数据个数。

【案例阅读6-3】

某电动自行车厂某年1—12月电动自行车销售量分别为60、50.4、55、49.6、75、76.9、72、68、54.5、44、43.8、47万辆。利用简单算术平均法，预测下一年1月电动自行车的销售量（分按全年、下半年、第四季度3种情况预测）。

解：根据全年的销售量进行预测，则为

$$X = \frac{\sum x_i}{n}$$
$$= \frac{60+50.4+55+49.6+75+76.9+72+68+54.5+44+43.8+47}{12} = 58 （万辆）$$

根据下半年的销售量进行预测，则为

$$X = \frac{\sum x_i}{n} = \frac{72+68+54.5+44+43.8+47}{6} = 54.9 （万辆）$$

根据第四季度的销售量进行预测，则为

$$X = \frac{\sum x_i}{n} = \frac{44+43.8+47}{3} = 44.9 （万辆）$$

由此可以看出，由于观察期长短不同，得到的预测值也随之不同，故观察期的长短选择对预测结果很重要。一般当数据的变化倾向较小，观察期可以短些；当时间序列的变化倾向较大时，观察期应长些，这样预测值相对精确些。

简单算术平均法使用简便，花费较少，适用于短期预测或当对预测结果的精度要求不高的情况。

2. 加权算术平均法

加权算术平均法是为观察期内的每一个数据确定一个权数，并在此基础上，计算其加权平均数作为下一期的预测值。加权算术平均法用公式表示为

$$X = \frac{\sum w_i x_i}{\sum w_i}$$

式中，X 为预测目标在观察期内的加权算术平均数，即下期预测值；x_i 为在观察期内的各个数据；w_i 为与 x_i 相对应的权数。

使用加权算术平均法预测的关键就是确定权数。一般离预测值越近的数据对预测值影响越大，应确定较大的权数，离预测值较远的数据应确定较小的权数。

【案例阅读 6-4】

采取加权算术平均法，根据案例阅读 6-3 所给数据，利用该年下半年数据预测 2012 年 1 月的销量。

解：设 2012 年 1 月的销量为 X，则

$$X = \frac{\sum w_i x_i}{\sum w_i}$$

$$= \frac{1 \times 72 + 2 \times 68 + 3 \times 54.5 + 4 \times 44 + 5 \times 43.8 + 6 \times 47}{1 + 2 + 3 + 4 + 5 + 6} = 49.9（万辆）$$

通过预测，2012 年 1 月电动自行车的销量为 49.9 万辆。

3. 几何平均法

几何平均法首先要计算出一定时期内预测目标时间序列的发展速度或逐期增长率，然后，以此为依据进行预测。用公式表示为

$$G = \sqrt[n]{X_1 X_2 X_3 \cdots X_n}$$

式中，G 为几何平均数，即预测值；X_n 为观察期内的逐期增长率；n 为数据的个数。

【案例阅读 6-5】

某企业某种商品的销售额资料见表 6-5，试用几何平均法预测 2017 年的销售额。

表 6-5　某企业某种商品近年销售额

序　号	年　份	销售额/万元	环比发展速度 X_i	$\log X_i$
1	2012	45.00	—	—
2	2013	51.57	1.15	0.061
3	2014	60.55	1.17	0.068
4	2015	70.24	1.16	0.065
5	2016	84.29	1.20	0.079

解：

$$G = \sqrt[n]{X_1 X_2 X_3 \cdots X_n} = \sqrt[4]{1.15 \times 1.17 \times 1.16 \times 1.20} = 1.17$$

则 2013 年该商品的销售额为 98.62 万元（84.29 × 1.17）。

6.2.2　移动平均法

移动平均法是将观察期内的数据由远及近按一定跨越期进行平均的一种预测方法，随着观察期的"逐期推移"，观察期内的数据也随之向前移动，每向前移动一期，就去掉最前面一期数据，而新增原来观察期之后的数据，保证跨越期不变，然后逐个求出其算术平均值并将预测期最近的那一个平均数作为预测值。

常用的移动平均法有一次移动平均法和二次移动平均法。一次移动平均法又可分为简单移动平均法和加权移动平均法。

1. 简单移动平均法

简单移动平均法指时间序列按一定的跨越期，移动计算观察数据的算术平均数，形成一组新的数据。

简单移动平均法的基本公式表示为

$$M_t^{(1)} = \frac{X_t + X_{t-1} + X_{t-2} + \cdots + X_{t-n+1}}{n}$$

式中，$M_t^{(1)}$ 为第 t 期到第 $t-n+1$ 期的平均数；X_t，X_{t-1}，X_{t-2}，…，X_{t-n+1} 为第 t 期到 $t-n+1$ 期的实际值；n 为跨越期。

【案例阅读6-6】

表6-6为某城市2016年各月份汽油的消耗量及其平均值，请分别对跨越期为3和5的情况进行预测。

表6-6　某城市2016年各月份汽油的消耗及其平均值

月　份	实际使用量（X_t）/万升	3个月移动平均值 M_t（$n=3$）	5个月移动平均值 M_t（$n=5$）
1	120.0		
2	132.0		
3	142.0	131.3	
4	138.0	137.3	
5	146.0	142.0	135.6
6	152.0	145.3	142.0
7	146.0	148.0	144.8
8	155.0	151.0	147.4
9	143.0	148.0	148.4
10	156.0	151.0	150.4
11	148.0	149.0	149.6
12	150.0	151.3	150.4

解：根据资料，预测2017年1月的汽油的消耗量如下。

3次移动时　　$M_{12} = 151.3$（万升）

5次移动时　　$M_{12} = 150.4$（万升）

2. 加权移动平均法

加权移动平均法是对跨越期内不同重要程度的数据乘以不同的权数，将这些乘积之和除以各权数之和，求得加权移动平均数，并以此来预测下一期数据。用公式表示为

$$M_t = \frac{W_1 X_t + W_2 X_{t-1} + \cdots + W_n X_{t-n+1}}{W_1 + W_2 + \cdots + W_n}$$

式中，M_t 为时间为 t 的加权移动平均数，即 X_{t+1} 的预测值；X_t，X_{t-1}，…，X_{t-n+1} 为观察期内时间序列的各个数据，即预测目标在观察期内的实际值；W_1，W_2，…，W_n 为与观察期内时间序列各个数据相对应的权数。

【案例阅读 6-7】

利用案例阅读 6-6 数据,令跨越期为 3,权数分别为 0.5、0.3、0.2,运用加权动平均法预测该城市 2017 年 1 月份对汽油的需求量。

利用加权移动平均数公式计算数据见表 6-7。

表 6-7　计算数据

月　份	实际使用量(X_t)/万升	加权平均值 M_t（$n=3$）	预测值
1	120.0		
2	132.0		
3	142.0	$142.0 \times 0.5 + 132.0 \times 0.3 + 120.0 \times 0.2 = 134.6$	134.6
4	138.0	$138.0 \times 0.5 + 142.0 \times 0.3 + 132.0 \times 0.2 = 138.0$	138.0
5	146.0	$146.0 \times 0.5 + 138.0 \times 0.3 + 142.0 \times 0.2 = 142.8$	142.8
6	152.0	$152.0 \times 0.5 + 146.0 \times 0.3 + 138.0 \times 0.2 = 147.4$	147.4
7	146.0	$146.0 \times 0.5 + 152.0 \times 0.3 + 146.0 \times 0.2 = 147.8$	147.8
8	155.0	$155.0 \times 0.5 + 146.0 \times 0.3 + 152.0 \times 0.2 = 151.7$	151.7
9	143.0	$143.0 \times 0.5 + 155.0 \times 0.3 + 146.0 \times 0.2 = 147.2$	147.2
10	156.0	$156.0 \times 0.5 + 143.0 \times 0.3 + 155.0 \times 0.2 = 151.9$	151.9
11	148.0	$148.0 \times 0.5 + 156.0 \times 0.3 + 143.0 \times 0.2 = 149.4$	149.4
12	150.0	$150.0 \times 0.5 + 148.0 \times 0.3 + 156.0 \times 0.2 = 150.6$	150.6

3．二次移动平均法

二次移动平均法是指在一次移动平均的基础上,对新产生的移动平均序列再次移动平均,以修正滞后偏差,并根据两次移动平均资料,建立线性趋势模型进行预测。该方法适用于存在明显的线性上升或下降的时间序列。

二次移动平均法的预测步骤如下:

第一步,根据时间序列资料判断是否存在线性趋势特征,如存在,先对观察值做一次移动平均。选择跨期为 n,平均数为 $M_t^{(1)}$。

第二步,对一次移动平均后的新序列,再做移动平均（与第一步的 n 相同）。其公式为

$$M_t^{(2)} = \frac{M_t^{(1)} + M_{t-1}^{(1)} + \cdots + M_{t-n+1}^{(1)}}{n} = M_{t-1}^{(2)} + \frac{1}{n}\left[M_t^{(1)} - M_{t-n}^{(1)}\right]$$

第三步,求解简单线性方程参数,得预测模型,即

$$Y_{t+T} = a_t + b_t T$$
$$a_t = 2M_t^{(1)} - M_t^{(2)}$$
$$b_t = \frac{1}{N-1}\left[M_t^{(1)} - M_t^{(2)}\right]$$

式中,Y_{t+T} 为第 $t+T$ 期的预测值;t 为预测模型所处的时期;T 为预测模型所处的时间至需要预测的时间之间的间隔期数;a_t,b_t 为参数值;N 为跨越期。

第四步,求解预测值。

【案例阅读 6-8】

利用案例阅读 6-6 数据，令跨越期为 3，利用二次移动平均法预测下一年度 1、2、3 月份的使用量（见表 6-8）。

表 6-8 某城市 2016 年各月份汽油的消耗及其平均值

月份	实际使用量（X_t）/万升	一次移动平均值	二次移动平均值
1	120.0		
2	132.0		
3	142.0	131.3	
4	138.0	137.3	
5	146.0	142.0	136.9
6	152.0	145.3	141.6
7	146.0	148.0	145.1
8	155.0	151.0	148.1
9	143.0	148.0	149.0
10	156.0	151.0	150.1
11	148.0	149.0	149.4
12	150.0	151.3	150.6

$$a_t = 2M_t^{(1)} - M_t^{(2)} = 2 \times 151.3 - 150.6 = 152 \text{（万升）}$$

$$b_t = \frac{1}{N-1}\left[M_t^{(1)} - M_t^{(2)}\right] = \frac{2}{3-1}(151.3 - 150.6) = 0.7$$

根据 $Y_{t+T} = a_t + b_t T$ 得到预测公式为

$$Y = 152 + 0.7T$$

下一年度 1 月份的销售额（$T = 1$）为　　$152 + 0.7 \times 1 = 152.7$（万升）

下一年度 2 月份的销售额（$T = 2$）为　　$152 + 0.7 \times 2 = 153.4$（万升）

下一年度 3 月份的销售额（$T = 3$）为　　$152 + 0.7 \times 3 = 154.1$（万升）

6.2.3 指数平滑法

指数平滑法是利用预测目标历史数据的加权平均数作为预测值的一种预测方法，是加权平均法的一种特殊情形。它通过对预测目标历史序列的逐层平滑计算，消除了由于随机因素造成的影响，找出预测目标的基本变化趋势并以此来预测未来。

一次指数平滑法是指以时间序列的最后一个第一次指数平滑值为基础，建立预测模型，确定市场预测值。用公式表示为

$$S_{t+1} = \alpha X_t + (1-\alpha) S_t$$

式中，S_{t+1} 为 $t+1$ 期预测目标时间序列的预测值；X_t 为 t 期预测目标的实际值；S_t 为 t 期预测目标的预测值，即 t 期的平滑值；α 为平滑系数，$0 < \alpha < 1$。

公式表明，$t+1$ 期的预测值是 t 期实际值和预测值的加权平均数，t 期实际值的权数为 α，t 期预测值的权数为 $1-\alpha$，权数之和为 1。

一次指数平滑法的预测步骤如下：

第一步，确定初始值 S_1。S_1 没有办法计算出来，只能根据经验进行确定。一般情况下，如果时间序列原始数据比较多，如大于 15 个，这时初始值 S_1 对 S_{t+1} 的影响较小，可取 $S_1=x_1$，即以第一个观察值的原始数据代替指数平滑值的初始值；如果数据较少时，如不到 15 个，那么，初始值 S_1 对 S_{t+1} 的影响较大，可取时间序列中前 N 个观察期的原始数据的平均值为初始值。

第二步，选择平滑常数 α。平滑常数（加权系数）的选择原则为：如果时间序列具有不规则的起伏变化，但长期趋势接近一个稳定常数，必须选择较小的 α 值（取 0.05～0.20）；如果时间序列具有迅速明显的变化倾向，则 α 应取较大值（取 0.3～0.6）；如果时间序列变化缓慢，也应选较小的值（一般为 0.1～0.4）；在原始数据缺乏时，取值可以大一点。

第三步，确定预测值。最后一个指数平滑值即为市场预测值。

【案例阅读 6-9】

某自行车厂 2008—2017 年销售额见表 6-9，利用指数平滑法预测 2017 年的销售额。

表 6-9 某自行车厂 2008—2017 年销售额

年　份	销售额/万元	平滑系数（α）=0.1	平滑系数（α）=0.6	平滑系数（α）=0.9
2008	4 000	4 566.67	4 566.67	4 566.67
2009	4 700	4 510.00	4 226.67	4 056.67
2010	5 000	4 529.00	4 510.67	4 635.67
2011	4 900	4 576.10	4 804.27	4 963.57
2012	5 200	4 608.49	4 861.71	4 906.36
2013	6 600	4 667.64	5 064.68	5 170.64
2014	6 200	4 860.88	5 985.87	6 457.06
2015	5 800	4 994.79	6 114.35	6 225.71
2016	6 000	5 075.31	5 925.74	5 842.57
2017	—	5 167.78	5 970.30	5 984.26

解：

第一步，首先确定初始值 S_1，这是利用指数平滑法的重要一步。由指数平滑法公式可知，要计算 S_{t+1} 就需要知道 S_t，计算 S_t 就要知道 S_{t-1}，依此类推，要知道 S_2 就要知道 S_1，而 S_1 是没有办法计算出来的，只能估算。一般情况下，时间序列的数据越多，初始值距离预测期就越远，权数就越小，对预测值的影响也就越小。初始值可以用实际值来代替，即

$$S_1 = X_1$$

然后按照上述递推规律，求出 S_{t+1}；若时间序列数据少，初始值对预测值的影响较大，所以选择前几个数据作为初始值。如本例可以将 S_1 确定为前三期数据的平均值，即

$$S_1 = \frac{X_1 + X_2 + X_3}{3} = \frac{4\,000 + 4\,700 + 5\,000}{3} = 4\,566.67 \text{（万元）}$$

第二步，选择平滑系数（α）。指数平滑法中平滑系数体现了对时间序列各数据的修均能力，平滑系数的大小与预测结果有着直接关系。通常，平滑系数可以依据时间数列的波动进行选择。如果时间序列有较大的随机波动或大幅的升降时，应选择较小的平滑系数，以清除这种不规则变动对预测值的影响；如果时间序列有较小的随机变动或数据以固定比率上升、下降时，应选用较大的平滑系数；如果时间序列变动呈水平趋势，预测值与平滑系数的取值关系不大，可以选择居中的平滑系数。

本例中，分别取 $\alpha = 0.1$，$\alpha = 0.6$，$\alpha = 0.9$，通过计算，可以比较它们对时间数列的修均程度。

当 $\alpha = 0.1$ 时，

$$S_1 = \frac{4\,000 + 4\,700 + 5\,000}{3} = 4\,566.67 \text{（万元）}$$

$$S_2 = 0.1 \times 4\,000 + (1 - 0.1) \times S_1 = 4\,510.00 \text{（万元）}$$

2017 年销售额预测值为 5 167.78 万元。

当 $\alpha = 0.6$ 时，

$$S_1 = \frac{4\,000 + 4\,700 + 5\,000}{3} = 4\,566.67 \text{（万元）}$$

$$S_2 = 0.6 \times 4\,000 + (1 - 0.6) \times S_1 = 4\,226.67 \text{（万元）}$$

2017 年销售额预测值为 5 970.30 万元。

当 $\alpha = 0.9$ 时，

$$S_1 = \frac{4\,000 + 4\,700 + 5\,000}{3} = 4\,566.67 \text{（万元）}$$

$$S_2 = 0.9 \times 4\,000 + (1 - 0.9) \times S_1 = 4\,056.67 \text{（万元）}$$

2017 年销售额预测值为 5 984.26 万元。

第三步，确定预测值。根据本例中 α 对时间序列的修均程度，当 $\alpha = 0.9$ 时，指数平滑值基本反映了时间序列各数据的情况，修均程度小，应确定 $\alpha = 0.9$ 时的平滑值作为预测值。另外，在使用指数平滑法进行预测时，若对预测精度的要求比较高，还需要对不同平滑系数下取得的平滑值进行误差分析。

6.2.4 趋势外推法

趋势外推法又称数学模型法，就是通过建立一定的数学模型，对时间序列给出恰当的趋势线，将其外推或延伸，用来预测未来可能达到的水平。趋势外推法又分为直线趋势外推法和曲线趋势外推法。下文重点介绍一下直线趋势外推法。

直线趋势外推法是指对有线性变动趋势的时间数列，拟合成直线方程进行外推预测的方法。

直线方程的一般形式为

$$Y = a + bt$$

式中，a、b 是模型参数；t 是自变量，表现为按自然数顺序编号的时间序数。

当 t 发生变化时，Y 的变化见表 6-10。

表 6-10 趋势外推法推算表

时间序数（t）	时间数列数值（Y）	一次阶差（ΔY）
1	$a + b$	—
2	$a + 2b$	b
3	$a + 3b$	b
4	$a + 4b$	b
5	$a + 5b$	b
…	…	…

从表 6-10 中很容易看出，每当 t 增加 1，Y 值就相应地增加（或减少）一个 b 值，即一次阶差是一个常数。因此，具有直线趋势的时间数列，都可以采用直线方程来求出预测值。

当然，时间数列中的实际数据与直线上的数据总可能有所偏差，但只要偏差较小，拟合的直线对时间数列就有较强的代表性。实际上，有时不必找到拟合直线的方程式，只要符合直线趋势外推法的原理，直接用一些简便的方法就能求出预测值。最简便的方法是增减量预测法和平均增减量预测法。

1．增减量预测法

增减量预测法是以上期实际值与上两期之间的增减量之和作为本期预测值的一种预测方法。其公式为

$$Y_t = Y_{t-1} + (Y_{t-1} - Y_{t-2})$$

【案例阅读 6-10】

某企业某产品 2016 年的销售量为 458t，2015 年的销售量为 424t，预测 2017 年的销售量为

$$Y_{2017} = Y_{2016} + (Y_{2016} - Y_{2015}) = 458 + (458 - 424) = 492 (t)$$

2．平均增减量预测法

平均增减量预测法是先计算出整个时间数列逐期增减量的平均数，再与上期实际数相加，从而确定预测值的方法。其公式为

$$Y_t = Y_{t-1} + [(Y_{t-1} - Y_{t-2}) + (Y_{t-2} - Y_{t-3}) + \cdots + (Y_{t-n} - Y_{t-(n+1)})]/n$$

【案例阅读 6-11】

例如，案例阅读 6-10 中该企业某产品 2014 年的销售量为 402t，2013 年的销售量为 376t，2012 年的销售量为 355t，则预测 2017 年的销售量为

$Y_{2017} = 458 + [(458 - 424) + (424 - 402) + (402 - 376) + (376 - 355)]/4 = 458 + [34 + 22 + 26 + 21]/4 = 483.75 (t)$

直线趋势外推法一般都是通过直线预测模型来计算预测值的。这就需要先估计出模型参数 a、b 的值。求取 a、b 值的方法，与二次移动平均法、二次指数平滑法和回归分析中的最小二乘法相同。这里不再赘述。

6.2.5 季节指数法

在市场活动中，某些经济变量随季节的不同而呈现出周期性变化，在一定的时间间隔内出现相似的周期曲线。有些经济变量反映的季节变动较强，而另一些经济变量表现的季节变动相对较弱。因此，在进行市场预测时，应考虑到经济变量的季节性变化。季节指数法就是描述时间序列的季节性变动规律，并以此为依据预测未来市场商品的供应量、需求量及价格变动趋势。利用季节指数预测法的关键是计算时间序列的季节指数，下面通过案例介绍最常用的按月（季）平均法。

【案例阅读 6-12】

某家电销售部 2014—2016 年电风扇的销售量资料见表 6-11。已知 2017 年 1 月份的销售量为 3 台，试预测 2017 年其他各月的销售量。

表 6-11　某家电销售部 2014—2016 年电风扇的销售量　　　　　　　　　　单位：台

年份＼月份	1	2	3	4	5	6	7	8	9	10	11	12	年平均销售量
2014	5	4	10	22	40	108	94	85	62	20	5	6	38.4
2015	4	5	11	23	51	110	96	80	57	15	4	4	38.3
2016	3	3	6	18	32	100	92	81	58	13	3	2	34.3
月平均	4	4	9	21	41	106	94	82	59	16	4	4	37
季节指数	10.8	10.8	24.3	56.8	110.8	285.5	250.1	221.6	159.5	43.2	10.8	10.8	

具体预测如下：

（1）计算历年同月的平均值

$$1 月份的平均值 = \frac{5+4+3}{3} = 4（台）$$

（2）计算全年月平均值

$$\frac{4+4+9+\cdots+4}{12} = 37（台）$$

（3）计算各月季节指数

$$季节指数 = \frac{各年同月平均数}{全年月总平均数} \times 100\%$$

$$1 月份季节指数 = \frac{4}{37} \times 100\% = 10.8\%$$

（4）调整各月季节指数

$$调整各月系数 = \frac{理论季节指数之和}{实际季节指数之和} \times 各月实际季节指数$$

$$1 月份调整后的季节指数 = \frac{1\,200}{1\,199.5} \times 10.8\% = 10.8\%$$

$$1 月份调整后的季节指数 = \frac{1\,200}{1\,199.5} \times 10.8\% = 10.8\%$$

（5）计算预测值

$$某月预测值 = \frac{预测月的季节指数}{实际月的季节指数} \times 上月实际数$$

$$2017 年 2 月份的预测值 = 3 \times \frac{10.8}{10.8} = 3（台）$$

$$2017 年 3 月份的预测值 = 3 \times \frac{24.3}{10.8} = 7（台）$$

依此类推，可以求出 2017 年各月的预测值。

任务6.3　回归分析

通过对调查对象和影响因素的资料进行统计整理和分析后，找出它们之间的变化规律，将变化规律用数学模型表示出来，并利用数学模型进行市场发展趋势的预测，这就是回归分析方法。

回归分析预测法是通过对预测对象和影响因素的统计整理和分析，找出它们之间的变化规律，将变化规律用数学模型表示出来，并利用数学模型进行预测的一种分析方法。因此，建立变量之间有效的回归方程，是回归分析预测法的重要工作，主要对市场现象未来发展状况和水平进行预测，如果能将影响市场预测对象的主要因素找到，并能够取得其数据资料，就可以采用回归分析预测法进行预测。它是一种具体的、行之有效的、实用价值很高的常用市场预测方法。

回归分析预测法有多种类型。可根据自变量的个数分为一元回归预测法、二元回归预测法和多元回归预测法。在一元回归分析预测法中，自变量只有一个；二元回归预测法中，自变量有两个；而在多元回归分析预测法中，自变量有两个以上。根据自变量和因变量之间是否存在变量关系，可分为线性回归预测和非线性回归预测。线性回归预测法中变量之间的关系表现为直线型，非线性回归预测法中变量之间的关系主要表现为曲线。

利用回归分析预测法，其具体步骤如下：

第一步，确定预测目标和影响因素。通常情况下，市场预测的目标必定是因变量，研究者可根据具体研究的目的来确定。例如，以预计未来 5 年小家电需求为目的的市场预测，它的因变量就是未来 5 年小家电的需求量。而对于影响和制约预测目标的自变量的确定则相对较困难。

确定自变量，预测者既要对历史资料和现实调查资料进行分析，又要根据自己的理论水平、专业知识和实践经验进行科学性分析，必要时还可以运用假设方程先进行假设再进行检验，以确定主要的影响因素。

第二步，进行相关分析。所谓的相关分析，就是对变量间的相关关系进行分析和研究。这一过程主要包括两个方面：一是确定变量间有无相关关系，这是相关分析也是回归分析的前提；二是确定相关关系的密切程度，这是相关分析的主要目的和主要内容。相关分析可用散点图分析，相关关系的密切程度通常用相关系数或相关指数来衡量。

相关系数计算公式为

$$r = \frac{\frac{1}{n}\sum(x-\bar{x})\sum(y-\bar{y})}{\sqrt{\frac{1}{n}\sum(x-\bar{x})^2}\sqrt{\frac{1}{n}\sum(y-\bar{y})^2}}$$

式中：r 为相关系数；x 为自变量的值；$\bar{x}$ 为自变量的平均值；y 为因变量的值；$\bar{y}$ 为因变量的平均值。

相关系数 $-1<r<1$。当变量 x 与 y 呈线性相关时，$|r|$ 越接近 1，表明变量间的线性相关程度越高；$|r|$ 越接近 0，表明变量间的线性相关程度越低。$r>0$ 表明为正相关，$r<0$ 表明为负相关。当呈现较强的非线性相关时，相关系数 $|r|$ 值或许趋近于 0，或许很大，并不确定。

第三步，建立回归预测模型。建立回归预测模型，就是建立回归方程，依据变量之间的相关关系，用恰当的数学表达式可以表示。

线性回归方程的一般表达式为

$$y = a + b_1 x_1 + b_2 x_2 + \cdots + b_n x_n$$

当线性回归只有一个自变量与一个因变量间的回归，称为一元线性回归或简单线性回归、直线回归。其他形式的线性回归则称为多元线性回归。

当变量间不呈线性关系时，则需根据曲线的形状建立相应的非线性回归方程。方程的参数通常使用最小平方法计算求得，然后代回方程用于预测。

第四步，回归预测模型的检验。建立回归方程的根本目的在于预测，将方程用于预测之前需要检验回归方程的拟合优度和回归参数的显著性，只有通过了有关的检验后，回归方程方可用于经济预测。常用的检验方法有相关系数检验、F 检验、t 检验和 D-W 检验等。

第五步，进行实际预测。运用通过检验的回归方程，将需要预测的自变量代入方程并计算，即可得到所求的预测值。预测通常有两种情况：一是点预测，就是所求的预测值为一个数值；二是区间预测，即所求的预测值有一个数值范围。通常用正态分布的原理测算其估计标准误差，求得预测值的置信区间。

6.3.1 一元线性回归分析

当影响市场变化的众多因素中有一个最基本并起到决定性作用的因素，且自变量与因变量的分布呈线性趋势，此情况下用回归方法进行预测就是一元线性回归预测。一般情况一元表达式为

$$y = a + bx$$

式中，y 为因变量；x 为自变量；a，b 为参数，b 又称回归参数，它表示当 x 每增加一个单位时，y 的平均增加数量。

【案例阅读 6-13】

据经验，企业的商品销售额与广告费用支出之间具有相关关系。某企业 2007—2016 年的商品销售额和广告费用支出资料见表 6-12。该企业预计 2017 年的广告费支出为 35 万元，要求在 95%的确信度下，通过分析所掌握的数据，预测下年商品销售额。

表 6-12 某企业 2007—2016 商品销售额与广告费支出

年 份	广告费（x_i）/万元	商品销售额（y_i）/百万元	xy	x^2	y^2
2007	4	7	28	16	49
2008	7	12	84	49	144
2009	9	17	153	81	289
2010	12	20	240	144	400
2011	14	23	322	196	529
2012	17	26	442	289	676
2013	20	29	580	400	841
2014	22	32	704	484	1 024
2015	25	35	875	625	1 225
2016	27	40	1 080	729	1 600
合计	157	241	4 508	3 013	6 777

解：

第一，进行相关分析。坐标系下将广告费支出和商品销售额的数据标出，画出散点图，可以发现呈直线趋势。可以判定二者为一元线性关系。

第二，建立回归方程。回归方程为 $y = a + bx$，其中关键是求参数 a 与 b 的值。根据表 6-12 中资料，利用最小平方法可以求出 a 与 b 的值为

$$b = \frac{n\sum xy - \sum x \sum y}{n\sum x^2 - (\sum x)^2} = \frac{10 \times 4\,508 - 157 \times 241}{10 \times 3\,013 - (157)^2} = 1.321$$

$$a = \frac{\sum y}{n} - b\frac{\sum x}{n} = \frac{241}{10} - 1.321 \times \frac{157}{10} = 3.36$$

所求回归方程为

$$y = 3.36 + 1.321x$$

第三，进行检验。检验相关系数为

$$r = \frac{n\sum xy - \sum x \sum y}{\sqrt{n\sum x^2 - (\sum x)^2}\sqrt{n\sum y^2 - (\sum y)^2}} = \frac{10 \times 4\,508 - 157 \times 241}{\sqrt{10 \times 3\,013 - (157)^2}\sqrt{10 \times 6\,777 - (241)^2}} = 0.999\,4$$

取显著性水平 $a = 0.05$，参数为 $n - 2 = 8$。查相关系数临界值表得 $r_{0.05(8)} = 0.632$。

因为 $r > r_0$，说明广告费与商品销售额存在很强的正相关关系。

第四，进行预测。先进行点预测，2017 年的广告费预计支出 35 万元。将其代入方程，有

$$y = 3.36 + 1.321 \times 35 = 49.595（百万元）$$

即 2017 年的商品销售额可达到 49.595 百万元。再进行区间预测，利用公式 $S = \sqrt{\dfrac{\sum(y - y_i)^2}{n - 2}}$ 计算标准误差，查 t 分布表，最后可得商品销售额的预测区间为 49.595 ± 3.731，即若以 95% 的把握预测，当广告费支出为 35 万元时，商品的销售额为 45.864 百万~53.326 百万元。

6.3.2 多元线性回归分析

当进行市场预测时，常常遇到变量并非两者之间的关系，而是几个因素共同发生作用，一元线性回归分析法已经不再适用，这时就可以使用多元回归分析法进行预测活动。

当两个或多个以上的自变量与一个因变量之间存在线性回归趋势时，这种情况下用回归方法进行预测即为多元线性回归分析法。

多元线性回归方程一般形式为

$$y = a + b_1 x_1 + b_2 x_2 + \cdots + b_n x_n$$

式中，$x_1, x_2, \cdots, x_n$ 为 n 影响的 y 自变量；$a, b_1, b_2, \cdots, b_n$ 为回归参数。

存在两个自变量条件下的多元线性回归方程称为二元回归方程，即 $y = a + b_1 x_1 + b_2 x_2$ 为多元线性回归方程中的特例。

二元线性回归分析的步骤如下：

第一步，建立线性回归方程。线性方程为 $y = a + b_1 x_1 + b_2 x_2$，参数 a, b_1, b_2 使用最小平方法推算，得

$$\sum y = na + b_1 \sum x_1 + b_2 \sum x_2$$
$$\sum x_1 y = a\sum x_1 + b_1 \sum x_1^2 + b_2 \sum x_1 x_2$$
$$\sum x_2 y = a\sum x_2 + b_1 \sum x_1 x_2 + b_2 \sum x_2^2$$

将相关数据代入上述方程，可求解得到系数 a, b_1, b_2。

第二步，检验。利用复相关系数检验回归方程整体显著性，公式为

$$R = \sqrt{1 - \frac{\sum(y - y_e)^2}{\sum(y - \bar{y})^2}}$$

化简得

$$R = \sqrt{1 - \frac{\sum y^2 - a\sum y - b_1\sum x_1 y - b_2\sum x_2 y}{\sum y^2 - n\bar{y}^2}}$$

取一个特定的 α，并计算 $df = n - k - 1$（k 为自变量个数），查相关系数临界值表得 r_a, df。如果 $R > R_0$，说明 x_1, x_2 与 y 线性关系显著。

第三步，预测。先进行点预测，将 x_1, x_2 代入公式 $y = a + b_1 x_1 + b_2 x_2$ 即得到预测值 y。之后再进行区间预测，计算估计标准误差

$$S = \sqrt{\frac{\sum(y - y_i)^2}{n - 3}}$$

取 $a, df = n - 3$，查 t 分布表得到 $t_{a/2, df}$，所以，预测区间为 $y_i \pm t_{a/2, df} S$。

对于 3 个或 3 个以上自变量的多元线性回归预测及非线性回归预测，计算方法非常复杂，通常需借助计算机进行处理，这里略过不做分析。

任务 6.4 市场调查预测 Excel 应用

6.4.1 Excel 在定性预测分析中的应用

1．MEDIAN 函数和 QUARTIE 函数分析德尔菲法专家答卷

语法：=MEDIAN(参数 1，参数 2，…，参数 30)

=QUARTIE(数组，分位点)

其中，数组可为数值数组或单元格范围；分位点为计算那种四分位数的分隔点数字。

分位点的数字含义见表 6-13。

表 6-13 分位点的数字含义

分 位 点	作用与意义
0	得到最小值
1	计算上四分位数
2	得到中位数
3	计算下四分位数
4	得到最大值

【案例阅读 6-14】

某市 1999 年录像机家庭普及率为 20%，设家庭普及率达到 90% 为饱和水平。有 15 名专家对该市录像机达到饱和水平的时间进行预测，第四轮专家预测意见顺序和四分位数、中位数结果见表 6-14。

表 6-14 专家意见、四分位数和中位数结果

专家意见序号 （1）	预测录像机普及率达到饱和水平的年份 （2）	中位数和四分位数 （3）
1	2000	下四分位数 Q1（2001 年）
2	2000	
3	2001	
4	2001	
5	2003	
6	2004	中位数 MD（2005 年）
7	2004	
8	2005	
9	2005	
10	2005	
11	2006	上四分位数 Q3（2006 年）
12	2006	
13	2006	
14	2007	
15	2008	

Excel 实现过程如下：

（1）MEDIAN 函数应用如图 6.1 所示。

=MEDIAN(2000,2000,2001,…,2008)=2005

或

=MEDIAN(B3:B17)=2005

图 6.1 MEDIAN 函数应用

（2）QUARTIE 函数应用如图 6.2 所示。

=QUARTIE({2000,2000,2001,…,2008},1)

或

=QUARTIE(B3:B17,1)

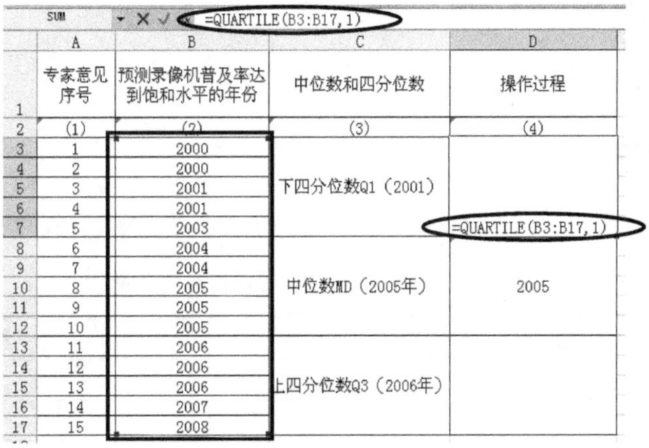

图 6.2　QUARTIE 函数应用

2．用 SUMPRODUCT 函数对集合意见法数据进行计算

在给定的几组数组中，将数组间对应的元素相乘，并返回乘积之和。

语法：SUMPRODUCT(Array1, Array2, Array3,…)

其中，Array1, Array2, Array3,…为 2～30 个数组，其相应元素需要进行相乘并求和。

说明：

（1）数组参数必须具有相同的维数；否则，SUMPRODUCT 函数将返回错误值"#VALUE!"。

（2）函数 SUMPRODUCT 将非数值型的数组元素作为 0 处理。

SUMPRODUCT 函数的应用含义见表 6-15。

表 6-15　SUMPRODUCT 函数应用含义

	A	B	C	D
1	Array1	Array1	Array2	Array2
2	3	4	2	7
3	8	6	6	7
4	1	9	5	3
= SUMPRODUCT(A2:B4,C2:D4) 结果为 80		说明：两个数组的所有元素对应相乘，然后把乘积相加，即 3×2 + 4×7 + 8×6 + 6×7 + 1×5 + 9×3 = 80		

SUMPRODUCT 函数应用如图 6.3 所示。

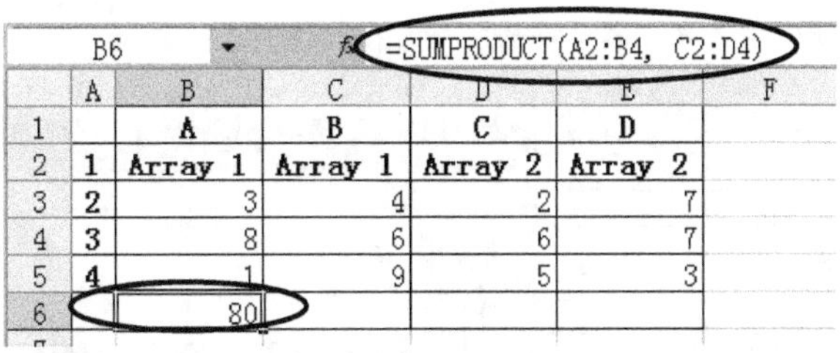

图 6.3　SUMPRODUCT 函数应用

6.4.2 Excel 在时间序列预测分析中的应用

1. 移动平均分析工具简介

【案例阅读 6-15】

某纺织品公司1992—1998年棉布销售量见表6-16,用一次移动平均法预测1999年棉布销售量。

表 6-16　某纺织品公司近年棉布销售量　　　　　　　　　　单位:万米

年　份	销　售　量	一次移动平均数	计　算　方　法
1992	984		
1993	1 022		
1994	1 040		
1995	1 020	1 015	(984 + 1 022 + 1 040)/3 = 1 015
1996	1 032	1 027	(1 022 + 1 040 + 1 020)/3 = 1 027
1997	1 015	1 031	(1 040 + 1 020 + 1 032)/3 = 1 031
1998	1 010	1 022	(1 020 + 1 032 + 1 015)/3 = 1 022
1999		1 019	(1 032 + 1 015 + 1 010)/3 = 1 019

该纺织品公司1999年棉布销售量预测值为1 019万米。

在 Excel 中操作如下:

第一步,在工具选项中选择"数据分析",如图6.4所示。

图 6.4　选择"数据分析"

第二步,在"数据分析"中选择"移动平均",如图6.5所示。

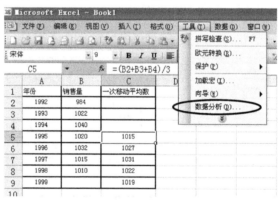

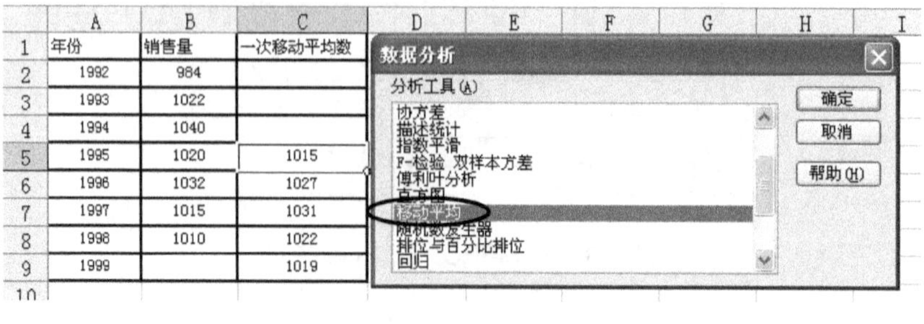

图 6.5　选择"移动平均"

第三步，在输入区域、输出区域中分别键入数据区域，如图 6.6 所示。

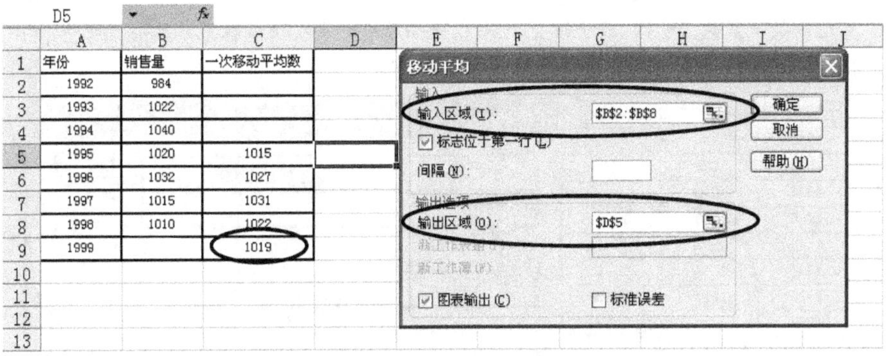

图 6.6　数据输入和输出区域

2．指数平滑分析工具简介

【案例阅读 6-16】

沿用案例阅读 6-15 中的相关数据。

第一步，在工具选项中选择"数据分析"，如图 6.7 所示。

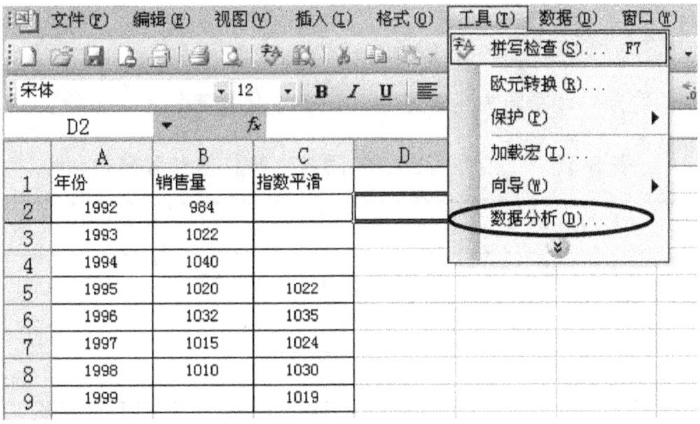

图 6.7　选择"数据分析"

第二步，在"数据分析"中选择"指数平滑"，如图 6.8 所示。

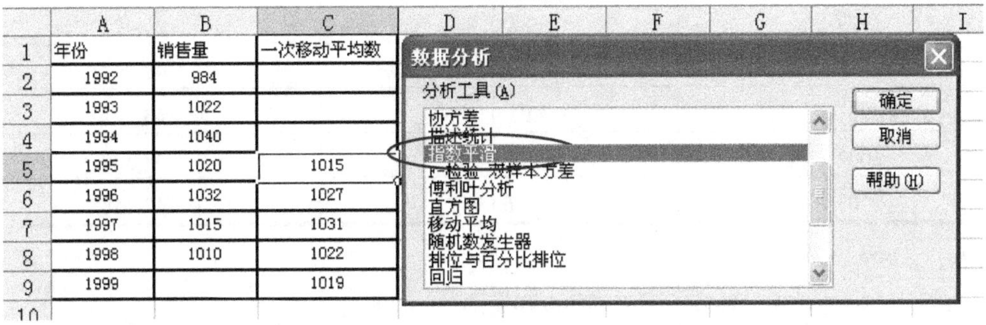

图 6.8　选择"指数平滑"

第三步,在输入区域、输出区域和阻尼系数中分别输入数据区域,如图 6.9 所示。

注意:阻尼系数一般为 0~1,较合理范围为 0.2~0.3。平滑系数和阻尼系数相加之和为 1。

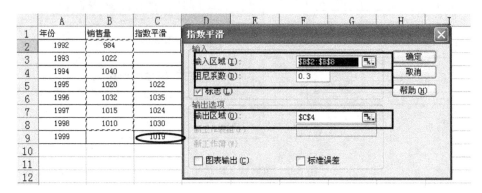

图 6.9　输入数据区域

6.4.3　Excel 在回归分析中的应用

1. 用 CORREL 函数生成两个数值系列的相关系数

【案例阅读 6-17】

根据表 6-17 中的相关数据,计算国内生产总值和股票市值之间的相关系数。

表 6-17　1993—2003 年国内生产总值和股票市值

年　份	国内生产总值/亿元	市价总值/亿元
1993	34 634	3 531
1994	46 759	3 691
1995	58 478	3 474
1996	67 885	9 842
1997	74 772	17 529
1998	79 553	19 506
1999	82 054	26 471
2000	89 404	48 091
2001	95 933	43 522
2002	102 398	38 329
2003	116 694	42 458

操作过程如下:

第一步,在工具中选择"数据分析",如图 6.10 所示。

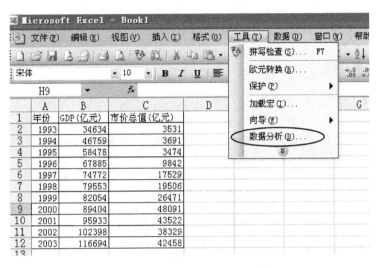

图 6.10 选择"数据分析"

第二步,在"数据分析"中选择"相关系数",如图 6.11 所示。

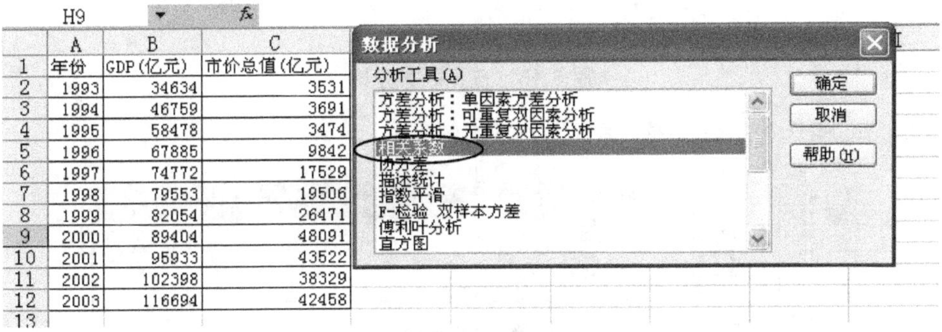

图 6.11 选择"相关系数"

第三步,在输入区域、输出区域中分别输入数据区域,如图 6.12 所示。结果为图中虚线圈起部分。

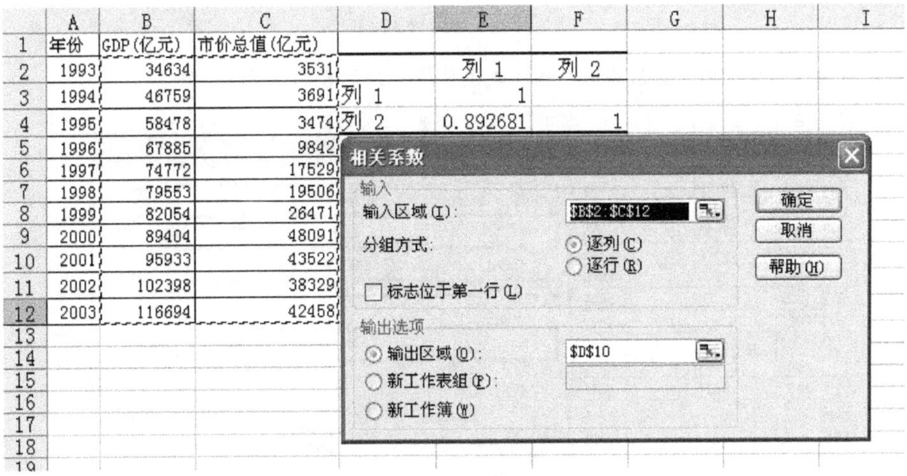

图 6.12 输入数据区域

2. Excel 在一元线性回归分析中的应用

【案例阅读 6-18】

沿用案例阅读 6-17 中的相关数据。

第一步，在工具中选择"数据分析"，如图 6.13 所示。

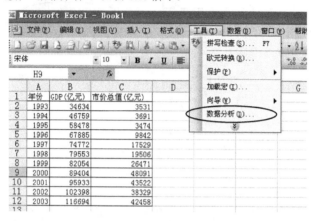

图 6.13　选择数据分析

第二步，在"数据分析"中选择"回归"，如图 6.14 所示。

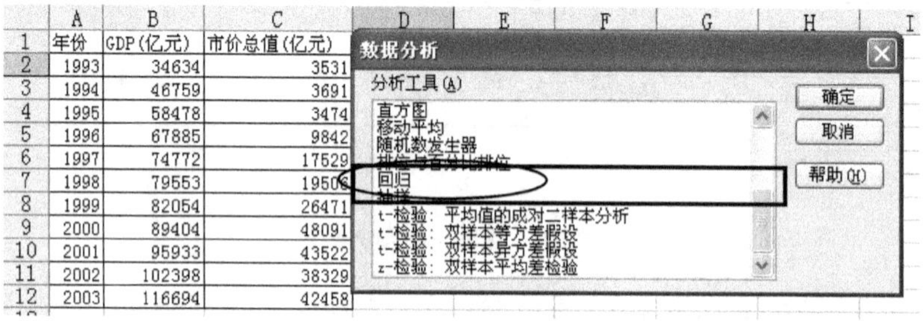

图 6.14　选择回归

第三步，在输入区域、输出区域中分别输入数据区域，如图 6.15 所示。

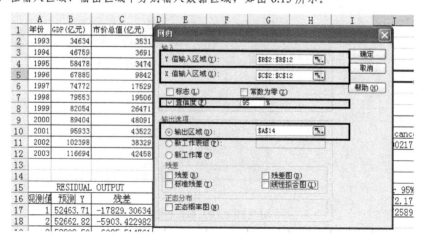

图 6.15　输入数据区域

第四步，结果如图 6.16 所示。

	A	B	C	D	E	F	G	H	I	J	K	L	M
1	年份	GDP(亿元)	市价总值(亿元)		SUMMARY OUTPUT								
2	1993	34634	3531		回归统计								
3	1994	46759	3691		Multiple	0.892681							
4	1995	58478	3474		R Square	0.796879							
5	1996	67885	9842		Adjusted	0.77431							
6	1997	74772	17529		标准误差	11544.54							
7	1998	79553	19506		观测值	11							
8	1999	82054	26471										
9	2000	89404	48091				方差分析						
10	2001	95933	43522			df	SS	MS	F	nificance F			
11	2002	102398	38329		回归分析	1	4.71E+09	4.71E+09	35.30848	0.000217			
12	2003	116694	42458		残差	9	1.2E+09	1.33E+08					
13					总计	10	5.91E+09						
14													
15		RESIDUAL OUTPUT				Coefficien	标准误差	t Stat	P-value	Lower 95%	Upper 95%	下限 95.0%	上限 95.0%
16	观测值	预测 Y	残差		Intercept	48058.7	6006.007	8.001773	2.21E-05	34472.17	61645.23	34472.17	61645.23
17	1	52463.71	-17829.30634		X Variabl	1.24752	0.209946	5.942094	0.000217	0.772589	1.722451	0.772589	1.722451
18	2	52662.82	-5903.422982										
19	3	52392.59	6085.514761										
20	4	60337.25	7547.346977										
21	5	69926.76	4845.636789										
22	6	72392.37	7160.426145										
23	7	81082.01	971.9894266										
24	8	108053.1	-18649.10211										
25	9	102353.5	-6420.495942										
26	10	95875.04	6522.9618										
27	11	101025.5	15668.45148										

图 6.16 结果输出

技 能 训 练

【课业目标】

通过本课业，学生应能够根据所收集的数据，进行调查统计分析相关数据；掌握统计分析的有关技巧，学会用 Excel 软件分析相关数据。

【课业方式】

通过所收集的问卷，对数据进行统计分析。

【课业内容及步骤】

（1）利用 Excel 软件对问卷进行统计分析，制作相应的图表，表示相应问题。
（2）按规定要求上交电子版处理结果。

【课业评价】

项目＼评分标准	优秀（20分）	良好（16分）	合格（12分）	不合格（8分以下）	个人得分
数据统计分析	图表制作规范，统计方法使用合理，统计结果合理	图表制作较规范，统计方法使用较合理，统计结果较合理	图表制作不太规范，统计方法使用不太合理，统计结果不太合理	没有完成统计分析	

思考与练习

1. 简答题
（1）市场调查资料的分析方法有哪些？
（2）简述市场调查资料分析的程序。
（3）定性分析与定量分析为什么要结合运用？怎样结合？
（4）相关分析与回归分析有何关系？各有哪些方法？

2. 数据分析题
（1）某商场本年度上半年的销售额数据见表 6-18，用几何平均法预测下一年度 1 月份的销售额。

表 6-18　某商场本年度上半年的销售额

月　份	7	8	9	10	11	12
销售额/万元	73	75	77	80	78	82

（2）某公司历年收入资料见表 6-19。

表 6-19　某公司历年收入

年　份	2010	2011	2012	2013	2014	2015	2016
收入/万元	200	220	310	400	460	520	610

要求：
① 绘制时间序列图，并描述其变化趋势；
② 试用移动平均法预测 2017 年的收入（$N=3$）；
③ 采用指数平滑法，分别用平滑系数 $\alpha=0.3$ 和 $\alpha=0.5$ 预测 2017 年的公司收入，并说明用哪一个平滑系数更合适一些。

（3）某企业 7 个生产期内的总成本和总产量见表 6-20，请根据资料建立回归模型，并预测当总产量为 30t 时的总成本。

表 6-20　某企业 7 个生产期内的总成本和总产量

总成本/万元	100	150	160	240	230	370	410
总产量/t	0	5	8	10	15	23	25

项目 7

撰写市场调查报告

基于代驾问题所进行的调查、资料收集、数据分析,最后需要形成完整的调查报告。首先,设计调查报告的格式、结构;然后,撰写相应的调查内容;最后,形成符合要求的调查报告。

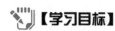 【学习目标】

知 识 目 标	技 能 目 标
了解市场调查报告的作用。 掌握市场调查报告的格式与内容。 熟练撰写市场调查报告	具有撰写各种类型市场调查报告的能力。 拥有运用调查报告的沟通技巧

 【项目任务】

根据市场调查报告的类型,确定调查报告的格式与内容,熟练撰写市场调研报告。
提交调研报告并进行演示。
(1)任务步骤:明确调查报告的使用人→确定采用的相应的调查报告格式、内容→分工。
(2)完成要点:要能根据调查报告的使用人撰写出完整的调查报告。

 【导入案例】

调查机构在调查结束后,通常应提供相应的研究报告,并通过一定的形式反映或发布,这就需要懂得撰写书面调查报告的基本要求与步骤。特别应注意保持所提供的研究报告——要说明项目来源相关的信息的科学性、合法性和公正性。以排名榜为例,在某一机构组织的全国32个大中城市进行的《××××年全国主要城市居民消费者调查报告》中,关于耐用消费品空调的市场占有率为前三位的有 A(12.98%)、B(11.61%)和 C(8.10%);同期,由另一机构组织的关于空调市场占有率前三名为 B(26.30%)、D(19.83%)和 C(14.18%)。可以看出,由于调查组织者、调查样本的选取、调查组织方式等不同,得出的数据相差很大。所以调查机构在给出调查报告时,要标明细节,让信息的受众依据所给数据做出相应的理性判断;否则,发布的报告不但不能达到预期目标,还可能损坏调查机构的声誉。

思考:
如何撰写调查报告?

 【理论知识】

任务7.1 构思市场调查报告的框架

【拓展案例】

市场调查报告是整个调查任务活动的成果体现,实践证明,无论调研设计多么科学,调查问卷多么周密,样本多么具有代表性,数据收集、质量控制多么严格,数据整理和分析多么恰当,调研过程和调研结果与调查要求多么一致,如果调研者不能把诸多调研资料组织成一份清晰的高质量的市场调查报告,就不能与决策者或用户进行有效的信息沟通,决策者或用户就不能有效地采取行动。为了编写出一份高质量的调查报告,在编写之前,做充分的准备工作是非常必要的。

7.1.1 明确市场调查的目的、方法和实施情况

这是撰写市场调查报告的基本准备工作。每一个市场调查报告都有明确的撰写目的和针对性，即反映情况、指出原因、提出建议，从而为社会或企业的决策部门制定或调整某项决策服务。而市场调查报告撰写的目的，其依据或实质就是市场调查的目的，两者具有一致性。

除了明确市场调查目的外，一份完整的市场调查报告还必须交代该项市场调查所采用的方法，如选样、资料收集、统计整理是怎样进行的等；还必须陈述该项市场调查具体的实施情况，如有效样本数量及分布、操作进程等。

例如，要对某地大学生的消费状况进行调查，调查目的就是了解当地大学生的消费状况，方法可以采用问卷调查法，发放了多少份问卷，回收了问卷××份。

7.1.2 落实写作材料

这是撰写市场调查报告的基础和中心准备工作。一份市场调查报告是否具有较高的决策参考价值，很大程度上取决于它在写作时拥有材料的数量及质量。

整理与本次调查有关的一手资料和二手资料，还必须对所取得的各种相关资料加以初步的鉴别、筛选、整理及必要的补充，从质量上把好关，争取使撰写材料具有客观性、针对性、全面性和时效性。

整理统计分析数据，要认真研究数据的统计分析结果。可以先将全部结果整理成各种便于阅读比较的表格和图形。在整理这些数据的过程中，对调查报告中应重点论述的问题自然会逐步形成思路。

对难于解释的数据，要结合其他方面的知识进行研究，必要时可针对有关问题找专家咨询或进一步召开小范围的调查座谈会。

7.1.3 确定报告类型及阅读对象

调查报告有多种类型，如一般性报告、专题报告、研究性报告、说明性报告等。一般性报告就是对一般调查所写的报告，要求内容简单明了，对调查方法、资料分析整理过程、资料目录等做简单说明，结论和建议可适当多一些。专题报告是为特定目的进行调查后写的报告，要求报告详细明确，中心突出，对调查任务中所提出的问题做出回答。为企业所做的调查，一般情况下多采用一般性报告和说明性报告。

调查报告还必须明确阅读对象，阅读对象不同，它们的要求和所关心的问题的侧重点也不同。例如，调查报告的阅读者是公司的总经理，那么他们主要关心的是调查的结论和建议部分，而不是大量的数字分析等；但如果阅读的对象是市场研究人员，他们所要了解的是这些结论怎么得来的，是否科学、合理，那么，他们更关心的就是调查所采用的方式、方法，数据的来源等方面的问题。

因此，在撰写报告前要根据具体的目的和要求来决定报告的风格、内容和长短。

7.1.4 构思报告

在动笔前须有一个构思过程，也就是凭借调查所收集的资料，初步认识调查对象，经过判断推理，提炼出报告主题。在此基础上，确立观点，列出论点和论据，考虑文章的内容与

结构层次，拟订提纲。构思过程各个环节所要达到的基本目标如下：

（1）凭借调查所收集的资料，初步认识调查对象。经过对调查对象多侧面、多层次的深入研究把握调查对象的一般规律性。

（2）提炼报告主题。在认识调查对象的前提下确立主题，即报告的主基调。主题的提炼是构思阶段异常重要的一环，其准确与否直接关系到最终报告的方向性。因此，主题的提炼应力求准确，在此基础上还应该深刻、富有创见性。

（3）确立观点、列出论点和论据。在主题确立后，对收集到的大量资料，经过分析研究，逐渐消化、吸收，形成概念，再通过判断、推理，把感性认识提高到理性认识，然后列出论点、论据，得出结论。观点是调研者对分析对象所持有的看法和评价，是调研材料的客观性与调研者主观认识的统一体，是形成思路、组织材料的基本依据和出发点。要从实际调研的情况和数字出发，通过现象而把握本质，具体分析，提炼观点，并立论新颖，用简单、明确、易懂的语言阐述。

【案例阅读 7-1】

导入案例中提到的对某地大学生消费状况做调查，这时调查项目小组可以形成针对案例素材的调研报告的主要观点如下：

（1）消费平均水平趋于合理，但个体呈现两极分化。
（2）消费整体趋于理性，存在消费结构不合理成分。
（3）独立意识相对较低，对家庭依赖度较高。
（4）自我价值实现意识强，投资支出占比大。

（4）拟订调查报告提纲。提纲是调查报告的骨架，拟订一份提纲可以理清思路。调查报告提纲可以采用从层次上列出报告的章节形式的条目提纲，或者列出各章节要表述的观点形式的观点提纲。一般先拟订提纲框架，把调研报告分为几大部分；然后在各部分中再充实，按次序或轻重，横向或纵向罗列而成较细的提纲。提纲越细，反映调研者的思路越清晰，同时也便于对调查报告进行调整。

【案例阅读 7-2】

某地大学生消费情况调查报告提纲

前言：概述调查的意义与目的。

第一部分：陈述问卷调查的情况。内容包括问卷涵盖的问题、样本的获取方法及样本数量、有效问卷等。

第二部分：调查数据的统计分析。说明数据处理的方法，分析数据的主要计算结果，涉及消费总额及结构比例分析、收入情况分析、通信与交友情况分析、社会兼职、收入分析和自我评价分析等。

第三部分：调查结果分析。就调查数据结果，结合访谈资料，分析大学生消费不合理现象，并进行成因分析。

第四部分：结论与建议。就分析结果提出引导大学生理性消费的建议，从家庭、社会、政府、学校4个方面论述。

7.1.5 选择材料

市场调查报告的材料，可分为两种：一种是从调查中得来但还未经整理、鉴别、筛选的材料，这是素材；另一种是通过整理、鉴别、筛选后写进文章的材料，这是题材。

市场调查报告材料的选择，应十分严格，特别要注意以下几点：

（1）材料的真实性。对写进文章的材料，必须进行去粗取精、去伪存真的选择。

（2）数据的准确性和精确性。市场调查报告往往是从数据中得出观点，由数据来证实观点，因此数据的差错或不精确，必然影响到观点的正确性。

（3）材料要有个性。写进调查报告的材料，主要应当是这一个项目在这一次调查中发现的有价值的材料。如果材料缺乏个性，那么这篇调查报告也失去了应有的价值。

任务 7.2　进行市场调查报告撰写

7.2.1　确定市场调查报告的格式

一份完整的市场调查报告一般由标题、摘要、正文、附件四大部分组成，如图 7.1 所示。

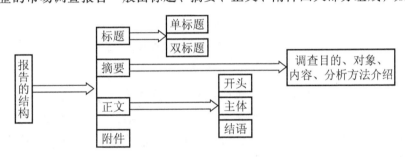

图 7.1　市场调查报告的基本结构

调查报告的形式没有统一规范，不同的人对此有不同的设计，但以下都是调查报告不可缺少的组成部分。

1．介绍部分

介绍部分向读者说明报告的主要内容。对于不需要深入研究报告的人员来说看介绍部分即可了解到调查的概况。同时，介绍部分也提供了深入阅读全文的检索方法和主要提示。调查报告的介绍部分应包括封面、目录、摘要、调查概况和主要结论。

2．正文

正文是调查报告的核心部分，一般由开头、主体、结束语 3 个部分组成。

3．附件

附件是指调查报告正文包含不了或没有提及，但与正文有关必须附加说明的部分。它是对正文报告的补充或更详尽说明。附件主要包括调研方案、抽样技术方案、调研问卷、数据整理表格、数据分析表格和其他支持型材料。

7.2.2 编写市场调查报告

1. 设计报告封面

封面包括报告的题目、报告的使用者、报告的编写者及提交报告的日期等内容,如图 7.2 所示。

作为一种习惯做法,调查分析报告题目的下方应注明报告人或单位、通讯地址、电话、报告日期,然后另起一行注明报告呈交的对象。

```
          某地大学生消费情况调查报告
调查单位:_____
通讯地址:_____
电话:_____
E-mail:_____
报告提出日期:_____
报告主送单位:_____
```

图 7.2 市场调查报告封面

【拓展案例】

2. 确定报告标题

选题一般表现为调研报告的标题,也就是调查报告的题目。它必须准确揭示调查报告的主题思想,做到题文相符;高度概括,具有较强的吸引力。一般是通过扼要地突出本次市场调研全过程中最具特色的环节的方式,揭示本报告所要论述的内容。标题是画龙点睛之笔,好的标题是报告成功的一半。好的标题让报告的使用者通过题目就能对报告想要表达的内容一目了然。例如,"大学生消费问题调研分析报告——××学院在校生消费情况调查分析"。

标题一般采用下列 3 种写法:

(1)直叙式标题,即用调查对象和调查的主题问题作题目。例如,"××液晶电视市场占有率调查""中国联通市场竞争态势调查"等,它们的优点是简明扼要,比较客观;缺点是略显呆板。

(2)表明观点式标题,即直接阐明作者的观点、看法或对事物作出判断、评价的标题。例如,"高档羊绒大衣在北京市场畅销情况调查""必须提高销售人员素质——A 公司销售人员情况调查"等,它们的优点是既表明了报告编写者的态度,揭示了主题,又有一定的吸引力;缺点是通常要加以副标题才能将调查对象和内容表达清楚。

(3)采用提问式标题,即报告的题目是一个设问句或反问句,而报告的内容就是回答这个问题。例如,"消费者愿意到网上购物吗?""为什么 A 公司在广东市场的分销渠道不畅通?""B 公司的促销活动为什么没有达到预期的效果?"它们的优点是这类题目比较尖锐,具有较大的吸引力,一般用于揭露问题的调查分析报告。

以上 3 种形式的标题各有所长，直叙式标题有利于表明调查的对象、范围、内容；表明观点式标题和提出问题式标题有利于表明工作的态度，又揭示了文章的主题，具有很强的吸引力，但从标题上却又不易看出调查的对象和范围。因此，表明观点式标题和提出问题式标题又常常设副标题，并分作两行表示。例如，"××品牌产品为什么滞销——关于××品牌产品质量情况的调查""火红膨胀的房地产市场——××地方 2012 房地产旺销情况的调查"等。

3. 制作报告目录

目录是整个报告的检索部分，便于读者了解报告结构，有利于读者阅读某一部分内容。如果可能，目录应当非常详细。国外调查报告的惯例是将文字、表格和图形分别编写目录，这样如果读者不需要阅读某些文字，而只需检索某一张表格，也可以很轻松地找到。这种方法在国内的调查报告中也可以应用。

【案例阅读 7-3】

目　　录

一、摘要..
二、调查概况..
　1. 研究背景及目的..
　2. 研究内容..
三、研究方法..
四、调查结果分析..
　1. ××××..
　2. ××××..
　3. ××××..
五、结论及建议..
附录一　消费者调查问卷..
附录二　消费者问卷的原始统计数据..
附录三　零售商调查问卷..
附录四　零售商问卷的原始统计数据..

4. 撰写报告摘要

摘要就是为那些没有大量时间阅读整个报告的使用者（特别是高层管理人员）或者由于阅读者不具备太多的专业知识，只想尽快得到调查分析报告的主要结论及进行怎样的市场操作而准备的。

摘要具体包括 4 个方面的内容：简要说明调查目的；介绍调查对象和调查内容，包括调查时间、地点、对象、范围、调查要点及所要解答的问题；简要介绍调查研究的方法；简要说明调查结论与建议。

调查分析报告的摘要书写要求如下：

（1）从内容来讲，要做到清楚、简洁和高度概括，其目的是让阅读者通过阅读摘要不但能了解本项目调查的全貌，同时对调查结论也有一个概括性的了解。

（2）从语言文字来讲，应该通俗、精练，尽量避免应用生僻的字句或过于专业性、技术性的术语。

（3）摘要一般在完成报告后撰写。

5．撰写报告正文

正文是调查报告的主要部分。正文部分必须准确阐明全部有关证据，包括问题的提出、处理问题的途径、调查方案的设计、数据分析、调查结果、引出的结论等。正文一般由开头、主体、结束语3个部分组成。

1）开头

调查报告的开头即引言。开头的形式有以下几种：

（1）开门见山，揭示主题。文章开始先交代调查的目的或动机，揭示主题。例如，"2016年3月我们对2015级电子商务专业的学生进行有关心理障碍调查研究，目的是要有针对性地对学生进行健康教育，矫正、疏导各种不良心理，使学生健康成长。"

（2）结论先行，逐步论证。将调查结论写出来，然后再逐步论证。这种开头形式，观点明确，使人一目了然。例如，"2016年3月，我们对我校300名高一学生心理状况进行调查，调查结果表明，不少学生存在这样或那样的心理方面的障碍，大致可以分为以下几类。"

（3）交代情况，逐层分析。文章开头可先介绍背景，然后逐层分析，得出结论。也可交代调查时间、地点、对象、范围等情况，然后分析。这样可使读者有一个感性认识，然后再深入分析研究。例如，《放眼未来之路——911名专家人士眼里的中国数据通信网络》的开头："中国邮电电信总局与北京新华信息商业风险管理有限公司于今年四、五月间在北京、上海、广东、广州进行一次大规模的抽样调查，力图考查我国通信网络的现状，并展望未来之路。在这次调查中，除了涉及特定专业问题外，还围绕着网络化的大趋势设计了许多问题，包括用户目前的网络使用情况、意见、需求等，调查对象是各种单位中通信网络或计算机方面的技术人员。"

（4）提出问题，引入正题。用这种方式提出人们所关注的问题，引导读者进入正题。例如，《关于方便面市场调查的分析报告》中的开头部分："从去年下半年开始，随着台湾康师傅方便面的上市，各种合资、国产的方便面如统一、营多、一品、加州等品牌如雨后春笋般涌现，面对种类繁多的方便面，作为上帝的顾客是如何选择的？厂家该如何在激烈的竞争中立于不败之地？带着这些问题，我们对北京市部分消费者和销售单位进行了有关调查。"

开头部分的写作方式灵活多样，可根据调查报告的种类、目的、资料及调查报告的篇幅要求等情况，适当选择，但不管怎样，开头部分总是应围绕着为什么进行调查、怎样进行调查和调查的结论如何这几个问题做文章。其作用是向报告阅读者提供进行市场研究的背景资料及其相关信息，使阅读者能够大致了解进行该项市场调查的原因和需要解决的问题，以及必要性和重要性。

2）主体

主体是调查报告的核心部分，它决定着整个调查报告质量的高低和作用的大小。这一部分着重通过调查了解到的事实，分析说明被调查对象的发生、发展和变化过程，调查的结果及存在的问题，提出具体的意见和建议。

由于论述一般涉及内容很多，文章较长，有时也可以用概括性或揭示性的小标题，突出文章的中心思想。主体部分的结构安排是否恰当，直接影响着分析报告的质量。主体部分主要分为基本情况和分析两部分内容。

（1）基本情况部分。基本情况部分要真实反映客观事实，但不等于对事实的简单罗列，而应该是有所提炼。其主要有3种方法：第一，首先对调查数据资料的背景资料做客观的说明，然后在分析部分阐述情况的看法、观点或分析；第二，首先提出问题，提出问题的目的是要分析问题，找出解决问题的办法；第三，首先肯定事物的一面，由肯定的一面引申出分析问题部分，又由分析部分引出结论，循序渐进。

（2）分析部分。分析部分是调查报告的主要组成部分。在这一部分，要对资料进行质和量的分析，通过分析，了解情况，说明问题和解决问题。分析有3类情况：第一类，原因分析，是对出现问题的基本成因进行分析，如对某牌产品滞销原因分析，就属于这类。第二类，利弊分析，是对事物在市场活动所处的地位、起到的作用等进行利弊分析。第三类，预测分析，是对事物的发展趋势和发展规律做的分析，如对某市居民住宅需求意向的调查，通过居民家庭人口情况、住房现有状况、收入情况及居民对储蓄的认识、对分期付款购房的想法等，对某市居民住房需求意向进行预测。

此外，主体部分的层次段落一般有4种形式：第一种，层层深入式，各层次之间一层深入一层，层层剖析；第二种，按事物发展的先后顺序安排层次，各层次之间有密切联系；第三种，综合展开式，先说明总的情况，然后分段展开，或先分段展开，然后综合说明，展开部分之和为综合部分；第四种，并列式，各层次之间是并列关系。

总之，主体部分的层次是调查报告的骨架，在调查报告中起着重要作用，撰写市场调查报告时应注意结合主题的需要，采取的写法应该充分表现主题。

3）结束语

结束语是调查报告的结尾。好的结尾，可使读者明确题旨，加深认识，启发读者思考和联想。结束语一般有概括全文，形成结论，提出看法和建议，展望未来、说明意义4种形式。

（1）概括全文。经过层层剖析后，综合说明调查报告的主要观点，深化文章报告的主题。

（2）形成结论。在对真实资料进行深入细致的科学分析的基础上，得出报告结论。

（3）提出看法和建议。通过分析，形成对事物的看法，在此基础上，提出建议和可行性方案。提出的建议必须能确实掌握企业状况及市场变化，使建议有付诸实行的可能性。

（4）展望未来、说明意义。通过调查分析展望未来前景。

结论和建议的语言要求简明扼要，使读者明确题旨，加深认识，可以参考调查报告中的信息对建议进行判断、评价，能够启发读者思考和联想。

结论和建议与正文部分的论述要紧密对应，不可以提出无证据的结论，也不要没有结论性意见的论证。同时，这部分内容要具有可行性和可操作性，且有应用价值。

【案例阅读 7-4】

关于某慈善事业调查分析报告的结论与建议

1. 结论的写法

（1）消极印象并不是影响捐赠与否的主要因素，积极印象也不一定会转化为捐赠行动。

（2）非捐赠者缺少关于组织的足够信息。

（3）对该组织及其所属组织缺乏了解。

（4）被调查者认为该组织在管理上花费了过多的捐赠资金。

（5）该组织在竞争有限的捐赠资金。

2. 建议的写法

（1）做进一步的调查，以确定非捐赠者对组织及其服务宗旨的了解程度。

（2）向潜在捐赠者提供有关该组织的宗旨、所支持的组织、合理的管理成本等方面的信息。

（3）加大在工作场所开展宣传活动的频率，运用各种途径来增加公众对捐赠方法的了解。

（4）该组织应制定适度竞争的营销战略来应对竞争对手。

【案例阅读 7-5】

某地大学生消费情况调查报告正文（范例）

近年来，随着高校的扩招，在校的大学生数量逐渐增多，大学生作为一个特殊的消费群体也受到越来越多的关注，他们有着不同于社会其他消费群体的消费心理和行为，消费观念的超前和消费实力的滞后，都对他们的消费有很大影响。了解大学生的消费情况，清楚大学生消费水平、消费支出项目，从而合理引导大学生理性消费十分必要。因此，我们决定在我校大学生中进行一次消费的调研分析，了解我校大学生的消费情况。

一、问卷调查的情况

我们组成了一个 10 人调查小组，实施本次调查。设计的大学生消费情况调查问卷内容包括大学生月消费额度、生活资金来源、家庭收入情况，用于饮食、通信、证书考试培训、恋爱交友支出金额等。在校园内，面向 1 万余名大学生，采取简单随机抽样的方法抽取 500 个样本单位，通过访谈获取 500 份调查问卷，经过审核整理，确认收回有效问卷 480 份。从抽中的样本看，在接受调查的学生中，毕业生占 27%，新生占 40%，其他年级学生占 33%，性别比例趋于均衡，且分布在不同的专业，样本具有代表性。

二、调查数据的统计和分析

1. 月消费水平

统计结果表明，我校大学生月消费额集中在 350～500 元和 500～800 元，低于 350 元和超过 800 元的相对较少，仅占 20%。样本平均值为 585 元，考虑到我校所处城市的物价水平相对于大城市来说较低，这一数据应当说是合理的。另外，消费层次一定程度两极分化，年消费最高的达到 18 500 元，年消费最低的只有 2 500 元。家庭对学生的经济供给增多，构成大学生消费的一种特殊的奢侈格局，主要表现在旅游、电脑或手机等方面的消费上。

2. 饮食与衣着支出情况

调查的样本数据显示，饮食方面支出集中于 300～400 元，这说明饮食消费占据大学生月消费额的多数，大学生群体的消费支出主要用于正常的生活消费，应该说符合这一群体的消费特征。吃饭穿衣仍然是支出的主要方面，价格、质量、潮流是吸引大学生消费的主要因素。访谈时了解到，在购买商品时，大学生首先考虑的因素是价格和质量，他们会尽量搜索那些价廉物美的商品，虽然不一定买名牌，但质量显然是非常关注的内容。

3. 通信与交友支出情况

随机问卷得到的结果显示，拥有手机的同学占到样本人数的 71%，大学校园手机的普及率较高。在拥有手机的群体中，月话费介于 50～100 元的占到 80% 以上，主要用于家人联系、同学与朋友的联络。而且，为了节约话费支出，多数同学尽可能采取短信联络方式。另外，访谈中还了解到近一半的同学每月会有一定的网络支出费用，主要用于朋友间 QQ 联络，少部分用于专业课程学习；也有个别同学迷恋网络，用于网络支出费用偏高；月消费额较高的同学支出主要是恋爱消费、朋友聚餐、购买衣物等。数据结果显示，现代大学生比较注重交友与人际关系，也十分注重生活的品质。

4. 社会兼职打工情况

调查数据显示，随着在校时间的增长，有过社会兼职打工的人数所占比例逐步增多，三年级学生 60% 有过此方面的经历。大学生求职目的主要是增长社会经验，锻炼专业技能；打工的方式以寒暑假及"五一""十一"假期为主；工作岗位主要是学校提供的勤工助学岗位，个人在社会寻找的短期务工如导购、网络服务、导游、保险推销、市场调研员、家教等。少部分同学由于家庭经济收入情况偏低，为增加个人收入，在学校提供的岗位兼职的同时，还在校外选择其他打工方式。由此来看，大学生参与社会实践的热情较高，社会阅历得以锻炼，这在增加大学生收入的同时，也促进了个人能力的提升，对就业帮助较大。

5. 生活资金来源及家庭收入

调查数据显示，90%以上的被调查者资金主要是由家庭提供，这种情况是当代中国大学生的普遍情况。由于我国教育制度、社会制度的制约，尚未建立像西方国家一样的勤工助学机制，即使家庭贫困的大学生，希望完全依靠个人的努力解决求学的费用，这个愿望也是难以实现的。由此看来，我国大学生的自理自立能力仍然需要进一步的提高，大学生应当有自主创业、自立自强的精神。

6. 证书考核培训费用支出

访谈中发现，由于就业单位对学历、技能的要求，大学生在专升本考试、职业资格证书考试等方面的投入较大，许多同学会不惜重金参加一些培训班，报考一些资格证书，为自己就业积累知识资本，在购买资料等消费项目上出手大方，家长对此项消费的投入支持力度高。需要说明的是，由于这项支出的不确定性，我们没有将其包括在月消费支出额中。

三、调查结果的分析

1. 消费结构存在不合理因素

（1）大学生的生活消费主要组成部分以生活费用和购买学习资料、用品为主。在生活费用中，饮食费用又是重中之重。但是，在被调查的同学中，多数不注意饮食的营养结构，很少喝牛奶，有的以素食为主，有的不吃蔬菜，有的只选择廉价的饭菜。

（2）存在攀比心理。调查中了解到为了拥有一款手机或者换上一款最流行的手机，有的学生情愿节衣缩食，甚至牺牲其他必要开支；男学生为了一双名牌运动鞋，女学生为了一套名牌化妆品或者一件名牌衣服，不惜向别人借钱满足自己的欲望，也就是说部分学生不懂得量入而出，而虚荣心的驱使又极易形成无休止的攀比心理。

（3）恋爱支出较多，部分谈恋爱的大学生每月多支出200元左右，有的高达800元（如送名贵礼物给对方）。他们经常难以理性把握适度消费的原则，甚至有些女生的恋爱支出超过男生。

（4）理财意识差，储蓄观念淡薄。在调查中了解到，大学生对理财的认识较少，一学期结束后，大部分学生的消费已经超出计划范围，甚至有些学生还需要向别人借回家的路费，略有剩余的学生也想着如何把剩余的钱花完，只有极个别学生有储蓄的意识。

2. 不合理因素的成因分析

当前大学生在消费上出现无计划消费、消费结构不合理、攀比、奢侈浪费、恋爱支出过度等问题，既与社会大环境的负面影响有关，也与家庭、学校教育缺乏正确引导有关。

（1）今天的大学生生活在"没有围墙"的校园里，全方位地与社会接触，当某些大学生受到享乐主义、拜金主义、奢侈浪费等不良社会风气的侵袭时，如果没有及时得到学校老师和父母的正确引导，容易形成心理趋同的倾向，当学生所在家庭可以在经济上满足较高的消费条件时，这些思想就会在他们的消费行为上充分体现。

（2）父母在日常生活消费的原则立场是子女最初始的效仿对象。有些父母本身消费观念存在误区，又何以正确指导自己的孩子？

（3）学校教育环境对学生消费观念培养的重要影响作用。由于对大学生的消费心理和行为了解不够全面和客观及课程设置等因素，与人生观、劳动观、金钱观、国情观等重要思想观念紧密相关的消费观的专题教育不够，校风建设范畴中普遍缺少倡导大学生勤俭节约生活消费观的内容，在校风建设上没有较好地注重塑造和强化学生良好的消费意识和消费行为，培养学生良好的消费习惯。

四、结论与建议

1. 引导大学生增强独立意识，培养和加强理财能力

现今的大学生需要懂得如何在激烈竞争的社会中生存，独立理财能力就成了重中之重。理财不是简单的收支平衡，个人盲目的冲动不是独立，可以通过举办一些理财课程讲座（个人理财、股票投资、基金投

资等），提高大学生的理财能力，引导大学生独立的行动和理性的思考，使他们具有正确认识金钱及金钱规律的能力，具有正确运用金钱及金钱规律的能力。

2. 引导大学生克服攀比情绪，形成大学生良好消费风气

攀比心理的形成不可避免，学校应当通过一些社团活动、主题班会、思想政治工作，教育大学生树立适应时代潮流的、正确的、科学的价值观，逐渐确立正确的人生准则，给自己理性的定位。使他们明确大学生的确需要竞争意识，但并不是所有的事物都需要争，生活上次于别人，并不可耻，要在学业上竞争高低。一旦良好的消费习惯得到培养和加强，就会对良好校风的塑造起促进作用，并形成校风助学风的良性循环。因此，应该把大学生良好消费心理和行为的培养作为校园文化建设的重要组成部分。在校园文化建设中设计有关大学生健康消费理念的活动专题，并且持之以恒，以大学生良好的消费心理和行为促进良好生活作风的形成，进而促进良好学风、校风的巩固与发展。

3. 家庭、社会、政府共同关注，形成良好的环境与机制

家庭作为大学生经济来源的主渠道，应当根据家庭经济状况、大学生合理的消费水平，为大学生提供适度的资金，避免铺张奢侈；大学生的生活离不开社会，社会各界应当关注大学生消费群体，利用舆论等引导大学生合理消费，避免片面诱导；大学生能否自立，根本上取决于国家的政策制度，政府应当继续推进改革，进一步改善用人机制、高校的奖助学金管理机制，为大学生提供一个自立自强的平台。

4. 学校加强管理与引导，形成理性消费的校园环境基础

高校是大学生生活学习的环境，校园文化、消费群体习惯等对于年轻的大学生有着巨大的影响，高校应当重视大学生的消费问题，采取措施引导学生避免奢侈浪费，不提倡学生穿名牌、用名牌的高消费行为；采取措施，尽可能多地为贫困学生提供勤工助学岗位，建立专门机构负责向大学生介绍社会兼职工作，严格管理奖助学金的发放等。多渠道、全方位构建文明的校园环境，形成理性消费的环境。

6. 编写报告附件

附件是与调查过程有关的各种资料的总和，这些内容不便在正文中涉及，但在阅读正文时或者检验调查结果的有效性时，需要参考这些资料。附件的主要内容包括以下几个方面：

（1）项目策划书。

（2）抽样方案，包括样本点的分布和样本量的分配情况等。

（3）调查问卷。

（4）主要质量控制数据，如调查中的拒访率、无回答率等，一些有经验的市场研究人员可以根据这些内容判断结果的有效性。

如果在调查中使用了其他二手资料，在允许的情况下也应当向客户提供，作为参照。对于具有保密价值的材料，调查公司应当提供多少，可以由双方在签订合同时予以确认，必要的时候客户方应当为获得这些材料付费并且做出保密的承诺。

任务7.3 沟通市场调查结果

市场调查结果沟通是指市场调查人员同委托者、使用者及其他人员之间就市场调查结果的一种信息交换活动。市场调查报告的沟通是调查结果实际应用的前提条件，有利于委托者及使用者更好地接受有关信息，做出正确的营销决策，发挥调查结果的效用，有利于市场调查结果的进一步完善。市场调查报告的呈递方式（沟通方式）主要有书面呈交方式（主要以调查报告形式）和口头汇报的方式两类。

7.3.1 修改市场调查报告

在初稿完成后，调查小组人员可以针对初稿的内容、结构、用词等方面进行多次审核和修改，确认报告言之有理、持之有据、观点明确、表达准确、逻辑合理。在定稿前也可以会议的形式，将整个报告或报告的若干部分拿出来与有关方面进行沟通，从中得到有用信息，提高报告的质量。

1. 审核报告语言表述是否做到严谨、简明、富有吸引力并且能揭示调查主题的内容

决策者通常只有几个小时可以来阅读花费数周或数月调研得到的报告。因此，报告必须尽可能简短。报告只应该详细说明调研客户感兴趣、能对决策者产生直接影响的内容。然而这并不容易，由于之前在调研中费尽周折，调研者倾向于解释他们做过的所有工作，也许是为了获取对自己劳动的认可。这样的倾向在不熟悉调研报告写作的作者中尤其明显，所以报告的语言应该做到以下几个方面：

（1）严谨。具体体现在选词造句要精确，分寸感强。在报告中不能使用诸如可能、也许、大概等含糊的词语，而且还要注意在选择使用表示强度的副词或形容词时，要把握词语的差异程度。例如，有所反应与有反应、较大反响与反应强烈、显著变化与很大变化之间的差别。

（2）简明。在叙述事实情况时，力争以较少的文字清楚地表达较多的内容，要毫不犹豫地删除一些不必要的词句。能用一句话说明的，不用两句话；能用一个字说明的，不用两个字。

（3）通俗。调研报告的行文要求自然流畅，尽量选用常见的词句，避免使用晦涩难懂的和专业技术性强的术语。

然而报告应该如何精简才可以被称为简短呢？报告的长度并没有标准。理想长度取决于读者的需要，因此，需要根据具体情境而定。但需要谨记的原则是，报告不能包括与目标读者不相关的材料。

2. 审核报告主体各部分内容是否准确、资料的取舍是否合理及提醒报告的缺陷的说明

报告中是否采用了大量与目标无关的资料而使报告内容不是很紧凑，同时，这也是造成篇幅过长的原因之一。

一份准确的报告应当是清楚的，陈述应当无歧义。它也是综合性的报告，能包括所有相关信息并让读者获得调研的完整和真实图像，能提供关于调研的足够多的细节。例如，样本性质、数据收集流程、分析技术等，可以帮助读者决定调研结果的有效性和普遍性。为确保客观性和道德，调研者有义务通知调研用户该项调研的潜在限制。

对实际调研项目的完美期望是不现实的，但结果往往是，调研用户带着怀疑的眼光来看待那些听起来太好、太不真实的调研报告。与某些调研者认为的不一样，比起不承认缺陷的报告，一个承认自己调研缺陷的报告更可能树立良好的印象。

撰写报告必须仔细，但也不要过头。例如，列举调研中遇到的所有细枝末节的问题不仅使报告冗长，而且会破坏报告的印象。另外，仅仅承认所有的缺陷并不能解救由于调研者疏忽导致的千疮百孔的调研。对于那些调研质量较高的报告，缺陷只是由于超出调研者控制的调研，如果能承认自身缺陷，将比那些不承认缺陷的报告更可信。

3. 审核是否处理好了篇幅和质量的关系

一份 250 页的报告并不是企业最高管理者所要读的，对于他们来说，一份 5 页纸的执行

性摘要就够了。因为篇幅并不代表质量，只有让报告使用者满意的报告才是高质量的报告。调查的价值不是用报告的篇幅来衡量的，而是以质量、简洁和有效的计算来度量的。其可归结为以下主要原因：

（1）报告越清楚明了，读者就可以花更少的时间来理解报告陈述，就可以有更多时间来消化报告内容。在前面提到过，大多数经理用于阅读报告的时间非常有限。因此，如果能够让他们将精力集中在消化报告内容上而不是为理解报告文字伤脑筋的话，调研报告的潜在影响会更大。

（2）不清楚的报告使读者感到困惑，并误导他们得出调研报告并不支持而且也不是报告撰写者所预期的结论。

（3）不清楚的报告可能激怒读者并对整个调研项目产生恶劣印象，适合的表格、图表或数字可以更有效和精简地传达书写材料内容，增加报告的清晰度。

4．审核是否对图表资料做了充分的解释和分析

将数据以表格的形式呈现通常比在报告主体中用语言描述更有效。但是，当表格复杂或令人迷惑时，将报告数字以图形演示出来（如扇形图、表格等）可以提高报告的清晰度。因为视觉吸引人的图形演示可以让读者从单调文字和数字中得到缓解，提高沟通的效果。但是对于用于推断调查结论的论据资料，特别是图表资料，如果只是将图表和数据展示出来而不做解释，必然引起使用者对这些图表和数据的怀疑，进而影响报告本身的可信度。不同的图形，在解释与分析中的作用不同。

1）扇形图

扇形图是将一个圆划分为符合数量比例的几个部分。扇形的相对大小显示所对应的比例。一个扇形图可以完美显示数据总额的组成部分，虽然单独的扇形图本身已经具有强烈的揭示性，但通过比较不同时间段的扇形图，或比较同一时间点的相关扇形图，可以揭示更多的洞察性结论。

对扇形图的不同部分使用不同的深度或颜色可以提高有效性。不过，建议将扇形图控制在6片或7片，太多的扇片将使图形显得凌乱并降低视觉效果。当一个总体组成部分众多时，将细微部分（即那些相对较小的组成部分）归类在"其他"中可以避免图形的拥挤。

当总体中包含众多组成部分而且每部分对总额的贡献均等时，扇形图可能没有用，这时扇形图并不比表格图更好。总之，当数字的组成部分相对少而且组成部分的相对规模不同时，扇形图最有效。

2）线条图

线条图是两维图形，通常用于显示一个或更多项目在不同时间段的演变。横坐标通常为时间坐标，纵坐标通常为项目的值。为使一个线条图最有效，与不同项目对应的趋势必须通过不同颜色或不同形状的线条来表示。同扇形图一样，一个线条图中不能包括太多的项目，太多的线条将显得视觉拥挤，而且导致混淆。

3）层次图

层次图也是两维图形，横坐标为时间，纵坐标为项目的值。图形的区域被划分为几个横向的层次，每个层次对应相应的项目。在任何给定时间，每个层次的宽度代表相对该时间点上每个项目的相对重要性。

层次图是线条图的累计，它的信息内容与不同时间段的系列扇形图的内容相似，即跟踪项目不同时间段的相对重要程度。与扇形图和线条图一样，层次图也需要采用不同的颜色或阴影深度来表示不同的层次。

4）柱状图

如同名称暗示的那样，柱状图包括一系列同等宽度的柱形，柱形不同的高度（或长度，在柱形横向演示时）代表项目的值。如果图形表示的数据值相对较小时，使用扇形图更好，因为扇形的不同扇片从直觉上似乎更适合代表相对的份额。而在描述实际或绝对值时，柱状图更适合。柱子的高度或长度可以对应该项目的绝对值，而且柱形区域也提供该项目相对重要性的视觉图像。

柱状图也可以用于显示时间段之间的演变。例如，将时间点分布在横坐标上，在每个时间点建立一个纵向柱形，并将该柱体划分为若干部分，每个部分对应该项目在那个时间点的值。这样的时间序列柱状图的视觉影响与层次图类似，单向和双向表格的演示图形还可以用于概述单向和双向表格中的信息，这也许是在实际调研项目中分析调查数据最广泛使用的方式。通过使用系列柱状图可直观表示单向表格。

5）计算机图形

计算机的普及、计算机图像软件的推广都极大提高了用图形演示调研结果的可能性。许多计算机图像程序能够在报告中引入图像、电影、动画及声音，用户可以详细考察最终图片的视觉演示并打印其中效果最好的，这些功能可以简化选择最适合的调研结果图像演示的工作。实际上，计算机专家预计，在不远的将来，"某些图像软件将具备人工智能，可以为特定的某组数据自动选择最有效的图像。"

许多图像软件正日益成为当今电脑的组成部分。例如，大多数计算机装了微软公司的PowerPoint，使得报告可以同网络连接，让遥远的客户收看。调研者可以通过在报告中建立包括主要图表的彩色幻灯片，轻松地将书面报告和口头汇报结合起来。没有图像演示的书面和口头报告将越来越少，而图形演示注定在未来将越来越普及。

调研结果图像演示的方便性不意味着每个调研结果都应该建立图表或图形。虽然图像演示可以让一份报告更有趣并增加清晰度，但太多的图像会使得报告内容显得拥挤并扰乱读者。因此，应该仔细确定图形的数量和适合的模式，以避免混淆、无意义或误导解释。

5. 审核是否过度使用定量技术及技术性说明

定量技术的使用肯定会提高市场调查报告的质量，但必须适可而止。过度使用定量技术会降低报告的可读性，容易造成使用者阅读疲劳和引发对报告合理化的怀疑。当使用者是一位非技术型营销经理时，他还会拒绝一篇不易理解的报告。因此，起草清晰报告的一个前提是彻底理解读者，并在撰写时考虑他们的背景风格。企业管理者经常抱怨调研报告太过于技术性，这一抱怨来源于报告作者常犯的错误——没有对读者足够的重视。技术复杂材料的意义可能对报告作者而言是清楚的，甚至是为了让读者印象深刻而刻意为之。然而，在大多数情况下，这样的材料既不具有揭示性，也不能加深读者印象，太理论性的报告反而可能没有使用价值。

总之，花费一些时间和精力将技术性说明转化为朴实语言，将极大地提高报告的清晰度。

【案例阅读 7-6】

示例一

（1）技术性说明：由于自变量之间的严重的多重共线性（个人销售费用和广告支出），所以难以解释系数的回归性和它们对应变量（销售额）的影响。

（2）朴实语言：在过去，我们产品的个人销售费用和广告支出之间紧密结合（同方向变动），因此难以指明这两种类型支出中的哪一种可能导致我们产品销售的变化。

示例二

（1）技术性说明：根据我们对调研数据的分析，区域 A 和区域 B 每个商店的平均销售额差异呈现统计重要性，阿尔法水平超过 0.05。

（2）朴实语言：根据我们对调研数据的分析，观测到区域 A 和区域 B 中每个商店平均销售额的差额随机出现的概率不超过 5%。

上面的案例并不是建议报告应该按照与读者交谈的方式来撰写，因为技术术语（特别当它们可以减少报告长度时）是在读者熟悉这些术语时是最合适的。这里的底线是，读者的性质决定了报告应该在不丧失清晰度的同时又保持技术性。

6. 审核所推断出的结论是否科学、论据是否确凿、所提建议是否可行

所提建议不可行，是指在报告中提出的建议对报告使用者来说是根本行不通的。这种问题的出现大都是由于撰写者不十分了解企业的情况，或者对市场的判断过于轻率。

7. 审核报告的重点是否突出、报告的顺序安排是否得当

每个问题在全篇报告中占有的篇幅和位置须与问题本身的重要程度相一致。报告的顺序可以采用下列两种结构：

（1）纵式结构。即按照被调查对象发生、发展的先后顺序或被调查对象的演变过程安排材料。

（2）横式结构。即按照材料的性质和逻辑关系归类，从不同的侧面、不同的角度，并列地将材料组成几个问题或几个方面，还可以加上小标题，逐一地报告各方面的情况。

7.3.2 提交市场调查报告

市场调查报告征得各方意见并进行修改后就可以定稿并提交。

1. 以书面方式提交

调查人员将定稿后的调查报告打印为正式文稿，而且要求对报告中所使用的字体、字号、颜色、字间距等进行细心的选择和设计，文章的编排要求大方、美观、有助于阅读。另外，报告应该使用质地较好的纸张打印、装订，封面应选择专门的封面用纸，封面上的字体大小、空白位置应精心设计，因为粗糙的外观或一些小的失误和遗漏都会严重地影响阅读者的兴趣，甚至信任感。

如果市场调查项目是由客户委托的，则往往会在报告的目录前面附上提交信（即一封致客户的提交函）和委托书（即在项目正式开始之前客户写给调查者的委托函）。提交信大概阐述一下调查者承担并实施的项目的大致过程和体会（但不提及调查的结果），也可确认委托方

未来需要采用的行动（如需要注意的问题或需要进一步做的调查工作等）。有时候，提交信还会说明委托情况。

【案例阅读 7-7】

尊敬的××总裁：

您好！

按照您在2016年6月8日委托书中的要求，我已经完成了对2016年2月A型数码相机市场销售情况的调查分析。现提交标题为《××公司A型数码相机目标市场销售调查》的报告。该报告的基础是目标市场上1 200位已经成为××公司顾客或对数码相机感兴趣的人的现场访问、问卷调查，在报告中我们进行了详细的描述。本次调查采用了市场营销调查的惯例，并且希望符合贵公司的限制条件，其结果是可靠且有效的。我希望您对本次调查的结果（结论和建议）感到满意，并且该结果对贵公司A型数码相机在2016年销售情况有所帮助。如您有什么问题，请立即与我联系。

致礼！

××公司　×××
2016年××月××日

2．以口头方式提交

口头报告是一种直接沟通方式，它更能突出强调市场调研的结论，使相关人员对市场调研的主题意义、论证过程有一个清晰的认识。口头报告的优点：一是时间短，见效快，节省决策者的时间与精力；二是听取者对报告的印象深刻；三是口头汇报后可以直接进行沟通和交流，提出疑问，并做出解答等。事实上，对于一项重要的市场调研报告，口头报告是唯一的一种交流途径，它可以帮助调研组织者达到多重的目的。

绝大多数市场调查项目在准备和递交书面报告之前或之后都要做口头陈述，它可以简化为在使用者组织的地点与经理人员进行的一次简短会议，也可以正式到向董事会做报告。

有效的口头陈述均应以听众为中心，充分了解听众的身份、兴趣爱好、教育背景和时间等，精心安排口头陈述的内容，将其写成书面形式，也可以使用各种综合说明情况的图表协助表达；也可以借助投影仪、幻灯片或大型图片等辅助器材，尽可能直观地向全体目标听众进行传达，以求取得良好的效果。

如有可能，应从市场调查人员当中抽选数人同时进行传达，各人可根据不同重点轮流发言，避免重复和单调。而且，还应该留适当时间，让听众有机会提出问题。

【案例阅读 7-8】

某地大学生消费情况调查小组成员在完成调研报告之后，为了达到良好的沟通效果，专门召开调查组成员会议，确定调查结果沟通需要提交的材料、内容、方式等。

调查组成员就需要做的准备工作进行了分工，计划协作完成以下工作。

1．汇报提要

为每位听众提供一份关于汇报流程和主要结论的汇报提要。提要应留出足够的空白，以利于听众做临时记录或评述。

2. 视觉辅助

使用笔记本电脑、投影设备，制作演示稿，内容包括摘要、调查方案、调查结果和建议的概要性内容。

3. 调研报告的复印件

报告是调研结果的一种实物凭证，鉴于调研者在介绍中省略了报告中的许多细节，为委托者及感兴趣者准备报告复印件，在听取介绍前就能思考所要提出的问题，就感兴趣的环节仔细阅读等。

4. 强调介绍的技巧

（1）注意对介绍现场的选择、布置。

（2）语言要生动，注意语调、语速等。

（3）注意表情和形体语言的使用。

3. 使用演示软件制作市场调查报告

最近几年，为寻求沟通调查结果的更有效方式，市场调查人员纷纷使用演示软件。微软公司 PowerPoint 软件在市场上居于支配地位，因为这种软件可方便地让分析人员进行下述工作：

（1）利用多种字体和字号创建项目图表，并且可以进行字体加粗、变斜体、添加下划线。

（2）可以创建出多种不同类型的、可用于展示特定调研发现的图形（饼状图、柱形图、线形图等），而且只需点击鼠标就可以对这些图形进行修改和测试。

（3）在演示及切换幻灯片时，有多种动画效果，还可以在幻灯片中插入声音、视频（项目组分析的现场录像）。

事实上，使用图表展示信息比用文字显得更有效、更具说服力，而且调研委托方一般都指明报告应以图表为基础，要求尽量少地使用文字。

技 能 训 练

【课业目标】

通过本课业，学生应能够将小组数据合并，将数据整理汇总，形成数据统计分析结果；根据要求完成市场调查分析报告，并制作 PPT 文件进行小组汇报。

【课业方式】

通过对数据进行汇总及统计分析，撰写市场调查报告，并制作 PPT 文件进行小组汇报。

【课业内容及步骤】

（1）将小组问卷进行汇总。

（2）对小组数据进行统计分析。

（3）根据要求撰写市场调查分析报告，要求分工明确，格式内容符合要求。

（4）按规定要求上交电子版及打印版分析报告各一份。

（5）制作小组 PPT 文件，并派代表对小组报告进行汇报。

【课业评价】

评分标准 项目	优秀（10 分）	良好（8 分）	合格（6 分）	不合格（4 分以下）	个人得分
市场调查报告	内容完整，设计合理，数据处理分析正确，格式符合要求，且分工明确	内容完整，格式上稍有欠缺，数据处理分析上有欠缺，设计基本合理，且分工明确	内容完整，格式没有经过排版，数据处理分析部分错误或者太少，设计存在缺陷，或者分工不够明确	内容不完整，格式没有经过排版，数据处理分析及后面部分存在明显缺陷，分工严重不均	
课业报告	报告清晰，能够阐明本组报告的主要内容，时间掌握合理，且为主要报告者或者报告撰写者	报告清晰，能够阐明本组报告的主要内容，时间掌握合理，且为主要参与者	报告基本清晰，本组报告内容阐述基本合理，为主要参与者	报告准备不足，且没有阐明本组调查报告的主要内容	

思考与练习

1. 简答题

（1）市场调查报告的现实意义有哪些？

（2）市场调查报告的基本要求有哪些？

（3）市场调查报告的主要内容是什么？

（4）口头报告有哪些优点？

2. 案例分析题

给代驾一个未来
——关于杭州市是否需要为"代驾"行业立法的调查报告

一、引言

代驾是个新兴的行业，特别是"醉驾入刑"后，从事这类服务的公司便如雨后春笋涌现。代驾服务是指服务者通过向"客户"提供代替驾车的服务而收取服务费的、新型的服务方式，主要分为旅游代驾、酒后代驾、商业代驾等。这其中以酒后代驾最为人们所熟悉，仅杭州市涉及代驾服务的公司就有 306 家，以代驾名称注册的公司就有 60 多家，且社会上还大量存在着没有营业执照的"黑代驾"。正规的代驾公司内部管理也较为混乱，代驾司机素质参差不齐，收费标准不一，出现事故后责任不明……代驾行业存在问题较多，同样杭州市的代驾市场目前也是处于一种"三无"状态：无准入门槛、无主管部门、无统一标准。在某年杭州市两会中，有代表递交了关于制定《杭州市机动车代驾管理条例》的议案。杭州市是否应针对该行业进行立法，如何进行立法，也顺理成章地成为杭城老百姓所关注的热点。

二、调查项目简介

1. 调查的目的与意义

随着我国经济的迅猛发展、汽车时代的悄然来临和人们社交活动的日趋频繁，酒后驾驶现象也越来突出,它造成的后果往往触目惊心。国家为了保障人民群众的生命财产安全,于2004年颁布实行《道路交通安全法》,该法对于酒后驾驶的最高惩罚标准提升为拘留15天,吊扣驾驶证4个月,罚款2 000元;且该类情况发生3次者,吊销驾照,并处以"5年禁驾"的严惩。随之京城首家专门以"酒后代驾"为经营项目的奔奥安达公司应运而生,由于工商局当时暂无"酒后代驾"这项分类,在办理营业执照期间,该公司以"擦边球"形式进行了注册登记;与此同时,一些在酒楼外"趴活儿"的出租车司机也逐渐开始兼营这项工作,还有不少平时就在开黑车的司机也加入了这一行业,更甚至于"一台车加几个司机"就能组成一个代驾公司的现象也是时有发生。但是对于代驾,就算是有资质的代驾公司在承担重要性较强的代驾业务时,外出进行代驾的驾驶员也不一定受过严格的培训。在代驾业务执行前,即便是双方签订了相关合同,合同明确责任,一旦发生事故车主与代驾司机还是会有许多纠纷发生;很多时候,需要代驾服务的客户已处于酒醉状态,神志模糊,却还要与代驾司机通过议价来谈定代驾价格,十分不便,且一旦价格谈不拢,又易引发纠纷。面对杭州代驾市场的种种问题,如何进行规范成为大众热议的话题。在这方面的管理上,韩国酒后代驾行业的管理已经较为成熟,已有代驾协会统一进行监管,有比较统一的计价方式。日本则已经到了政府参与监管的阶段。然而,中国的代驾市场才刚刚起步,因此,调查大众对代驾立法的看法,收集合适的立法内容和如何去管理代驾行业并为之提出相应的可行性方案具有一定的社会现实意义。

2. 调查的对象和调查单位

此次调查范围确定在杭州市内六大区,所以杭州市六大区范围内的人都是调查对象,调查单位是杭州市六大区范围内的单位。

3. 调查的内容

代驾的现状,民众对代驾的满意度;"代驾"立法依据;收集相关的立法内容,代驾公司的准入门槛,收费标准;应该怎样管理"代驾"行业,对代驾的未来有什么意见和建议。

4. 样本量的确定

本次问卷调查是以杭州市主要的六大城区为调查对象,六大区人口总数为××万(以杭州市该年统计年鉴公布的人口数为准)。

三、实地调查过程及调查对象的基本情况

1. 实地调查过程

6月20日—7月10日:我们每天最少4位同学、多时10位同学进行分散调查,被调查的普通大众有沿途的商店职员、部分汽车销售员、餐厅等位的人员、汽车站候车的人员等,调查的人数多达800人,回收问卷800份,有效问卷749份。

7月11—21日:对代驾司机问卷的发放,全部由我们小组成员完成,这部分问卷的调查是最难的,我们只发放63份问卷,有效问卷有54份,幸好有部分公司经理、代驾司机很支持我们,对他们有比较多的访谈进行了记录。

2. 调查对象的基本情况

此次调查人群以18~30岁和30~50岁为主,分别为65.3%和21.5%,这个年龄段的人群正是工作聚会、朋友聚会最多的年龄,这样的年龄结构应该是具有一定的说服力并且对调查结果分析的结论的可信度也较高。

在这次调查统计中统计出来六大区群众问卷中有216份问卷(占28.8%)是由学生填写的,我们把大学生的想法收集过来做一个很重要的参考,因为法律无外乎人情,大学生的感性认识对提高法律的合理性和加大人性化有很大的帮助。另外,此次的调查结果第二大人群是自由职业者(占28.2%)加上个体户(占14.2%),这部分人群比例高达42.4%,但是从亲身调查的感受来说,大多数被调查者是为了隐藏自己的职业才选择这个的。我们的被调查对象中有各种职业人士,从公务员到待业人员,这对我们这次调查来说很有意义,法律法规的制定就是要适合各色各样的人群,在这里我们特别感谢50岁以上的被调查人员,他们认真的态度和想法对我们来说都是十分宝贵的。

另外有关被调查人群的月收入,其中80.5%的人月收入在5 000元以下,月收入越往上,人数越少,这也说明了这次被调查人的抽选分布是合理的。

对司机的调查结果显示，代驾司机以男司机为主，我们调查的代驾公司全部都是这样的情况，虽然也有听说有女代驾，但我们没有特意去找；代驾司机的月收入基本上集中在 2 001~4 000 元，占 94.4%，只有少部分的人（5.6%）收入达 4 001~6 000 元；司机的年龄主要集中在 20~29 岁，约占 50%。

四、调查结果

1. 杭州市代驾市场基本情况

随着开车人数在群众中所占比例的不断增长，酒后代驾被越来越多的人所接受，随之而来的纠纷发生的比例也是逐年上涨，酒后代驾公司及员工的观点也直接影响这个行业的发展，因而在本次调研中，我们也重点对代驾公司和员工进行了问卷调查及实地访谈调查。

据调查，目前杭州市经工商注册的涉及代驾服务的公司有 300 家之多，还有许多未经注册的地下"黑代驾"。杭州市代驾行业的生存环境总的概括起来有以下几种现象：

（1）缺乏必要的规范化管理，缺乏相应主管部门。

从代驾公司了解到，从事代驾服务的公司向工商部门提出申请，按照正常程序进行注册，只需在经营范围填写"代驾服务"，无须相关部门特别审批，就可以从事向客户提供代驶车辆的服务并收取相关费用的业务。同时,对于代驾司机本身也没有相应要求，几乎是"手有驾照，即可代驾"。

对于"手有驾照，即可代驾"，我们对群众的调查结果可以看到有 70.6%的人是不赞成的，大众希望代驾人员是经过培训的、有组织的。因此，在工商部门进行注册时也就应该要先通过相关部门批准该公司是否具备相关的资质。

在对代驾司机的问卷结果中也同样有这样的结论，55.6%的代驾司机认为造成代驾行业成为"三无"的主要原因之一就是代驾公司没有明确的主管部门，66.7%的代驾司机认为代驾公司的准入门槛过低也是主要原因之一。

（2）代驾收费混乱，"歪公司"横行。

从代驾公司了解到，大多数代驾公司在提供代驾服务中除了代驾本身产生的费用以外，还有很多其他费用，如人员培训、人员调度、车辆调配所产生的费用。此外如遇醉酒等情况，完成代驾当时无法收取费用，又没有签订合同，事后对这部分人群费用的收取比较困难，代驾公司只能直接把这部分成本也计算在代驾本身的收费当中，从而导致正规代驾公司收费颇高。

按常理估算，"醉驾入刑"后，代驾公司应该可以一本万利，但代驾公司普遍叫苦，究其原因很多，在对杭州某代理驾驶服务公司总经理访问时，他曾敲着桌子说，这首当其冲的就是"歪公司"，正规公司进行一次业务（即代驾服务），可收取 100 元，"歪公司"却只收 80 元，如此一来便抢夺了大部分的客户，长此以往，客户量逐日减少。

据了解，由于代驾业务的开展大多是由公司指派的，所以代驾司机实际的收入是要除掉公司的成本，一般公司旗下的代驾司机每晚有两三次代驾服务，每次金额在 60 元左右，总收入在 120~180 元不等，如果个人自己接活，收入就可以高达 160~240 元，所以在调查中常常从正规公司的代驾司机口中得知，在去接客户的过程中，时常会遇到"歪公司"的代驾司机，或者一些"黑户"抢生意。正规的代驾公司普遍认为代驾行业的收费标准不统一也是造成代驾行业发展不顺的主要原因，从调查中我们可以看到持这个观点的代驾司机高达 77.8%。因为政府部门对代驾行业的监管力度较弱，加之目前也没有明确的主管单位，再加上对代驾人员的认证核实也存在一定的困难，所以这些"歪公司"才如野草一般，生命力旺盛。

（3）行业竞争较为激烈。

竞争不仅存在于企业与企业之间，连代驾司机与代驾司机之间也时有发生。因为代驾本身的利润较为可观，但受到代驾市场中的客观因素影响，杭州代驾市场较为狭小，客户人群数相对较少，而在工商部门注册的代驾公司就有 300 家之多，还有许多未出现在工商部门注册表内的地下"黑代驾"和部分个体代驾，导致企业竞争十分激烈。

除了非专业的代驾公司大量存在外，来自代驾公司以外的个体代驾也给正规代驾公司在经营上带来了巨大的冲击。"举个简单的例子，你在一家酒店消费，酒店安排保安或者工作人员帮你把车开回去，你肯定不愿意再打电话通知代驾公司。"某代驾公司经理说。而情节更恶劣的是，还有一些酒店的保安或者工作人员背着酒店直接做起了代驾业务。

（4）行业形象不良，代驾服务受限。

在央视"3·15"晚会上，"代驾"业务被指为"灰色经营"，却又被称为"利润颇高"的"非法业务"，这对目前平均毛利率在10%徘徊的汽车租赁业又是一记重拳。而在3月17日，国内最大汽车租赁企业神州租车（中国）有限公司在北京举行媒体沟通会上宣布，即日起全面停止旗下的代驾业务。这个消息的发布对很多代驾公司来说压力更大，有许多公司表示，在看到这类信息的时候会产生对该行业前景担忧的心理，这类信息对在开展新客户和稳定老客户的过程当中会加大他们的维护难度。

"代驾行业最无法改变的，还是车主本身对代驾的信任度较低的问题。"某代驾公司经理说，一旦代驾工作开始，就有可能会涉及车内物品丢失、是否闯红灯、是否超速被罚款、是否出现擦刮等一系列更加严重的交通事故。一旦有了上述事故的发生，在事先双方未将责任划分清楚的前提下，车主和代驾司机、代驾公司必然会发生一系列纠纷，而纠纷过后，又缺乏及时处理纠纷的主管单位，于是就造成了车主宁愿不开车也不肯请代驾的现状。

我们认为，其原因主要源于管理上存在盲区。由于代驾属于新生事物，在管理上处于真空状态，物价、工商、交通运管、公安交警等部门对酒后代驾的管理处于无所适从的状态：物价部门对这类特殊服务的价格无法掌握；交通部门只负责出租车等客运车辆的经营管理；公安交警部门只负责对驾驶人的交通违法行为进行处罚，只要驾车人符合驾驶资格，他们便不会也不可能过问是否从事代驾服务。尽管从法理上讲，"法无禁止皆可行"，但管理上的真空状态造成的最直接后果就是投诉无门，市民的合法权益无法得到根本的保障。这样的局面也直接影响到了代驾这一新兴事物在市民心中的形象。

2. 对代驾行业立法与否的态度和意见

从我们小组调查过的所有代驾公司来看，他们的员工一致表示，十分希望政府能尽快出台关于代驾公司管理的政策及纠纷处理的相关法律法规。由于目前代驾行业并不同于其他行业有特定的主管部门，因此，发生问题也不知道该寻找哪个部门进行处理。我们在整个的调研活动中发现，关于一些纠纷问题，大都是代驾公司或是员工单方面与顾客进行协商并且私下调节。因此，不论是员工还是公司，对代驾公司管理制度的出台渴望度颇高。

一些公司经理们表示，针对杭州市目前的代驾行业的混乱、低迷的现状，要立法就要形成专门的行政管理部门和较为完善的法规及制度，此外群众的积极也证实代驾立法是代驾行业不可或缺的一部分，这样才能让代驾市场得到一定的约束、规范，代驾行业才能发展得更好。

基于目前代驾从业人员鱼龙混杂，良莠不齐，没有统一的服务标志；被服务对象投诉无门，相关的服务收费也无统一的标准，随意性过强，纠纷不断等现象，我们特别对广大的群众进行了相关的调查。在问及使用代驾服务后如果遭受不合理不公平的待遇，甚至是违法行为时，有94.1%的人认为一定要追究代驾人员及其代驾公司的法律责任。

群众在接受代驾服务时，如果经营者有强制交易行为，群众的维权意识是非常强烈的，他们中有57.9%的人会选择通过96315热线进行投诉，其次是选择报警，只有4.1%的人会忍受。在代驾服务过程中受到人身、财产损害时，他们中有42.1%的人会通过法律途径维护自己的合法权益，37.1%的人会向消费者协会进行投诉。

3. 代驾公司的准入门槛

目前从事代驾行业的人员形形色色，代驾服务行业乱象丛生，主要原因是未规定准入门槛。66.7%的代驾司机认为代驾公司的准入门槛过低，会影响代驾行业的发展，尤其是在酒驾当中，因消费者已处于醉酒状态，安全意识较为模糊，如果本身相关法律知识储备淡薄，遇到道德水准低下的代驾从业者，还会趁消费者酒后意识模糊、防范能力降低之时进行人身侵害，或对车内贵重物品实施盗窃。这样的行为严重影响到代驾行业，因此，该行业急需设立准入标准，以使行业得以规范化。

（四）代驾收费标准的制定依据

收费问题是这次我们关注的主要问题之一，包括代驾收费多少才是合理的，应该包括哪些收费内容。

群众认可的收费项目有等候费（占 49.8%）、返程费（占 65.2%），还有跨区域费（占 41.0%），其中等候费和返程费是群众普遍认可需要支付的，是合理的（因为是多选题，所以汇总不为 100%）。

群众比较认可的收费方式主要集中在 3 个方面：与出租车进行比较的收费方式上，39.9%的人愿意接受与出租车一样的收费加上 30%的返程费，而 30.3%的人愿意采取与代驾公司或个人代驾商讨的收费方式，27.9%的人认为按小时来收费比较合理。

有关收费的问题也是代驾司机最为关心的问题之一，如果收费标准统一，司机也不用担心了，我们可以看到有 61.1%的代驾司机认为代驾最大的困难就是收费问题。

5. 相关职能部门的监管措施

目前全国多个省份已开始对代驾行业进行整合规划，其中以北京和上海在这方面的作为尤为突出，但是毕竟从前没有过可以参考的相关经验，相对来说都处于摸索阶段。群众希望代驾行业能有自己的管理部门、有准入门槛、有统一标准、有一个可以面对问题和解决问题的地方或部门。立法是这一切的来源、基础和保障。

（1）代驾前要签订代驾协议。

大家普遍认同的代驾前需要签订代驾协议，此次调查也证实了这一观点，可以从数据方面看认同这一观点的人群高达 82.1%，但是也有 17.6%的人认为不需要，这部分客户认为，"并不是签了协议后才去喝酒，他们要代驾服务一般是临时性的"。

为什么私人代驾也有需求？因为便宜和方便。下面我们来看两段话，就会有所体会："我们联系了多名私人兼职代驾司机，大多数司机表示，代驾不需要签订书面协议，只需口头商量，全凭互相信任。""我开了 8 年的车，从来没出过事，你可以查看我的身份证和驾驶证，找我代驾绝对没问题。"经常兼职代驾的李师傅向我们保证，可是，面对我们"一旦出了事故，谁来承担责任？"的问题，李师傅未给予答复，只是一再强调"放心，绝对安全！"。

然而专业代驾公司在程序上相对严谨。某代驾公司经理介绍，公司在提供服务之前，代驾员会与客人签订一份《代驾服务协议单》。另外，对于客人的召唤并非来者不拒，如果车辆没有买保险或是单人醉酒且无人陪同，该公司将不会对该客户提供代驾服务。

（2）在代驾后提供消费凭证。

想要凭证、要凭证和会给凭证这 3 点是一个连续的过程，作为消费者想要凭证是普遍认可的。从我们的调查中可以看出，90.8%的人认为应该给消费凭证，只有 9.2%的人认为不需要给，但是在实际消费过程中真正索要凭证的较少，索要凭证的观念薄弱，和代驾人员以各种理由拒绝开凭证等其他因素综合在一起的时候，往往到最后开发票的结果是少之又少，这又为消费者的维权增加了难度。

（3）代驾的管理条例。

在对代驾司机进行调查时，我们发现有 83.3%的司机都希望相关的职能部门能够制定代驾的管理条例来规范该行业。

6. 群众认可的管理部门

之所以造成代驾行业今天的状况，很大程度上是由于未设立相关管理部门和相关法律的缺乏，消费者出了事，不知道找谁投诉，代驾行业不知该由谁来监管，这一切导致消费者不信任代驾，所以代驾行业急需一个主管理部门。当然一个管理部门的出现，不仅仅是权力，更重要的是义务。

经营者与消费者在进行交易时是应当遵循自愿、平等、公平、诚实信用的原则，但还是会出现这样那样的问题。我们对群众调查得知，现在的人维权意识都很强，在蒙受不公平时极少有人会选择默默忍受，调查结果也证实了这一观点，选择忍受的人只有 4.1%，57.9%的人会拨打 96315 热线寻求帮助，37.4%的人会选择报警。从调查中我们也可以看出消费者主要是找消费者协会和法律途径，之后才会找提供代驾的司机进行协商。但是现实的状况却是代驾没有主管部门，找消费者协会和警察都不好管，因为没有相关的法律、法规，遭受不公平没有地方协商，只有少部分的人找媒体，媒体同样也只能是把情况进行一个描述，不能凭空进行批评指正。还有更多的消费者无法进行协商和无法得到帮助，高达 61%的群众最希望交管部门来为群众管理代驾,有23%的人希望代驾公司和一些部门建立代驾协会来进行管理。

五、结论及建议

目前代驾行业、代驾市场处于一种"三无"状态——无准入门槛、无主管部门、无统一标准。行业内部存在相关隐患,即行业竞争激烈,恶性竞争不断,大多代驾司机和公司处于自我摸索阶段,无可依靠的相关制度。而客户对代驾服务持谨慎态度,令代驾行业处于行业形势不稳定、前景堪忧的两难境地。但是无论从何种角度出发,都可以发现代驾需求明显。因为客户虽然持谨慎态度,就代驾服务本身来说为不少民众所需,只是希望代驾行业能够更加规范。正是由于民众对代驾的实际需求较大,使代驾服务的提供者在提供服务的过程当中态度积极,也在不断地自我改善,而且已经有相关部门就规范代驾服务做出了自己的努力和尝试。有法可依、有法必依、执法必严、违法必究,这是代驾行业发展的基础。

1. 将代驾行业"入典"

承认代驾行业作为国民经济中的一种新兴行业,给予其应有的名分,能够在工商管理部门有专门的行业类别,能让代驾公司名正言顺地登记,取得合法的营业执照。

2. 要明确主管部门

由政府设立一个部门来进行针对性的管理。从我们调查的结果来看,可将代驾纳入运管部门管理范畴中,或者借鉴韩国的经验,成立代驾行业协会,由协会来进行管理,可以成立类似呼叫中心的管理平台,对代驾司机进行追踪,从而起到约束代驾行为或保护代驾司机的效果。对于没有在这个平台中注册的司机、公司,如果进行了代驾,一旦查出也应该将其纳入平台,让他们以后不再能私下进行相关的业务活动。

3. 建立和完善行业规范

当然还有重要的一个内容就是行业规范,即设立准入门槛,即具备什么样的资质才可以成立代驾公司,有多少年驾龄才有资格成为代驾司机。相关人员还应进行较为严格的行业规范培训,包括岗位能力培训、技术支持、规范服务、信息管理、行业标准 5 个方面的内容。要想使代驾服务行业持续良性发展,最根本的途径就是要提高从业者整体职业素质,即坚持先培训、后上岗的原则,通过严格、系统而有针对性的职业能力培训,为规范代驾服务行业打下坚实基础。这样不仅可以保障消费者的利益,而且也提高了代驾服务行业整体职业道德水平,让顾客对代驾服务信任度有增无减,从而使得消费者接受代驾服务。推动设立代驾服务行业的配套培训体系和监管措施。经过调查论证,由价格主管部门参与,制定统一代驾收费标准;明确规定代驾公司、代驾司机和客户的权利和义务;统一代驾协议文本。

4. 坚决取缔"歪公司"

像管理出租车行业取缔"黑车"一样,只有如此,才能使代驾行业逐步走向正规。

尽管代驾产业处于"前景看好,发展艰难"的窘迫境地,但我们认为,随着社会日益发展,人们思想观念会与时俱进,不断更新,政府也将会逐步重视。代驾公司只要诚信服务,守法经营,为顾客提供人性化的代驾服务,公开代驾人员的详细信息,代驾人员主动向顾客出示身份证、驾驶证,附带提供挽扶、醉酒护理等服务,以赢得顾客的信任;在出现车祸等意外情况时,主动与车主进行协调,做好索赔、修复工作等事务,切实做到想顾客所想、急顾客所急,依据合同承担相应的责任,我们相信这项新兴产业必将获得长足的发展。

讨论:

(1)这份市场调查报告能否完成调查目的与要求?它存在哪些方面的问题?

(2)如果由你来写市场调查报告(写明重点即可),你将如何来写?

参 考 文 献

[1] 李世杰，于飞. 市场调查与预测[M]. 北京：清华大学出版社，2010.
[2] 王玉华. 市场调查与预测[M]. 北京：机械工业出版社，2010.
[3] 李文柱. 市场调查实务[M]. 北京：机械工业出版社，2009.
[4] 宁秀君. 市场调查与预测[M]. 北京：化学工业出版社，2008.
[5] [美]卡尔·麦克丹尼尔，罗杰·盖茨. 市场调研精要[M]. 6版. 范秀成，杜建刚，译. 北京：电子工业出版社，2010.
[6] [美]卡尔·麦克丹尼尔，罗杰·盖茨. 当代市场调研[M]. 8版. 李桂华，等译. 北京：机械工业出版社，2012.
[7] 迟钺. 市场调研应用基础[M]. 沈阳：辽宁科学技术出版社，2012.
[8] 郭秀花，张梦霞. Excel 2003在市场营销中的应用[M]. 北京：电子工业出版社，2005.
[9] 何俊. Excel在市场调查工作中的应用[M]. 北京：中国青年出版社，2006.
[10] 魏炳麒. 市场调查与预测[M]. 大连：东北财经大学出版社，2010.
[11] 许以洪，熊艳. 市场调查与预测[M]. 北京：机械工业出版社，2010.
[12] [美]帕拉苏拉曼，等. 市场调研[M]. 王佳芥，应斌，译. 北京：中国市场出版社，2011.
[13] 闫秀荣. 市场调查与预测[M]. 上海：上海财经大学出版社，2009.
[14] 庄贵军. 市场调查与预测[M]. 北京：北京大学出版社，2008.
[15] 张灿鹏，郭砚常. 市场调查与预测[M]. 北京：清华大学出版社，2008.
[15] 张美生，毕艳红. 问卷设计中敏感性问题的模糊性处理[J]. 沈阳师范大学学报（社会科学版），2006（2）.